번역과 교섭

근대 인문 지식의 형성

* 이 학술총서는 정부(교육과학기술부)의 재원으로 한국연구재단의 인문한국지원사업 지원을 받아 발행되었음(NRF-2007-361-AL0015).

탈경계
인문학
학술총서 12

번역과 교섭

근대 인문 지식의 형성

| 이화인문과학원 편 |

이화여자대학교출판부

번역과 교섭

근대 인문 지식의 형성

펴낸날 1판 1쇄 2013년 5월 15일
지은이 이화인문과학원
펴낸이 김훈순
펴낸곳 이화여자대학교출판부
주소 서울특별시 서대문구 이화여대길 52(우120-750)
등록 1954년 7월 6일 제9-61호
전화 02) 362-2966(편집), 02) 362-6076(마케팅)
팩스 02) 312-4312
전자우편 press@ewha.ac.kr
홈페이지 www.ewhapress.com
디자인 신성기획
찍은곳 한영문화사

ISBN 978-89-7300-982-4 94000
ISBN 978-89-7300-834-6(세트)
값 18,000원

이 도서의 국립중앙도서관 출판시도서목록(CIP)은 서지정보유통지원시스템 홈페이지(http://seoji.nl.go.kr)와 국가자료공동목록시스템(http://www.nl.go.kr/kolisnet)에서 이용하실 수 있습니다.(CIP제어번호: CIP2013004565)

| 서문 |

번역과 교섭: 근대 인문 지식의 형성

이 책은 번역과 교섭이라는 문화 현상을 통해 근대 인문 지식이 어떻게 형성되고 변화되었는지를 살펴본 것이다. 번역과 교섭은 새로운 지식이 형성되고 재구성되는 중요한 과정이자 방법이다. 번역은 타자의 문화와 이념이 유입 · 매개되는 장이자, 문화 주체 간의 관계, 언어의 위계가 분명하게 드러나는 장이며, 교섭은 외래 문물과 사상을 직접 대면하는 행위로 그 자체가 영향을 주고받는 장이다. 이렇게 볼 때 번역은 어휘 번역, 텍스트 번역을 넘어 전통이나 관습의 번역까지 포괄하는 의미로 확장될 가능성을 갖는 개념이며, 교섭은 동서의 문화나 사상이 교류하는 과정에서 서로를 어떻게 인식했는지, 교류는 상호 평등한 관계에서 이루어졌는지를 설명할 수 있게 해 주는 개념이다.

번역과 교섭 현상을 통한 근대 인문 지식의 형성 문제는 인문한국(HK) 지원사업을 수행하고 있는 탈경계인문학 연구단의 연구 과제의 하나로서, 근대 인문 지식의 재구성을 그 궁극적인 목표로 하고 있다. 우리가 근대 초기를 주목하는 것은 이 시기가 번역과 교섭 현상을 통해 새로운 지식이 출현하던 역동적인 현장을 보여주고, 이때 형성된 지식의 체계나 제도가 근대 인문 지식의 중요한 부분을 이루고 있기 때문이다. 그뿐만 아니라 전지구적 자본주의화가 진행되는 오늘날 지역, 문화, 종교, 자본의 경계가 해체되면서 지식이 재구성되고 있는 과정과 근대 초기 전통 인문 지식이 해체되면서 새로운 지식이 재구성되는 과정이 유사해 보이기 때문이다. 따라서 이 책은 근대 인문 지식의 형성에 대해 묻고 있지만, 번역과 교섭이 다시 중요한 학문적 주제로 떠오른 오늘날 인문 지식의 내용을 묻는 것이기도 하다.

이 책은 한국 근대 인문 지식의 형성 과정을 알아보기 위한 것이지만, 20세기 전후 한국의 텍스트만을 연구 대상으로 하지는 않았으며, 19세기 조선, 프랑스, 중국, 일본의 텍스트들도 함께 다루었다. 근대 인문 지식의 형성이라는 좀 더 큰 맥락에서 한국 근대 인문 지식의 문제를 고찰해 보고 싶었기 때문이다. 이 글들이 각각 긴밀한 관련을 맺고 있지는 않다. 그러나 이는 앞으로 비교 연구를 할 수 있는 기반이 될 것으로 믿는다.

이 책은 모두 3부로 구성되어 있다. 먼저 1부에서는 근대 인문 지식의 구성 과정을 다룬 글들을 모았고, 2부와 3부에서는 각각 번역과 교섭의 양상을 살펴본 글들을 모았다.

제1부 '근대 인문 지식의 구성 과정'에는 강소영, 박경, 김경미, 오영주의 글이 실렸다. 여기서는 19세기 말, 20세기 초 한국과 19세기 프랑스를 대상으로 근대 인문 지식이 구성되는 과정을 다루었다.

1876년 개항 이후 외래 문물, 제도 그리고 기술이 대량으로 한국에 유입되었으며, 그 결과 수많은 신어新語가 나타났고 또 한편으로는 기존 어휘의 의미에 변화가 일어났다. 강소영은 이 시기에 새로운 언어가 형성되는 과정에 주목하여 '두뇌'라는 언어의 의미 변화 과정을 토대로 근대 계몽기 이전과 그 이후 우리 사회의 변화 흔적을 살펴보았다. 이 글은 고문서와 왕실의 기록물, 옛날 신문 자료에 담긴 두뇌의 사용 현황을 통계 처리하여 이를 토대로 그 의미 변화를 통시적으로 짚어보고, 두뇌는 요체, 목 윗부분이라는 의미로 사용되다가 근대 계몽기를 지나면서 지력智力이라는 의미를 뚜렷이 보이게 되었음을 밝혔다. 이러한 의미 변화는 외래 문물과의 교섭 결과에 따른 것이며, 따라서 사회의 흐름이 바뀌는 징조를 어휘의 의미 확장을 통해 짚어볼 수 있었다는 것이 이 글의 결론이다.

박경은 한국 근대 지식 체계 형성 과정에서의 '조혼早婚'에 대한 부정적 이미지가 정착되어 가는 과정을 살펴보았다. 이 글에서는 '조혼'에 대한 비판이 서구의 혼인 풍속을 합리적인 풍속으로 보고, 조선의 풍속을 서구의 기준에 맞추어 개량해야 한다는 인식에서 시작되었지만, 점차 조선의 현실에 대한 면밀한 검토 없이 '일찍 혼인하는 풍속'의 폐해를 부각시켜 대중을 계몽하려 했다고 보았다. 그 결과 조혼은 후진적인 조선 사회의 표상으로 각인되어 갔다는 것이 그의 주장이다.

김경미는 19세기 한문 소설 『삼한습유』에 중요하게 등장하는 지식에 주목하고 소설 속에 드러난 지식의 다양한 양상을 살핀 뒤 공감과 지식 형성의 장場으로서의 소설이라는 장르를 문제 삼았다. 특히 19세기 한문 소설에 지식들이 얼마나 수용되었는가가 아니라, 소설 그 자체가 지식을 수용해서 새로운 지식을 형성하는 장이었다는 데 주목하고 있다. 그리고 소설이 19세기에 접어들어 새로운 지식을 형성하고 공감하는 장이 되었고, 지식 형성에 중요한 역할을 했으며, 따라서 근대성 형성이 전근대 시기와의 연속선상에서 이루어지는 과정이었음을 밝히고 있다.

오영주는 19세기 프랑스의 소설을 다루었다. 오영주가 다룬 작품은 에밀 졸라의 『파스칼 박사』이다. 『파스칼 박사』는 20권의 소설로 이루어진 〈루공 마카르〉 총서의 마지막 소설이자, 작가의 분신인 주인공을 통해 총서의 철학적 의미를 요약하고 있는 작품이다. 오영주는 『파스칼 박사』를 대상으로 19세기 서구 근대 지식의 한 여정, 즉 과학에 대한 무한한 신뢰 속에서 스스로에게 비춘 과학의 빛 아래 드러난 인간의 진실 앞에서 공포를 느끼고, 그 공포에서 벗어나고자 삶의 종교로 돌아서는, 다시 말해 근대 지식을 구현하고자 하면서 초월적 신앙의 패러다임 너머를 볼 수 없었던 19세기 서구 근대 지식의 한 여정을 살펴보고 있다.

제2부 '번역의 양상'에서는 김진희, 김연수, 정선경의 글이 실렸다. 이 글들은 텍스트의 번역 양상도 다루고 있지만, 번역가를 중요하게 다루고 있어 주목된다.

김진희는 근대 문학의 초창기에 서양의 시문학 번역은 단순히 문자 텍스트를 넘어 이질적인 문화의 수용이자 전달이며 새로운 문화 창조라는 의의가 있었을 것이라고 보고, 김억의 번역 수행이 갖는 문화적 매개자와 창조자로서의 역할에 주목했다. 또한 근대 문학사의 번역론에 대한 토대로서 김억의 번역론이 갖는 문학사적 의미를 고찰하여 실제 번역 작품의 의미를 좀 더 풍성하게 이해하고자 했다. 김억의 번역론은 근대 문학의 장 안에서 자신을 포함한 번역 주체들의 과제이자 지향점을 '창작적 의역', '창조적 번역'으로 제시함으로써 번역을 통한 문화적 실천의 한 국면을 보여주었다. 이는 번역을 문자 텍스트 전달을 넘어선, 창조적인 문화 생산의 행위로 보았다는 점에서 그 문학사적 의의가 주목된다.

김연수는 1926년 도쿄에서 결성되었던 해외문학파가 주도한 조선의 번역운동과 더불어 이러한 번역운동 의식의 기저를 이루고 있는 '세계문학'의 개념에 대해 살피고 있다. 김연수는 해외문학파의 활동에는 독일 괴테의 번역론과 세계 문학 이념의 영향도 있었다고 보고, 김진섭을 중심으로 한 해외문학파의 번역운동과 한국 문단의 근대화운동은 탈식민의 문제 의식으로 당시 역사적인 상황에 대응하기 위한 사유이자 실천이었다고 평가했다. 그리고 이를 다시 괴테와 비교하는데, 괴테의 대화적이고 순환적인 구상과 비교해 볼 때 해외문학파의 일방향적이고 비대칭적인 사유 구조에서는 제국주의적 논리가 부지불식간에 침윤된 얼룩이 없지 않은 듯하다고 보았다. 그러나 이를 한 문학 유파의 현상으로 환원시킬 수는 없다고 보고, 당시 문단 전반, 지식인 사회의 문화와 의식, 일본의 식민 정책 등 시대적 · 문화사적 거시 맥락에서 재조명되고 촘촘히 고찰되어야 할 부분으로 남기고 있다.

정선경은 일본 문화의 유입이 곧 서구 문명화에 대한 지름길로 인식되던 근대 시기에 오히려 중국 문학을 소개하고 배우려 했던 지식인 양건식과 그가 대중매체에 발표했던 중국 고전소설의 번역문을 통해 격동하던 조선의 정치 사회 속에서 중국 문학은 어떠한 위상과 의미를 지니는지를 다루었다. 그는 이 글에서 1910년대 『매일신보』에 연재된 『홍루몽紅樓夢』을 중심으로 번역 서사에 담겨진 전통과 근대의 과도기적인 특성을 이끌어 내고자 했다. 그리고 전통적인 개념과 인식이 파괴되면서 새로운 패러다임이 제시되었고, 지식인들의 글쓰기 방식도 변화하고 있었는데, 혼재된 시대에 존재한 서사 방식, 서술자의 위치 변화, 근대적 독자의 탄생이라는 각도에서 지식인의 현실적 고민과 미래를 향한 모색을 파악하고자 했다. 그는 『홍루몽』 번역문을 통해 중국과 한국이라는 공간적 특수성, 전통과 근대라는 통시적 특수성이 문화적 전환 한가운데에 존재하고 있음을 제기하고자 했다.

제3부 '교섭의 양상'에서는 차옥숭, 송태현, 이선윤의 글이 실렸다. 3부는 동서 비교의 장으로 대종교의 초기 인물인 나철과 서일에 대한 이

해, 몽테스키외의 중국 이해, 일본 문학 속의 노아의 방주 표상을 다루고 있다.

차옥숭은 동서양의 몸과 마음 이해를 비교하며 살펴보고 동서 교섭의 관점에서 대종교의 초기 주요 인물인 나철羅喆과 서일徐一의 삶을 조명하면서 구체적으로 마음의 깨달음이 몸의 변화와 사회 변화에 어떠한 영향을 미칠 수 있었는지를 살피고 있다. 또 대종교의 주요 경전인 『천부경』과 『삼일신고』, 『참전계경』, 『회삼경』 등에 나타난 몸과 마음 이해를 분석하고 마음과 몸을 중심으로 한 동서 교섭의 소통 가능성을 살펴보았다.

송태현은 몽테스키외가 중국을 이해한 방식에 대해 다루었다. 18세기 프랑스에서 볼테르와 케네가 긍정적인 중국의 대변인이라면 몽테스키외는 디드로와 함께 부정적인 중국의 대변인이었다. 이 글에서는 몽테스키외가 중국을 부정적으로 간주한 핵심적인 이유로 중국이 전제정이라고 파악했기 때문이라고 설명한다. 송태현은 이 글에서 몽테스키외가 중국을 전제정이라고 판단한 실제적인 근거에 대해 고찰하고, 이어서 몽테스키외의 '중국 전제정'이라는 관념이 현실적인 사례 분석을 넘어 '환경결정론'이라는 그의 관점과 결부되어 있음을 지적했다. 이 글은 여기서 더 나아가 몽테스키외의 '중국 전제정'이라는 판단이 정당성이 있는 주장인지를 검토하고, 그의 주장 배후에 있는 서구 중심주의적 배경을 비판하고 있다.

이선윤은 프랑스 작가 쉬페르비엘의 단편소설 『노아의 방주』와 일본 작가 아베 고보의 소설을 비교 · 분석했다. 그는 이 두 작품이 모티브뿐만 아니라 그 표현 기법에서도 연관성이 있지만 동시대의 평가는 그 형식상의 유사성을 지적하는 데 그쳤다고 보고 본격적인 비교를 시도했다. 아베 고보가 그린 노아라는 인물상과 방주적 공간의 새로운 조형을 성서상의 방주와 쉬페르비엘의 방주와 비교해서 살핀 뒤, 신노아의 방주로 변주되어 있는 양상을 분석한 이 글은 신노아의 방주가 현대 일본 사회에서 어떻게 다시 등장하는지를 장편소설 『방주 사쿠라마루』를 통해 분석하고 있다.

이 책의 필자들은 이화여대 탈경계인문학 연구단에서 근대 인문 지식 형성의 문제를 번역, 문화 번역, 탈식민의 문제와 교차시키면서 탈경계적 상상력에 기반한 인문 지식의 재구성을 모색하고 있는 연구자들이다. 학문적 배경도 한국 문학, 일본 문학, 중국 문학, 독일 문학, 프랑스 문학, 어학, 역사학, 종교학 등으로 다양하다. 필자들은 '탈경계'라는 이 말, 방법으로서의 탈경계, 내용으로서의 탈경계는 물론 연구자로서의 탈경계까지 요구하는 이 말을 학문적으로 실천하기 위해 지난 5년간 씨름해 왔으나 그것이 쉽지 않다는 것을 아직도 절감하고 있다. 이 책은 그 노력의 하나이다. 이 책에서 던진 번역과 교섭을 통한 인문 지식의 재구성 문제는 근대 인문 지식을 비판적으로 재번역, 재해석하는 실천적 작업을 통해 한국 인문 지식의 탈경계적 형성 과정을 고찰하는 연구로 더 심화해 나갈 예정이다.

2013년 4월
저자들을 대표하여
김경미 씀

| 차례 |

제2부 번역의 양상

제3부 교섭의 양상

제1부

근대 인문 지식의 구성 과정

근대 지식의 수용을 통한 어휘의 의미 확장*

강소영

1. 들어가는 말

1876년 개항 이후 우리는 서구 근대 문물을 수용하기 시작해 이를 바탕으로 근대화를 이루었고, 현재까지도 외래 문화와의 통 · 교섭을 통해 우리의 문화를 형성해 나가고 있다. 외래 문물과의 접촉은 외래 문물의 수입과 소화, 그리고 신지식의 양산을 이룩하는 데 기여하기도 한다. 따라서 이전까지 존재하지 않았던 새로운 문물이 유입되었고, 이를 위한 신조어들이 생겨났으며, 이에 일본이나 미국에서 넘어온 차용어가 위력을 발휘하기 시작했다. 외래 문물의 유입은 새로운 어휘의 수용뿐만 아니라 기존 어휘의 의미에도 변화를 가져오는데, 의미 영역이 겹치는 어휘들이 공존할 경우 어느 하나의 의미가 미묘한 표현 차이를 살릴 수 있

* 이 글은 『한국문화연구』 22집(2012년 6월)에 실린 논문을 수정 · 보완한 것이다.

도록 변화하기도 하기 때문이다. 이 글은 '두뇌'가 근대 계몽기 이전에 어떤 의미로 사용되고 있었는지 살피고, 근대 계몽기 이후 일본의 영향 속에서 사용 환경에 변화가 나타났는지를 분석하고자 한다. 그리고 통시적으로 이루어진 두뇌의 사용 환경의 변화를 토대로 당시 사회를 구성하는 제반 요소가 변화를 거듭하고 있음을 보이고자 한다. 외래 문물의 접촉과 수용 양상은 언어 차원의 구체적인 지식이 개입되면 모습이 구체화될 것이며, 두뇌는 1883년 『한성순보』 이후 여러 신문, 잡지에서의 쓰임과 『조선왕조실록』, 『승정원일기』와 같은 고문헌에서의 쓰임이 달라지기 때문에 의미 변화 과정에 시대의 흐름이 개입되었음을 보이는 데 적절하다.

2. 전통과 혁신이 공존한 근대 계몽기 '두뇌'의 의미

신문명 어휘의 의미 형성 과정

근대 계몽기,[1] 통상적으로 '개화기' 혹은 '애국 계몽기', '근대 계몽기'로 불리는 1910년까지의 시기와 '근대 발전기' 혹은 '식민지 시기'로 일컬어지는 1920, 30년으로 양분되는 이 시기는 전통과 근대가 뒤섞여 극심한 부침을 겪은 시기라는 공통점을 지닌다. 국어학사에서는 어휘 변화를 근거로 1910년 이후의 시기에 대해 근대와 구별하여 '현대'라는 발전적 개념을 적용하기도 했다. 그러나 학제에 따라 차등적으로 적용되어

1 이 연구에서 근대 계몽기라 부르는 시기는 통상적으로 '개화기' 혹은 '애국 계몽기', '근대 계몽기'로 불리는 1910년까지의 시기와 '근대 발전기' 혹은 '식민지 시기'로 일컬어지는 1920, 30년대로 양분되어 왔다.

온 이 같은 명칭은 이 시기의 문화적 특성을 포괄적으로 규정하지 못하는 한편 일제 강점기라는 독자적 의미를 은폐하는 역할을 한다. 특히 1906년부터 1926년까지는 지식의 확산을 중심으로 초기 유학생들과 2차 도일渡日 유학생의 문명화 사업이 연속적으로 이루어지는 시기이며, 1926년 이후는 계급을 중심으로 자본주의 체제가 본격적으로 재편되기 시작하는 시기였으므로, 1910년을 기준으로 양분하여 살피는 것을 지양하고, 1883년 근대 개혁을 위한 목적으로 창간된 『한성순보』가 발간되던 해부터 1920, 30년대를 합해 다루는 것이 적절하다고 보인다.

근대 계몽기 지식인들의 지식 수용은 서구의 언어를 번역하는 단계를 거쳐 그 언어를 일상 속에 흡수시키는 체계적이고 조직화된 경로, 즉 지식의 제도화를 통해 이루어졌다. 이때 서구의 언어를 번역하는 것은 외래어를 유입하는 것과 기존의 언어 요소를 이용하여 새롭게 표현을 만드는 것으로 나뉜다. 후자의 경우는 특히 한자어의 의미 변화를 초래했는데, 이는 이전부터 사용해 온 전통 한자어들이 서양 문물의 새로운 개념을 표현하기 위해 사용되는 과정에서 의미의 변화를 가져왔을 것이기 때문이다. 이러한 예시로 한자어들의 의미가 확대되거나 축소되거나 아니면 완전히 다른 의미로 사용되는 경우를 들면 다음과 같다(서려, 2009 재인용).

(1) 가. a. 국은을 만히 닙어 대신 지위에 올나 밧긔 사ᄅᆞᆷ들을 교통ᄒᆞ야 가만히 흉ᄒᆞᆫ 일을 힝ᄒᆞ고(『독립신문』, 1897.1.28)

b. 韓國京城 釜山間에 鐵道를 敷設ᄒᆞ고 交通運輸之業을 經營ᄒᆞᆯ 事(『황성신문』, 1901.1.26)

나. a. 雖於語意 似合其文理之倒舛甚矣 是不恤文法 徒就句字掇字 以隨己意 豈說經之道乎(詩釋義 小旻〉

b. 조선말과 일본말에 문법이 쪽깃흐니(『독립신문』, 1987.4.6)

다. a. 每月五日, 爲魂之妙願, 營壇作梵, 又鄕傳云, 鄕老每當忌旦, 設社會於興輪寺(『삼국유사』 권3)

b. 인민의 생명과 재산을 보호ᄒᆞ고 사회에 폐풍을 광정ᄒᆞ야(『국민소학독본』 41과)

(1-가)는 왕래, 교제의 의미를 가진 '교통'에서 화물의 수송, 기차, 자동차 등을 운행하는 '교통'으로 바뀐 예를 보인 것으로, 전통적인 의미에서 일본어에서 받아들인 transport의 의미로 확대된 예시이다. 죄나 잘못이 없음을 말하여 밝힘, 즉 [변명하다]의 의미에서 아직까지 없던 기술이나 물건을 새로 생각해 내거나 만들어 냄, 즉 [창안하다]의 의미로 변화한 '발명하다'(김형철, 1997 : 212) 역시 이에 해당한다.

(1-나)는 이와 반대로 의미의 축소를 이룬 예이다. 전통적인 의미에서 [글자와 문체의 규칙]에 해당하던 문법이 [문장의 구성 방식]이라는 의미로 바뀌어, 의미 영역에 축소가 이루어졌다. 예전에는 [학교에 가지 않고 쉬다]는 의미를 가진 '휴학'이 단순히 학교를 쉬는 것에서 [질병이나 그 밖의 원인으로 재직한 채 일정 기간 등교하지 않은 일]로 구체적인 의미로 사용된 것(김형철, 1999 : 151)도 이에 해당한다.

(1-다)는 전통적인 의미에서 기원을 발견할 수 없을 만큼 의미가 바뀐 예이다. 『삼국유사』에 나온 '사회社會'는 [제삿날에 가진 모임]이란 의미를 가지고 있었으나, 개화기 용례에서는 오늘날과 동일하게 [공동 생활을 영위하는 인간 집단]이란 의미로 쓰였다. 이에는 고대 사회에서 여자를 평가하는 기준인 여홍女紅, 즉 [예전에 부녀자들이 하던 길쌈질]의 의미에서 [기계나 공구 등을 가지고 물건을 만드는 일]로 의미가 변화한 '공작工作'을 들 수 있다. 좀 더 심하게 외래어의 부침에 시달리는 경우는

아예 이전의 모습이 사라져 버리기도 한다. 서울, 수도를 의미하던 '도성'이 '도시'와의 경쟁 속에서 사라진 경우나, 온도계만이 쓰이고 한난계寒暖計, 한서침寒暑針, 한서표寒暑表 등이 사라진 경우를 예로 들 수 있다.

이처럼 의미 변화를 겪은 많은 수의 어휘는 전통과 혁신이 공존한 문명의 전환기에 많이 나타나게 되었으며, 따라서 어휘의 의미 변화를 따라가다 보면 새로운 문물, 사상, 제도 등을 대하는 당시 언중言衆들의 의식을 읽을 수 있을 것으로 보인다. 이 글은 이러한 전제 아래에서 구체적으로 '두뇌'를 선정, 근대 계몽기 이전과 이후의 의미로 나누어 살필 것이다. 특히 두뇌는 4~5개의 세부 의미를 가진 다의어이므로 특정 시기마다 지배적으로 사용되었던 의미가 존재했을 것으로 판단하여, 시기마다 지배적인 사용 환경을 조사하고 그 의미를 시대의 흐름 속에서 찾아볼 것이다. 이는 사회의 변화에 대처하는 언중들의 의식을 보여주는 지표가 되어줄 것이다.

'두뇌' 의미 변화 과정의 통시적 고찰

뇌(腦, brain) 또는 골과 동일한 의미를 가지는 두뇌는 중추신경계를 관장하여 우리의 생명 활동에 중요한 역할을 담당하고 있는 곳이다. 신체의 여러 기관에서 모인 정보를 취합하여 그들의 활동이나 조정 명령을 내리는 곳이며, 위치상 머리의 일부분으로 머리뼈가 이를 보호하고 있다. 생물학상으로는 [중추신경계를 이루는 육체의 일부분]으로 정의될 수 있겠지만, 두뇌의 기능, 즉 여러 기관의 활동을 조정하는 능력에 의거, [사물을 판단하는 슬기], [지식 수준이 높은 사람]을 의미하기도 한다. 또한 신체 여러 기관의 활동을 조정하는 행위를 인간 관계에 적용하면 [조직을 지휘, 처리하는 사람이나 부서]를 의미하게 된다. 이에 따라

사전의 의미 역시 이를 기본으로 기술되어 있다. 아래는 『표준국어대사전』의 '두뇌' 기술 내용을 옮긴 것이다.

1. 1. 신경 세포가 모여 신경계의 중심을 이루고 있는 부분. 척수와 함께 중추신경계를 이루어 온몸의 신경을 지배하며, 대뇌, 간뇌, 소뇌, 중뇌, 뇌교, 연수로 나뉜다. 예: 두뇌 구조, 두뇌 노동, 두뇌 조직
2. 2. 사물을 판단하는 슬기. 예: 명석한 두뇌, 두뇌가 좋다, 두뇌 회전이 빠르다
3. 3. 지식 수준이 높은 사람을 비유적으로 이르는 말. 예: 우리나라 최고 두뇌를 길러내는 곳. 예: 고급 두뇌
4. 4. 총체적으로 일을 지휘하거나 처리하는 명령을 내리는 기능, 또는 그런 기능을 갖는 사람이나 조직. 예: 이 부서가 우리 회사의 두뇌이다
5. 5. 풍수지리에서, 입수入首와 혈穴이 이루어진 곳에서 조금 높은 곳.

과학적으로 두뇌의 내부 구조를 분석하여 기술한 [중추신경계를 이룬 육체의 일부분]이 제일 먼저 나오고, [조금 높은 곳]을 의미하는 민속학적인 정의가 나중에 나온다. 그러나 사전에 기술된 순서는 기본 의미 → 파생 의미 순으로 정리되었을 뿐, 현재 두뇌의 사용 환경을 보여주지는 않는다. 여기에서는 세종말뭉치를 대상으로 두뇌의 사용 환경, 지배적으로 사용되는 의미를 알아보았다.

(1) 현재의 의미: [지력智力]

두뇌는 머리의 일부분, 즉 신경 세포가 모여 신경계의 중심을 이루고 있는 부분으로 머리뼈에 의해 둘러싸여 있다. 따라서 공간의 인접성으로 인한 환유 작용을 일으켜 동일한 예문 속에서 '머리'와 대치되는 것이 어

색하지 않다.[2]

(2) 가. 두 손으로 (머리/두뇌) 부분을 감싸듯하고

나. 고요해진 우리의 (머리/두뇌) 속

다. 명석한 (머리/두뇌)를 사용해서 쉽게 일을 풀어나갈 것

라. 전문성을 가진 몇몇의 (머리/두뇌)에 의해 움직인다고

육체의 일부분, 사물을 판단하는 슬기, 조직 내 최고의 지위에 있는 사람의 의미를 가진 두뇌의 예시를 머리로 대체한 것으로 의미의 변화 없이 자연스럽게 교체된다. 둘의 의미가 비슷함을 이른다. 따라서 두뇌와 머리가 나란히 놓여 문장을 이어나가기도 한다.

(3) 가. 이러한 예가 좋은 두뇌의 필요성을 부정하는 것이 아니다. 이왕이면 머리가 좋은 것이 바람직하다.

나. 두뇌 게임을 자주 하면 머리가 좋아진다는 속설에 시달리는 부모들

그러나 아래와 같이 두뇌와 머리의 대치가 어색한 예시를 보면, 둘 사이의 의미적 차이를 짐작하게 한다.

(4) 가. 컴퓨터를 제4의 (?머리/두뇌)로 보는 관점이다

나. 체력과 함께 (?머리/두뇌)마저 자동 기계화되는 날이

다. 부모님의 뒤를 따라 (머리/*두뇌)를 푹 숙이고 따라가는

2 두뇌가 위치하는 머리와의 공간적 인접성으로 인해 환유 작용을 일으켜 의미가 겹칠 수도 있다. 이럴 경우 둘의 의미 차이를 바탕으로 분석을 시도하는 것이 좋다. 어느 한 시기의 언어가 동시대 지식의 지형을 구성하는 규범으로 작용하기 위해서는 상치되는 언어와의 차이점을 통해 의미를 발생시키는 점을 염두에 둔 것이기도 하다.

라. 어제 술을 마신 탓인지 (머리/*두뇌)가 꽤 아프구나

머리와 두뇌는 사물을 판단하는 슬기란 의미를 공유하지만 (4-가, 나)에서 보듯이 컴퓨터와 동일하게 취급하는 예문에서 두뇌와 머리의 쓰임이 나뉜다. 두뇌만이 가능한 경우가 생기는데, 이는 두뇌의 의미가 구별되는 지점이다.[3] 또한 머리와 두뇌가 신체의 제일 위에 있는 부분이라는 의미를 공유하지만 (4-다, 라)에서 보듯 두뇌를 쓸 수 없는 문장도 있다. 신체의 제일 윗부분이지만 머리뼈에 의해 둘러싸여 머릿속에 들어 있는 것이므로 그 자체가 좌우로 움직일 수 없으며, 두뇌는 신경 다발이 연결되어 있어 아프다는 사실을 인지하게 해줄 뿐 직접 아플 수는 없다. 따라서 두뇌는 머리와 비교해 볼 때, 전자 회로에 의해 각 부품이 연결되어 있는 컴퓨터의 CPU와 동일한 대상으로 보는 비유적 의미로 분화되어 가고 있음을 알 수 있다.

이는 아래와 같은 은유적 표현을 통해 더욱 구체화된다.

(5) 가. a. 두뇌에 주입한 방사성동위원소

b. 8, 9세 아이의 두뇌에다가 억지로 과대한 양의 지식을 집어 넣는 것

나. a. 체스터튼의 두뇌는 관념들로 들끓고 있는데

b. 두뇌에 저장했다가 흘려보내므로 해서 이루어지는 것

다. a. 인간의 두뇌 속에 정보를 입력시켜 움직이며

b. 남자 앵커의 두뇌 컴퓨터가 드디어 작동하기 시작했다

3 가), 나)와 같이 두뇌를 머리로 대체한 경우 가능할 것도 같으나 이 글에서는 어색하다고 처리했다. 이는 말뭉치 자료에서 컴퓨터, 기계 등 인공적인 장치가 개입된 경우에 머리를 사용한 예문을 발견할 수 없었던 데에 힘입은 바 크다.

라. a. 시도 때도 없이 두뇌의 일부를 점령해 진취적 사고와 행동을 방해한다
b. 명석한 두뇌에 포로가 되어 있었다

(5-가)는 [액체나 기체를 넣다]의 '주입하다' [사람이나 사물을 들여보내다]의 '집어넣다'를 후행 서술어로 하여 이때의 두뇌는 무언가를 담을 수 있는 공간, 따라서 [두뇌는 그릇이다] 은유가 사용되었음을 알 수 있다. (5-나)는 [물 끓듯이 수선스럽다]의 '들끓다', [밖으로 내다, 물을 쏟다]의 '흘려보내다'를 서술어로 취함으로써 두뇌를 그릇으로, 그것도 물을 담았다가 끓이기도 하고 밖으로 내보내는 그릇으로 형상화함을 보여준다.

두 은유를 통해 언중의 머릿속에 형상화된 두뇌는 신체의 일부분이고 그릇 모양으로 무언가를 담고 있으며, 특히 안에서 밖으로 무언가를 넣고 빼고 하는 그릇이다. 자연스럽게 이는 정보를 담은 그릇이며 전자회로를 통해 정보를 넣기도 하고 빼기도 하는 컴퓨터와의 연관성을 떠올리게 되며, 이는 (5-다) [두뇌는 기계(CPU)이다] 은유를 발생시킨다. 후행 서술어 '입력하다/작동하다'에 기대어 유추할 수 있다. 마지막으로 '점령하다', '포로가 되다'에서 알 수 있듯이 인간의 두뇌는 다른 이에게 매혹적으로 다가와 결국 차지하고 싶은 대상물이 되어 [두뇌는 적이다] 은유를 낳는다.[4]

이처럼 다양한 대상으로 개념화되는 두뇌는 사물을 판단하는 슬기, 지

4 그릇, 기계, 적으로 개념화되는 두뇌는 의미의 관련성으로 인해 머리와 유사한 개념적 은유 체계를 갖고 있다. 구현정(2011)에 따르면, 머리는 용기(그릇), 기계, 길로 개념화되고 신체의 윗부분이 동기가 되어 방향적 은유 [출현은 위][복종/실망/수치는 아래]라는 공간으로 개념화된다. 그런데 두뇌에는 길 은유나 방향적 은유는 나타나지 않아 두뇌와 머리에 대한 언중의 인지적 개념 체계가 다를 수 있음을 보여준다.

력의 의미에서 비롯된다. 그릇(두뇌) 안에 내용물(정신)이 존재하고 있어 그것이 그릇으로, 기계로, 가지고 싶은 대상으로 우리의 머리에 투사되기 때문이다. 이처럼 사물을 판단하는 힘으로서 두뇌가 다양한 개념적 은유 체계를 형성하고 있음은 이 의미로 쓰인 두뇌의 지배력을 알 수 있음인데, 이를 반영하듯 세종말뭉치 자료의 예문을 검토한 결과, 두뇌는 아래와 같이 사물을 판단하는 슬기, [지력]으로서 가장 많이 사용되었다.

〈표 1〉 세종말뭉치에 나타난 '두뇌'의 분포 현황

의미	횟수
중추신경계를 이루는 신체의 일부분	89
사물을 판단하는 슬기	106
지식이 높거나 조직 내에서 윗부분	20

지식이 높은 사람, 조직에서 명령을 내리거나 조정을 하는 윗부분을 의미하는 것은 극소수이며, 대부분은 사물을 판단하는 슬기나 신체의 일부분의 의미로 사용되고 있다.

이러한 두뇌의 사용 현황은 옛 시대의 문헌을 검토하면 동일한 단어라고는 생각할 수 없을 만큼 많이 변화한 것을 알 수 있는데, 한국고전종합DB에서 검색한 '두뇌'의 예는 [지력]으로 사용되는 빈도도 낮을 뿐 아니라[5] 신체의 일부분의 의미 역시 현재와는 차이를 지닌다.

(6) 가. 有一女人, 授其病母于仵作人, 打傷頭腦(『조선왕조실록』, 1512년)
나. 女人則頭腦與左臂, 左脚亂斫, 命在垂死之中(『승정원일기』, 1677년)
다. 病勢危緊, 食飮全廢, 呼吸煩促, 頭腦如破(『승정원일기』, 1626년)

5 이는 다음 절에서 구체적으로 제시할 것이다.

라. 今則十步之外, 不辨人面, 頭腦沈痛, 眼包浮腫(『승정원일기』, 1629년)

사람의 두뇌를 때려서 상하게 했다(가), 두뇌와 어깨, 다리 등이 잘려져 있었다(나), 병이 들어서 두뇌가 깨질 것 같거나(다) 몹시 아프다(라)의 '두뇌'는 현재에는 사용되지 않는 예이다. 오히려 이는 '머리'의 의미와 비슷하다. 즉, 머리 안에 들어 있는 두뇌가 아니라 사람의 목 위의 부분을 통틀어 이르는 두뇌이며, 아프다는 사실을 전달하는 것이 아니라 직접 아픔을 느끼는 대상인 두뇌이다. 이는 앞서 (4-다, 라)에서 머리와 대체 사용될 수 없다고 제시한 예문과 동일한 것으로, 전통적인 의미에서 두뇌는 현재 중추신경계의 일부분을 지시하는 두뇌와는 미묘한 차이가 있음을 알 수 있다.

그렇다면 두뇌의 의미 변화는 어떠한 과정을 통해 어떤 방식으로 변화하게 되었을까? 이는 의미 변화의 과정을 추적함으로써 알 수 있을 것으로 보이며, 다음 절에서 실제 자료를 이용하여 그 의미를 추적, 기술해 보려 한다.

(2) 전통적 의미: [요체] [목 윗부분]

전통적인 의미의 두뇌 사용 양상은 한국고전종합DB(http://db.itkc.or.kr)와 『승정원일기』(http://sjw.history.go.kr) 자료를 이용, 분석했다. 한국고전종합DB는 국가 문헌부터 개인 문집에 이르기까지 1,200여 의 책을 원문과 함께 국역을 해 실어두었기 때문에 전통적으로 두뇌가 어떻게 사용되었는지를 살피는 데 적절하기 때문이다. '두뇌頭腦'를 검색어로 하여 뽑은 용례를 토대로 결과를 제시하면, 가장 많이 나타난 예는 [요체]와 [목 윗부분](전체의 95%)이었다.

(7) 가. 鄭乃以六鄕謂在百里之郊. 則頭腦旣誤. 膚腠悉舛(『다산시문집』 20)

나. 大學 第一義, 而破其頭腦, 倒其階級, 背道害理(『조선왕조실록』, 1713년)

다. 而臣等之意, 則卽今兩司所論義理大頭惱處(『승정원일기』, 1667년)

라. 事之大頭腦, 專在於康濟民命(『승정원일기』, 1669년)

(7-가, 나)는 핵심을 놓치고 지엽적인 데에 매달린다고 비판하거나, 핵심을 깨뜨리고 원리의 등급을 전복시키는 것은 이치에 맞지 않다고 말하는 대목으로, 이곳의 두뇌는 핵심, 요체, 중요한 부분을 의미한다. (7-다, 라)는 '두뇌'와 동의어로 처리된 대두뇌, 즉 일의 가장 중요한 부분을 의미할 때 쓰인 두뇌의 예시로 이들 모두는 [요체]의 의미를 가진 두뇌의 사용 예이다.

(8) 가. 頭腦之破碎. 或誘乘憤猛擲(『심리록』 5, 1781년)

나. 有一女人, 授其病母于仵作人, 打傷頭腦(『조선왕조실록』, 1512년)

다. 盜入捉出, 頭腦打殺(『승정원일기』, 1643년)

라. 風濕交侵, 痢瘧復作, 轉輾數日, 症狀漸極, 頭腦如破(『승정원일기』, 1629년)

(8)은 주로 '(如)破/碎/打/傷/打/殺' 등의 서술어와 함께 나오는 두뇌의 예이다. 무기를 사용하여 칠 수도 있고 죽일 수도 있는, 목 위의 뇌를 감싸고 있는 부분이다. 현재의 머리와 의미가 비슷한 예로, 질병에 걸려 아픔을 느끼는 부분(라)의 쓰임새도 많이 나타난다.

이들 예시는 고전 문헌에서 많이 사용된 의미이며, 극히 일부이긴 하지만 이 밖에도 두뇌는 [우두머리]와 [지력]으로도 쓰이고 있다.

(9) 가. 儉事先發, 而渠輩之頭腦已破(『조선왕조실록』, 1725년)
  나. 秀賊之爲逆窩頭臘, 是豈渠獨辦也哉?(『조선왕조실록』, 1807년)
  다. 精神益加於昏蔽. 頭腦未免於冬烘(『동문선』, 1478년)
  라. 其不學無識, 全昧頭腦, 若是之甚(『조선왕조실록』, 1726년)

검의 일이 발각되어서 무리의 우두머리가 잡혔다는 대목(가)과 역적의 우두머리가 발각된 일을 고하는 대목(나)에서의 '두뇌'는 [우두머리]의 의미를 가지고 있다. (9-다)는 정신이 혼미하고 두뇌는 동홍을 면하지 못한다는 뜻으로, '동홍'은 생각이 진부하고 견식이 천루하여 흐리멍텅한 사람을 가리키므로[6] 이때 두뇌는 [지력]의 의미를 가지고 있는 예이다. (9-라) 역시 학식이 없다는 앞선 대목에서 알 수 있듯이 [지력]의 의미를 가진 두뇌이다. 그런데 당나라 고사를 배경으로 할 만큼 오래전부터 사용됐음직한 [지력]의 두뇌의 예문은 한국고전종합DB 검색 결과 '동홍'과 공기共起하여 쓰이는 예시가 대부분(11회)이었고 두뇌에 어둠이 많다는 예(9-라)는 동일한 이의 상소문이 연이어지면서 기록된 예시 2개뿐이었다. 사용 환경의 제약성이나 사용 빈도에서 보면 당시 [지력]을 의미하는 두뇌는 그다지 영향력이 높지 않았음을 알 수 있다. 근대 계몽기 이전의 두뇌의 의미와 이들의 사용 분포를 제시하면 〈표 2〉와 같다.

6 당나라 때 고사를 배경으로 하고 있는 당나라 때 정훈이 일찍이 고시를 주관했을 적에 안표顔標를 잘못 안진경의 후손으로 알고 그를 장원으로 뽑자, 당시에 한 무명씨가 시를 지어 그를 풍자하기를 "주사의 머리는 너무나도 동홍이라서, 안표를 잘못 안 노공 후손으로 알았네(主司頭腦太冬烘 錯認顔標作魯公)"라고 했던 데서 온 말로, 전하여 동홍은 생각이 진부하고 견식이 천루淺陋하여 흐리멍덩한 사람을 가리킨다(한국고전종합DB '두뇌' 각주란에서 인용).

〈표 2〉 고전번역총서와 『조선왕조실록』에서 두뇌의 의미 분포

뇌를 감싸고 있는 목 윗부분	痛, 如破, 如碎	3	21(20.7%)
	傷, 打, 切, 殺	11	
	肢, 節	7	
요체	大頭腦	67(66.3%)	
우두머리		4(3.9%)	
지력		13(12.8%)	

'고전번역총서'는 『각암집』, 『계곡집』, 『성호사설』, 『다산시문집』, 『매천집』, 『연암집』 등 개인의 문집을 번역해 놓은 것이며, 『조선왕조실록』은 연대별로 정치, 사회, 경제의 주요 현안을 기록한 자료이다. 이들 자료에 나타난 두뇌의 의미 분포 현황은 [요체]의 의미가 압도적으로 높게 사용되어 성리학의 근본을 설명하는 데 주로 이용되었음을 알 수 있다. 신체의 일부분, 목 윗부분으로 상하거나 아픔을 느낄 수 있는 부위이기도 한 두뇌는 두 번째로 많이 사용되었는데, 그러나 『승정원일기』에서는 오히려 이 의미를 가진 두뇌의 사용 예가 가장 빈도 수가 높게 나타나 [요체]와 [목 윗부분]을 당시 두뇌의 대표적인 의미로 내세울 수 있을 듯하다.

〈표 3〉 『승정원일기』에서 두뇌의 의미 분포

뇌를 감싸고 있는 목 윗부분	痛, 如破, 如碎	247	491(59.9%)
	傷, 打, 切, 殺	231	
	肢, 節	13	
요체	大頭腦	267(32.6%)	
우두머리		49(5.9%)	
지력		12(1.4%)	

『조선왕조실록』은 당시의 주요 현안을 일목요연하게 담아 조선 시대 전체상을 담은 자료인데 비해 『승정원일기』는 국정의 소소한 이야기까지 담아낸 자료이므로 두뇌의 사용 현황에 차이가 난다. 『승정원일기』는 왕의 표정 하나, 감정 하나까지도 상세하게 표현된 경우가 자주 나타난다. 왕의 기분과 병세 및 나아가 왕실의 건강 상태에 대해서도 『승정원일기』는 많은 부분을 할애했기 때문에(신병주, 2001:17) 다른 자료에 비해 [목 윗부분]을 의미하는 두뇌의 예가 많은 것으로 보인다.

〈표 1〉과 〈표 2〉의 통계를 합해 보면, [목 윗부분]의 두뇌는 516회(55%)로 가장 높았고, [요체]의 두뇌는 334회(40.7%)로 다음이었다. 결국 전통적으로 두뇌는 [요체]와 [목 윗부분]을 의미하는 어휘로 주로 사용되었음을 알 수 있다.[7] 이를 정리해서 보이면 다음과 같다.

7. * 두뇌

8. 1. 요체. 대두뇌와 동의어

9. 2. 뇌를 감싸고 있는 목 윗부분. 머리와 유의어

10. 3. 우두머리

11. 4. 지력

7 이는 일본을 비롯한 열강의 침입이 본격적으로 시작할 때 왕위에 재임했던 고종에 관한 기록에서도 동일하게 나타난다. 『조선왕조실록』에는 5건, 『승정원일기』는 3건의 기록이 남아 있는데, [요체]가 7번(대두뇌 2번), [지력] 1번으로, 결국 [요체]가 두뇌의 중추적 의미를 담당했음을 알 수 있다.

(10) 가. 洪惟我朝聖神相承, 治敎休明, 二可三, 三可四, <u>而言其大頭腦則</u>, 亶在乎文學之講修(『승정원일기』, 1866년)

나. 已有參政之聲明, <u>則此案之頭腦已判矣</u>(『조선왕조실록』, 1905년)

(10-가)는 '이제二帝와 삼왕三王 같은 성인이 계속 나올 수 있는 그 큰 단서, 즉 핵심을 이야기한다면'과 같은 구절로 해석이 되어 이때의 두뇌는 [요체]를 의미한다. (10-나)는 이완용이 한일의정서를 체결한 후 사직서를 올리면서 이미 참정대신이 설명서를 발표했고, 따라서 이미 판가름난 건 이 안건의 핵심이라고 말하는 대목으로 이때의 두뇌도 핵심을 의미한다. 모두 [요체], 중요한 부분의 의미를 가진 두뇌가 사용된 예문이다.

(3) 근대 계몽기의 의미: [지력]

1910년 이후 수많은 매체가 쏟아졌다. 유학생 회보, 청년 회보를 비롯하여 신문, 잡지 등 새로운 지식을 유통시키는 매체들이 많아졌고, 이는 유학 생활 중에 자연스럽게 터득한 신문물 관련 용어의 유입을 부추겼고, 이에 따라 많은 한자어가 신생했다. 따라서 기존 어휘의 의미 영역에도 변화가 일어나기에 충분 조건이 되었다.

근대 신문과 잡지 자료의 '두뇌'는 전통적으로 사용되었던 '두뇌'에서 별다른 영향력을 못 보였던 [지력]의 의미를 가진 예가 많이 나타난다.

(11) 가. 頭腦束縛이 支那女人의 纏足보다 尤爲蠻俗이니 二害也오(『대한자강회월보』, 1906년)

나. 假令 思想을 綿密케 하랴면 頭腦를 健實케 할지며 氣力을 雄大케 하랴면 筋骨을 强壯케 할지로다(『태극학보』, 1908년)

다. 頭腦는 明晳하고도 不得要領을 假飾하기에 有名한 若槻新首相(『매일신보』, 1926.1.31)

라. 商工奉天의 盛觀-商業的頭腦가 明晳한 丸五機械商會主 宋學洙(『매일신보』, 1939.11.3)

(11)은 구습에 물든 두뇌(가), 사상으로 건실케 될 두뇌(나), 명석한 두뇌(다), 사업 운용 능력이 뛰어난 두뇌(라)로 쓰여 [지력]의 의미를 가진 예임을 알 수 있다. 이전에도 [지력]의 의미로 쓰이긴 했지만, (11)처럼 다양한 사용 양상을 보이진 않는다. 즉, 사상이 빽빽이 담긴 그릇으로서의 쓰임새를 가지거나(나) 후행 서술어로 '명석하다/ 총명하다' 등이 사용되거나(다) 관형어 '개인적/과학적' 등의 수식을 받는(라) 등 이전의 예문과는 차별되는 모습을 볼 수 있다. 지력의 의미를 가진 두뇌의 쓰

임이 넓어졌다는 것은 이 의미가 갖는 힘이 커져가고 있음을 보여주는 바이기도 한데, 당시 사전 기술의 통시적인 흐름을 따라가다 보면 이러한 변화 양상을 포착할 수 있다.

근대 계몽기 이전의 사전에도 두뇌의 의미는 머리(역어 유해, 1690), 머릿골(몽어 유해, 1970)로 정리되어 있다. 따라서 지금 기술된 내용이 새로운 것은 아니지만, '두뇌'의 의미 변화가 시작된 의미의 전환점을 근대 계몽기로 두고 있기 때문에 '두뇌'의 의미를 『한영자전』과 『조선어사전』을 검토 대상으로 삼아 정리했다. 아래는 사전에 기술된 내용이다.

가. 『韓英字典』(1911)

두뇌 頭腦(머리)(顱) the brain

머리 首(슈) the head, see 대강이

나. 『韓英字典』(1914)

두뇌 머리 the head, the top, the chief, best, A classifier of cattle etc.

首 머리 the head, chief, leader, numerative of stanzas, plays etc

다. 『조선어사전』(1920)

두[頭]

頭蓋

두개골

두건

두골

두뇌 머리ㅅ골과 같다

머리 頭(대갈. 대강이, 대구리)

『한영자전』(1911)은 두뇌는 brain, 머리는 head와 같이 번역하여 두뇌와 머리에 의미차를 두었으며, 이는 『조선어사전』 역시 동일하다. 머리는 頭로 번역하고, 頭 아래에 머릿골과 의미가 같은 두뇌를 나열하여 두뇌는 머리의 일부분으로 번역했음을 보인다. 그러나 『한영자전』이 나왔던 1911년, 즉 1910년 당시에 두뇌는 전통적으로 자주 등장했던 [요체]의 쓰임새가 여전했던 상황이므로[8] 이처럼 머리는 head로, 두뇌는 brain으로 번역해 둔 것은 우리의 상황과는 다소 거리가 멀어 보인다.

『한영자전』(1914)은 머리와 동일하게 the head를 명기하여 머리와의 의미 겹침을 지적하면서 동시에 두뇌의 의미에 'the top, the chief, best'가 있음을 추가로 제시했다. 앞의 사전에 비해 우두머리로 쓰인 두뇌의 의미를 반영해 기술하고 있으나, 그러나 이 역시 전통적인 의미에서의 [요체]는 담고 있지 않아 대역사전對譯辭典의 한계를 보인 것이라 하겠다. 게다가 두뇌는 동물에게 사용할 수 있다는 부연 설명을 통해 이들은 생물학적 의미에서의 두뇌를 염두에 두고 있으며, [지력]으로서의 두뇌는 명시적으로 기술하지는 않음을 알 수 있다.

두뇌가 사용되는 의미 영역에 변화가 있다는 것은 1920, 30년대의 식민지 시대를 거쳐 1945년 해방될 때까지의 한국어 언어 자료를 토대로 간행된 『큰사전』(1947/1957)에 실린 두뇌의 의미 기술에서 목격된다. 한글학회에서 발간한 『큰사전』에 실린 의미는 다음과 같다.

두뇌 ① 사물을 슬기롭게 판단하는 힘

8 구체적인 통계는 〈표 5〉를 참조할 것.

② 풍수지리에 있어서 입수와 혈이 이루어진 곳에서 조금 높은 곳

머리 ① 동물의 몸에 있어서 목 위 되는 부분

② 물건의 꼭대기

③ 일의 시작

④ 단체에 이어서 직위가 가장 높은 자

⑤ 머리털의 준말

머릿골 머리 뼛 속에 있는 골, 중추신경이 있어서 온갖 생각을 일으키는 중요한 곳(頭腦)

『큰사전』에 실린 '머리'의 의미 기술로 보건대, 의미 기술이 구체적이며 자세하여 실제 사용되는 현황을 바탕으로 편찬되었음을 알 수 있다. 그런데 두뇌는 [지력]을 기본 의미로 기술하고 이전에 자주 쓰였던 [요체] [목 윗부분]의 의미는 기재하지 않았다. 대신 『조선어사전』에서 두뇌와 의미가 유사하다고 기술한 머릿골을 표제어로 분리하여 두뇌의 생물학상의 의미를 분리, 기술해 놓았다. 그러나 이마저도 생각을 일으키는 곳이라는 정의를 더해 '두뇌'가 담당했던 의미 영역에 변화가 일어나고 있음을 짐작케 한다.

결국 사용 예를 토대로 사전 기술을 더해 살펴본 두뇌의 의미는 전통적으로는 [요체] [목 윗부분]의 의미로 주로 사용되다가 1900~1945년 시대 흐름 속에서 [지력]의 의미가 힘을 갖게 되었음을 추측할 수 있다.

이 글에서는 이를 증명하기 위해 신문에 나타난 '두뇌'의 용례를 검색하여 그 분포를 정리해 보았다. 이는 고신문 자료 검색란(http://www.kinds.or.kr/)을 이용했으며, 그 통계는 〈표 4〉와 같다.

앞선 시대와 확연하게 구분이 되는 것은 [지력]의 의미를 가진 두뇌의 사용례가 압도적으로 많다는 것이다. 이는 이전에 가장 많이 쓰이던 [요

〈표 4〉 1899~1945년 신문에 실린 두뇌의 용례 분포도

목 윗부분	沸, 快	3(2%)
	打, 殺, 析, 破	13(8.7%)
요체		11(7.3%)
우두머리		16
지력		106(71%)

체][목 윗부분]의 의미를 가진 예시가 상대적으로 많이 줄었음을 말한다. 아래 구체적인 용례를 들면 다음과 같다.

(12) 가. 足의 病도 身體의 病이히 手足病苦ᄒᆞ고 엇지 獨히 頭腦가 快樂ᄒᆞ리오(『황성신문』, 1908.5.23)

나. 以鐵杖으로 亂打頭腦ᄒᆞ야 (『황성신문』, 1904.6.9)

다. 東洋家에 道德의 眞理로 爲其頭腦ᄒᆞ고(『황성신문』, 1909.4.25)

라. 吳人得意之秋일ᄉᆡ 能立國成民ᄒᆞ고 推戴君長爲頭腦ᄒᆞ야(『황성신문』, 1907.3.19)

(13) 가. 第二ᄂᆞᆫ 淸國學生을 日本에 留學게 ᄒᆞ야 後進少年의 頭腦를 陶鑄ᄒᆞ야 同心一體의 基礎를 作케 할지라(『황성신문』, 1899.3.29)

나. 其上下人民의 腐爛ᄒᆞᆫ 頭腦를 洗滌ᄒᆞᄂᆞᆫ 것이 實로 我韓今日의 改革藥石이라(『황성신문』, 1905.8.26)

다. 男子는 頭腦로 女子면 顔貌로 採用(『매일신보』, 1928.6.26)

라. 頭腦의 作用을 鈍케 하는 常習 便秘의 害(『매일신보』, 1937.4.16)

(12)는 전통적으로 두뇌가 사용되었던 환경과 동일하게 아픔의 대상(가), 무언가로 맞는 대상(나), 핵심(다), 우두머리(라)로 사용된 예를 제

시한 것이다. (13)은 유학을 통해 개조되어야 할 대상이나 썩어 문드러져 씻어내야 할 대상 등 구습에 젖은 정신 상태(가, 나)이거나 사회의 구성원으로 사무를 처리할 수 있는 능력(다), 예리하게 작용하지 못하는 능력(라) 등 [지력]을 지시하는 두뇌의 예이다. 특히 (13)의 두뇌는 '다듬다, 조각하다, 씻다, 쓰다, 둔하다, 명석하다' 등 다양한 서술어를 취하여 사용 환경이 제약되었던 1900년 이전과는 다르게 변화하고 있음을 보인다.

1904년 한일의정서 체결로 일본의 영향력은 더욱 힘을 발휘하기 시작했고, 따라서 외래 문물의 유입은 자의에 의해서든 타의에 의해서든 더욱 거세지게 되었다. 이러한 전환기에 두뇌의 의미가 전통적으로 사용되던 것에서 벗어나 예전에는 거의 사용하지 않았던 [지력]의 의미로 편향되게 사용되고 있음은 의미 변화를 일으키는 사회적 원인, 즉 사회를 구성하는 요소들이 바뀜에 따라 두뇌의 의미가 영향을 받고 있음을 보이는 것이다. 다음 절에서는 두뇌의 사용 환경의 변화를 좀 더 자세히 살펴보려고 한다.

3. '두뇌'의 의미 변화에 담긴 근대 지식의 수용 양상

근대 계몽기에는 전통적으로 목 윗부분, 요체, 우두머리, 지력 네 가지의 의미를 가지고 있었던 '두뇌'의 모습에 크고 작은 변화가 목격되었다. 특히 이들의 사용 빈도와 호응하는 서술어의 양상이 이전과 확연히 달라져 새로운 질서로 두뇌의 사용이 편입되고 있음을 추측할 수 있다. 〈표 5〉는 고신문에 나타난 '두뇌'의 용례를 시기별로 나누어 조사한 것으로 점차 [지력]으로 사용된 두뇌의 예가 많아지고 있음을 볼 수 있다.

〈표 5〉 근대 계몽기 시대별 두뇌 사용 현황

	목 윗부분	요체	우두머리	지력
1899~1910(58회)	16	11	2	29
1911~1920(2회)			2	
1921~1930(15회)				15
1931~1939(49회)	1		10	38

[요체]의 의미로 쓰이던 두뇌의 사용 예문이 1910년 이후 발견되지 않은 데 더해, 전통적으로 자주 사용되었던 [요체][목 윗부분]의 사용 횟수와 [지력]의 의미로 사용된 횟수가 1899~1910년에는 거의 비슷할 정도로 같아졌다가 1911년 이후 [지력]의 의미로 사용된 두뇌만이 월등히 많이 쓰여 두뇌의 사용 의미 영역에 변화가 있음을 알 수 있다.

더구나 '아프다'의 대상이 된 예시는 단 2회밖에 나타나지 않았다는 점도 인상적이다. 『승정원일기』 전체 예시 중 247회(30%)를 차지할 만큼 빈번하게 사용되던 아픔의 대상(痛, 如破, 如碎와 호응하는 예)인 두뇌가 근대 계몽기를 지나면서 완전히 사라져 지금은 쓰이지 않고 있기 때문에 이 시기가 두뇌의 의미 변화에 결정적이었다고 할 수 있다. 아픔의 대상인 두뇌가 의미의 변화를 겪고 있음을 보여주는 예문을 들면 다음과 같다.

(14) 가. 記者난 數日來로 罹暑濕之疾하야 杜戶呻吟에 果然頭腦沸熱이라(『황성신문』, 1904.7.16)

나. 머리를 쓰는 代表的 人士가 말함. 尊重한 頭腦養生體驗(『매일신보』, 1935.4.6)

다. 두뇌 피로에도 특효(『매일신보』, 1933.11.10)

라. 事務家들의 御注意, 두뇌와 편통(『조선중앙일보』, 1935.9.10)

(14-가)는 열로 들끓는 두뇌, 아픔의 대상인 두뇌의 예시이다. 그러나 기사의 내용이 기자의 오보를 꼬집고 있어서[9] 두뇌에 열이 끓고 있음은 정신적인 고통이 심함을 의미하기도 하여 단순히 감기나 병이 깊어 두뇌가 아프다고 호소했던 이전의 자료와는 차이가 난다. (14-나) 역시 머리를 쓴다는 표현에서 알 수 있듯이 양생養生의 대상은 판단하는 능력을 가진 두뇌이다. 따라서 (14-라)처럼 편두통과 나란히 놓인 두뇌이지만 단순히 아픔을 느끼는 대상이 아니라 판단 능력을 과도히 사용해 머리를 아프게 할 수 있는 원인이다. 아픔을 직접 느끼는 부위가 아니라 아프다는 사실을 인지하고 전달하는 부분이다. 결국 근대 계몽기 '두뇌'는 단순히 [목 윗부분]이 아니라 머리의 일부분, 즉 [중추신경계를 이루는 신체의 일부분]이라는 현재적 의미로 바뀌어 가고 있음을 알 수 있다.

두뇌의 의미 변화는 근대 계몽기를 기점으로 급격히 이루어졌다. 그런데 이 시기는 일본의 영향력이 점점 커져가던 때이므로 이는 일본의 영향력과 맞물려 있을 것으로 보이는데, 이러한 생각은 다음과 같은 예를 통해 유추할 수 있다.

(15) 가. 消極的<u>觀念に頭腦を支配</u>され覺束なくも世を渡る末は 소극적 관념에 두뇌가 지배되어 불확실하게 세상을 살아가는 끝에는(1894년 10월)

나. 考案ヲ<u>了解スル頭腦</u>ヲ有スル者ハ李鴻章ナルニ由 안건을 이해할 만한 두뇌를 가진 자는 이홍장이기 때문에(1894년 7월)

9 다음에 나오는 대목을 봐도 이는 기자의 정신적 고통을 비유적으로 표현한 예시로 볼 수 있다.

記者ㅣ略覆數句語호리니 足下난 請平心舒氣하야 俯賜鑒採어다

"기자가 이미 기술한 여러 구절을 다시 뒤집을 것이니 여러분은 마음을 평화롭고 순화롭게 해서 살피고 성찰하라"고 기술한 대목을 보면, 기자의 정신적인 고통이 심한 상태임을 추측할 수 있다.

(15)는 통감부, 주한 일본공사관에서 기록한 자료로, 사물을 판단하는 능력, 관념이 담겨 있는 곳, 즉 [지력]의 의미를 가진 두뇌의 예시이다. 우리의 자료보다 앞서 [지력]의 사용 예가 발견된 것에 더해 현재 우리의 두뇌 사용 예와 별반 차이를 느낄 수 없을 만큼 자연스럽게 표현되어 두뇌의 사용에 미친 일본어의 영향력을 짐작할 수 있다. 결국 근대 계몽기를 전후하여 기존의 성리학에서 벗어나 서구의 신지식을 도입한 일본의 영향권 아래에 들면서 조선은 일본어의 영향을 받을 수밖에 없었으며, 두뇌 역시 [지력]으로의 쓰임을 넓히는 쪽으로 변화했음을 알 수 있다.

사용 현황에 더해 [지력]의 의미를 가진 두뇌는 호응하는 서술어가 이전과 달리 다양해져서 의미의 변화를 좀 더 분명하게 보이고 있다.

(16) 가. 頭腦ᄂᆞᆫ 精神所萃라(『황성신문』, 1910.8.12)

나. 複雜難解ᄒᆞᆫ 漢文으로 脆軟未熟ᄒᆞᆫ 頭腦를 攪亂ᄒᆞ면 知識을 增長치 못ᄒᆞᆯ ᄲᅮᆫ 아니라(『황성신문』, 1908.6.10)

다. 頭腦ᄅᆞᆯ 冷靜케 ᄒᆞ고 此를 來聽ᄒᆞ라(『황성신문』, 1908.10.8)

라. 爲先兒童의 頭腦에 日本度量衡을 深히 印象ᄒᆞᆷ이라(『황성신문』, 1909.8.26)

두뇌를 정신이 깃들어 있는 장소로 제시하거나(가) 지식을 저장하여 이를 증진시킬 수도 있는 장소로 제시한 데(나) 이어 이전에는 찾아볼 수 없었던 '냉정하다, 새기다'와 같은 서술어와 호응하고 있다(다, 라). 이는 정신이나 지식을 담아두는 곳, 액체를 담아둔 용기, 표면이 말라 있어서 그 위에 그림을 그려 넣을 수도 있는 대상으로 두뇌를 바라보고 있어 [두뇌는 그릇이다] 은유가 사용된 예이다. 사용 빈도 수의 변화와 함께 '두뇌'를 개념화하는 언중들의 인지 체계에도 변화를 가져와, 이전과는 다른 새로운 영역으로의 변화를 보이고 있다. 따라서 1899년부터 1910년까지의 '두뇌'는 이전의 [요체], [목 윗부분]의 의미가 상대적으로 약화되고, 그릇 안에 담긴 [지력]으로서의 두뇌가 지배적인 흐름으로 나타났다고 할 수 있겠다.[10]

이러한 흐름은 1920년, 1930년대를 지나면서 고착화되는데, 역사적으로 1920, 1930년대는 앞선 시기와 완전히 또 다른 모습으로 전환한다. 손정목(1996)은 이를 자아의 각성, 대중의 빈곤, 도시화로 정리했는데, 자아의 각성은 문화 의식과 정치 의식의 변화를 의미한다. 1920년대 『조선일보』, 『동아일보』가 창간되었고, 종합지 『개벽』 역시 창간되어 대중의 의식 개조에 큰 역할을 했다. 이러한 사회의 분위기 속에서 두뇌가 [요체][목 윗부분]의 의미로 사용되기보다는 [지력]의 의미로 더 많이 사용되었다.

다음은 1920년대 이후 두뇌의 사용 예시를 제시한 것으로, 이전과 달리 [우두머리]와 [지력]의 의미를 가진 두뇌만이 사용되었다. 먼저 [우두머리]의 의미를 가진 두뇌의 예이다. 두뇌trust, 두뇌 연맹, 즉 각 집단의 대표자끼리의 결합, 연맹하는 당시의 상황을 기술할 때 [우두머리]의 두뇌가 사용된다.

(17) 가. 루大統領의 頭腦 트러스트 中堅 農財兩次官을 任命(『매일신보』, 1934.4.27)

나. 라발, 루스벨트, 頭腦聯盟, 內閣審議會, 佛蘭西(『매일신보』, 1934.6.18)

10 현재 개념 체계에서 지배적인 영역을 차지하는 [두뇌는 CPU이다] 은유는 1950년대 후반에 일어난 인공지능 바람에서부터 시작되었으며, 따라서 이 당시에는 아직까지 나타나지 않는다.

식민지 상황에 있던 한국에서 계몽이라는 추상적 목표가 구국이라는 현실적 목표로 바뀌어 가면서 세계 각국의 이합집산은 당연한 관심의 대상이었을 것이며, 따라서 신문의 기사에 유명 인사를 소개하고 그들의 동정을 전하는 난이 많았던 것은 자연스러운 결과이기도 하다. 이러한 분위기를 반영하듯 [우두머리]의 의미를 가진 두뇌의 예시가 많이 나타났다.

다음은 [지력]의 두뇌 사용 예로, 아래와 같이 다양한 서술어를 후행시켜 개념적 인지 체계 역시 변화를 거듭하고 있음을 보여준다.

(18) 가. 두뇌를 과히 사용하는 분의 새로운 식이료법 야채와 따뜻한 밀크(『매일신보』, 1932.12.23)

나. 두뇌를 쓰는 人은 무엇을 먹을 것인가(『매일신보』, 1935.5.25)

다. 두뇌의 작용을 鈍케 하는 常習 便秘의 害(『매일신보』, 1937.4.16)

라. 두뇌가 조흐면서도 성적이 불량한 것은 어써한 리유인가?(『매일신보』, 1932.10.25)

두뇌는 어떤 일을 하는 데에 도구나 수단으로 사용할/쓸 수 있으며(가, 나), 두뇌는 둔한 대상, 즉 무겁고 무딘 대상이다(다). 그리고 기능에 따라 좋은 것, 나쁜 것이 있다(라). 이때의 '두뇌'는 기계라는 근원 영역의 요소를 통해 개념화되는 예이다. '무겁고 무딘 것', 즉 빠르게 돌아가는 기계가 고장이 나거나 녹이 슬어 제대로 작동하지 못하는 것이며, 사고력이나 지적 능력을 생산하는 성능이 '좋은' 기계로 개념화되고 있다. '두뇌'라는 기계가 움직이면 만들어지는 산물은 생각이나 정신과 같은 정신 활동이라는 점에서 '두뇌'는 정신 활동을 만드는 기계로 개념화한 것이라 하겠다(구현정, 2011 : 15). 앞서 정신(슬기)을 담아두는 그릇으로 은유화했던 데서 더 나아가 정신을 만들어 내는 기계로 개념화하여

한층 더 근대화된 사회 체제에 걸맞은 인지 체계로 변화하고 있음을 읽을 수 있다.

지금까지 근대 계몽기 이전의 자료에서는 [요체][목 윗부분]으로 쓰이던 '두뇌'가 외래 문물의 급격한 유입이 시작되던 1900년대를 지나면서 이전의 의미 대신 [지력]의 의미로 자주 쓰이기 시작했고, 1920년대 이후 [요체]나 아픔을 느끼는 [목 윗부분]으로 쓰이지 않고 대신 [지력]으로의 쓰임을 늘렸음을 보았다. 게다가 1910년대의 그릇 은유에서 1920년대 이후 기계 은유로의 변화마저 나타나, 계속 의미가 변화되어 가는 중임을 볼 수 있었다.

근대 계몽기 어휘의 의미 변화는 자국의 부국강병을 위해 지식인들이 선도하여 수입, 소화했던 서구 근대 문물의 유입과 관련을 맺고 있다. 따라서 두뇌의 의미 변화 역시 이와 관련을 맺고 있을 것으로 생각하는데, 이러한 가정은 두뇌가 사용된 지면이 어떤 특징을 지닌 것이었는지를 살핌으로써도 설명될 수 있을 것이다. 1921년 이후 해방이 될 때까지 두뇌는 과학(27), 지도층 인사의 덕목(18), 의학(11), 교육(4)란에 사용되었다.

(19) 가. 凡事에 聰明한 頭腦의 所有者 府議候補 李升雨君(『每日申報』, 1921.11.14)
나. 强腦, 强精, 記憶力 增進 — 頭腦 明快法(『매일신보』, 1941.11.30)
다. 두뇌를 과히 사용하는 분의 새로운 식이료법 야채와 따뜻한 밀크(『매일신보』, 1932.12.23)
라. 養育法을 쌀하서 頭腦發育도 相異 어린이는 어른을 모방한다(『매일신보』, 1928.10.7)

당시 '두뇌'는 유명 인사의 소개란에 언급되는 자질(가)이었으며, 과학

(나), 의학(다), 아동교육(라) 등 선진 문물의 유입으로 우리 사회에 새롭게 등장한 신학문의 내용에 두뇌의 사용이 더 현저했다. 국내외 지도자는 그들에게 필요한 신지식인상으로 이들이 공통적으로 갖춘 명석한 두뇌는 결국 의학, 과학, 교육 등의 기사란에도 이어져 청소년, 직장인과 같이 사회의 주축에게 이 능력을 기르고 지키기 위해 어떤 방법이 필요한지를 과학적으로 설명하기 시작했다. 이는 당시 지식인들의 머릿속을 휩쓸고 있었던 사회진화론, 즉 적자생존, 약육강식의 힘의 논리가 세상을 지배한다고 믿는 이론의 영향으로 우리의 실력 부족을 탓하는 목소리가 만연했던 때였음을 고려하면, 일본의 지배를 벗어나기 위해서는 우리에게 없던 새로운 지식, 즉 서구에서 유입된 새로운 사상, 문물, 문화 등의 적극적 수용으로 이어질 수밖에 없었던 지식인들의 움직임과 '두뇌'의 사용이 맞물려 있었음을 유추할 수 있다. 따라서 전통적 의미에서의 쓰임새를 벗어나 [지력]으로서의 의미 파장을 넓혀나갔던 것은 단순히 일본어의 영향만이 아니라 일본의 지배로 인해 서구 문물의 수입이 국가의 발전과 직결되어 있음을 절감한 지식인들의 의도에 따라 이루어진 것임을 알 수 있다.

신문물의 영향을 받아 새로운 의미를 표현할 적합한 단어를 찾지 못할 경우는 원어를 그대로 사용하거나 기존의 한자를 새롭게 조합하여 신조어를 만들어 낸다. 하지만 동양권에는 한자라는 공통의 도구가 있었고, 따라서 근대 계몽기에 새롭게 만들어진 어휘의 대부분은 2자 한자어로 구성된 어휘들이었다(최경옥, 2007: 353). 특히 개화기 조선에 대한 일본의 영향력이 커지면서 일본에서 만들어진 번역어가 새로운 문물을 표현하는 주된 수단이 되었다.[11] 두뇌의 의미 변화 과정에는 이러한 시대적

11 1895년 이후 1920년대까지의 여러 문헌을 분석한 결과, 일본계 한자어 중 일상 생활 어휘는 18%에 불과하지만 신문명(서구 문명)과 관련된 어휘는 82%였다고 한다. 이처럼 일본에서 만들어져 우리에

배경이 담겨 있다. 의미는 다르지만 일본과 동일하게 존재하던 2자 한자어 '두뇌'를 가공 처리하여 의미를 확대, 변화시키고 있었으며, 이러한 변화의 힘에는 외래 문물의 영향, 그리고 그 아래에서 우리말이 겪은 사회적 요인, 즉 어휘의 의미가 변화의 길에 접어들어 스스로의 힘을 갖게 되었을 때 변화의 추진력을 더해 주는 사회의 제반 요소가 얽혀 있음을 알 수 있었다.

4. 나오는 말

1876년 개항 이후 한국은 근대적 사회로 전환되기 시작했다. 문호를 개방하여 서양의 문물, 제도 그리고 기술을 대량으로 도입하기 시작했으며, 그 결과 수많은 신어가 나타났고 또 한편으로는 기존 어휘들의 의미 변화를 초래했다. 이 글에서는 근대 계몽기 이전과 이후로 나누어 두뇌의 쓰임 양상을 살펴보았다. 구체적으로 각종 문헌에 실린 두뇌의 사용 현황을 통계 처리하고 이를 토대로 통시적으로 두뇌는 어떤 의미로 사용되어 왔는지 살펴보았다. 그 결과, 전통적으로는 [요체][목 윗부분]으로 압도적인 분포를 보이다가 근대 계몽기를 지나면서 [지력]으로서의 사용이 힘을 갖게 되었고, 현재 이는 그릇 은유, 기계 은유, 적 은유와 같이 다양한 개념 체계를 형성하는 의미의 확장을 경험하고 있음을 알 수 있었다. 1910년 한일합방과 뒤이은 식민지 지배, 불과 35년 정도에 해당하는 이 짧은 시기는 문명의 전환기였으며, 이전에 영향력을 행사했던 중

게 도입된 번역어 중에는 기존의 언어 요소를 활용하여 의미의 확장을 가져온 경우도 많았으며, 이를 통해 일본의 식민지 지배 과정을 유추해 볼 수도 있다. 신문명 어휘에 관한 구체적인 사항은 박영섭(1997)을 참조할 것.

국 대신에 일본과 서구의 영향력이 어느 시기와도 견주기 힘들 만큼 강하고 그리고 넓게 퍼져 있었다. 따라서 두뇌의 의미 변화는 사회의 제반 현상이 달라지면서 어휘의 의미에 변화가 일어나는 전형적인 모습을 보이는 경우라 하겠다. 사회의 변화와 함께 어휘의 의미 변화를 보이는 예는 두뇌 이외에도 많다. 이러한 어휘들이 구체적으로 언제 변화하기 시작했으며, 그리고 이에 깔린 당시 사회의 분위기는 어떠했는지를 살피는 것이 앞으로의 과제라고 하겠다.

참고 문헌

구현정, 「관용 표현의 확장 기제」, 『담화와 인지』 18-3, 2011.

국립국어연구원, 『국어의 시대별 변천 연구 4』, 국립국어연구원, 1999.

김형철, 「개화기 신문의 어휘 연구: 제국신문을 중심으로」, 『어문논집』 5. 1994.

______, 『개화기 국어 연구』, 경남대출판부, 1997.

______, 「개화기 국어 어휘」, 『국어의 시대별 변천 연구』, 국립국어연구원, 1999.

라코프, 조지 · 존슨, 마크(George Lacoff & Mark Johnson), *Metaphors We Live By*(1980), 『삶으로서의 은유』, 노양진, 나익주 옮김, 서광사, 1995.

랭거커, 로널드(Ronald W. Langacker), *Foundations of Cognitive Grammar*, 『인지문법의 토대』, 김종도 옮김, 박이정, 1987.

민현식, 「개화기 국어 문체에 대한 종합적 연구(1)」, 『국어교육』 83. 1994.

______, 「개화기 국어 문체에 대한 종합적 연구(2)」, 『국어교육』 84, 1994.

______, 「국어의 여성어 연구」, 『아세아연구』 34, 1995.

______, 「개화기 국어 어휘 연구 방법의 재검토」, 『동양학』 32, 2002.

______, 「개화기 국어 변화의 계량적 이해」, 『한국어문학연구』 39, 2002.

박영섭, 『개화기 국어 어휘 자료집 1-5』, 서광학술자료사, 1997.
_____, 「개화기 국어 어휘 연구」, 『한국어의 미학』 11, 2002.
박형익, 「1910년대 출간된 신어 자료집의 분석」, 『한국어학』 22, 2004.
서려, 『개화기 신어의 기원과 특징』, 인하대학교 석사학위 논문, 2009.
손정목, 『일제강점기 도시사회상 연구』, 일지사, 1996.
송민, 「일본 수신사의 신문명 어휘 접촉」, 『어문학논총』 7, 국민대 어문연구소, 1988.
_____, 「개화기 어휘 개신에 대하여」, 『어문학논총』 11, 1992.
_____, 「갑오경장기의 어휘」, 『새국어생활』 4-4, 국립국어연구원, 1994.
_____, 「신생 한자어의 성립 배경, 『새국어생활』 9-2, 국립국어연구원, 1999.
_____, 「개화기 신생 한자어연구1」, 『어문학논총』 20, 국민대 어문연구소, 2001.
_____, 「개화기 신생 한자어연구2」, 『어문학논총』 21, 국민대 어문연구소, 2002.
_____, 「개화기 신생한자어연구3」, 『어문학논총』 22, 국민대 어문연구소, 2003.
신병주, 「『승정원일기』의 자료적 가치에 관한 연구」, 『규장각』 24, 2001.
신중진, 『개화기 국어의 명사 어휘 연구』, 태학사, 2007.
유미진, 「일본 근대 번역 한자어의 생성과 수용 연구」, 『일본언어문화』 6, 한국일어일문학회, 2005.
이한섭, 「서유견문에 받아들여진 일본의 한자어에 대하여」, 『일본학』 6, 동국대 일본학연구소, 1987.
_____, 「개항 이후 한일 어휘 교섭의 일단면」, 『일본학보』 24, 한국일본학회, 1990.
_____, 「개화기 일본 신문명 어휘의 도입에 대하여」, 『일본학연구』 30, 단국대 일본연구소, 2010.
이화여자대학교 한국문화연구원, 『근대 계몽기 지식 개념의 수용과 그 변용』, 소명, 2004.

______, 『근대 계몽기 지식의 발견과 사유지평의 확대』, 소명, 2006.
최경옥, 『한국 개화기 근대 외래 한자어의 수용 연구』, 한양대 박사학위 논문, 2002.
______, 「메이지 시기의 번역어 성립과 한국 수용에 관하여」, 『일어일문학연구』 61, 2007.
한기형, 「근대어의 형성과 매체의 언어전략」, 『역사비평』 71, 2005.
한기형 외, 『근대어 근대매체 근대 문학: 근대매체와 근대 언어 질서의 상관성』, 성대 대동문화연구원. 2006.

한국 근대 지식 체계 형성 과정에서의 '조혼早婚' 인식:

전근대적 악습으로서의 조혼 이미지 성립 과정을 중심으로*

박 경

1. 들어가는 말

근대에 조혼早婚은 지식인들 사이에서 조선의 악습惡習으로 자주 회자되었다. 이 글에서는 조혼이 악습이라는 인식의 형성 과정을 검토해 보고자 한다. 조혼은 본래 한문 문장 내에서 '일찍 혼인한다'는 의미로 사용되었다. 즉, 비교 대상이 있거나 사회적 기준, 개인의 심정적 기준 등의 기준이 있어야 성립되는 상대성을 가지고 있는 어휘였다. 그런데 1905년 이후 조혼은 명사로 사용되면서 용어화되었다. 이렇게 '조혼'이 용어화되는 과정은 이 습속이 조선의 고질적인 악습이라는 사회적 의미를 가지게 되는 과정이기도 했다.

조선 후기 혼인 연령에 대한 연구를 검토하면, 단성丹城 호적대장을

* 이 글은 『여성과 역사』 16집(2012)에 실린 「개화 지식인들의 조혼早婚에 대한 인식: 『독립신문』의 논설을 중심으로」를 이 책의 기획 의도에 따라 수정·보완한 것이다.

분석한 김건태의 연구에서는 18세기 여성 초혼 연령 평균을 17.5세, 17~18세기 남성 초혼 연령 평균을 18세라고 했다(김건태, 2004: 197-209). 그리고 혼서婚書를 분석한 박희진의 연구에서는 17세기 평균 혼인 연령은 여성 17.75세, 남성 17.31세, 18세기에는 여성 17.67세, 남성 16.84세, 18세기에는 여성 17.15세, 남성 15.68세였다고 했다. 그는 남성의 평균 혼인 연령이 단성 호적대장의 결과와 차이가 나타나는 이유는 계층과 관계가 있다고 했다. 상층 남성에게서 혼인 연령이 낮게 나타났다는 것이다(박희진, 2006: 9, 12-13). 또 이는 혼서 분석 대상의 55%가 장자였다는 것과 관계가 있는 것으로도 판단된다.

그런데 이 통계를 살펴보면, 조선의 혼인 연령이 서구나 일본에 비해 낮았다 하더라도 조혼이 조선의 전근대적 악습의 대표적인 사례로 회자되고, 특히 일제 강점기에 나이어린 신랑, 신부의 사례를 조롱하고 가족관계에서 발생한 불상사들의 원인을 조혼으로 귀결시키는 현상이 범람한 것은 과도하다고 판단된다. 이는 조혼이 조선의 고질적인 악습으로 인식되도록 하는 사회적 지식 체계 형성 과정이 있었기에 나타났던 현상이다.

일제 강점기인 1930년대에 김두헌은 조혼을 기형적 혼인 형태로 보고 당시 조혼의 실태와 기원을 분석했다(김두헌, 1935: 46-86). 그리고 최근에 조혼에 관한 몇몇 연구가 행해졌다. 전미경은 개화기의 조혼 담론을 분석함으로써 새로 재편된 근대적 가족 윤리 의식의 모습을 살펴보았다(전미경, 2001: 1-19; 2005: 49-83). 그리고 류승현은 일제 강점기 조혼으로 인한 여성 범죄의 실태를 검토했다(류승현, 2001: 357-393). 또한 김경일은 조혼을 후진적인 식민지 사회의 이미지를 정당화하는 현상으로 거론하는 것에 대해 비판하며, 지역, 사회계층/계급, 성별이라는 변수의 상호 교차에 따라 각각 다른 양상을 띠고 있다고 보았다. 그리고 일제 강점기 조혼과 연관된 사회 현상을 이 기준에 따라 분류하여 분석했다(김경일, 2007: 363-395).

이러한 연구 성과의 축적을 통해 개화기에 새로 대두된 국가 중심의 가족 윤리의 성격과 일제 강점기 조혼을 둘러싼 사회 현상의 상당 부분이 밝혀져 왔다. 또한 조혼이 후진적인 사회의 이미지를 정당화하는 현상으로 거론되는 것을 반박하고 여러 가지 변수를 고려하여 일제 강점기 조혼과 관련된 문제들을 이해하려 했던 시도는 조혼에 관한 기존 인식을 재고하도록 하는 계기를 마련한 것으로 판단된다. 그러나 현재까지의 연구에서는 어떠한 과정을 거쳐 조혼이 후진적인 사회의 이미지를 대표하는 풍속이 되었는가는 규명되지 않았다. 필자는 이에 대한 문제 의식을 가지고 이 연구를 수행했다.

일찍 혼인하는 풍속이 '문명화'되지 못한 후진적 사회의 습속이라는 인식을 처음 표출한 사람은 바로 개화 지식인들이었다. 그리고 『독립신문』의 논설에서 그러한 인식이 논리적으로 체계화되기 시작했다. 따라서 이 글에서는 『독립신문』의 논설을 중심으로 개화 지식인들이 어떤 이유로, 어떠한 논리를 가지고 이러한 논의를 전개해 갔는지를 살펴보고자 한다. 이를 통해 개화 지식인들의 전통 인식의 특성과 한계를 함께 살펴볼 수 있을 것이다.

이를 위해 2절에서는 1880년대 혼인 연령에 대한 논의가 처음 대두되던 시기부터 1910년에 이르는 시기까지의 조혼 논의의 추이를 살펴보고, 이 추이 속에서 『독립신문』 논설의 위치를 가늠해 보도록 하겠다. 그리고 3절에서는 『독립신문』 논설 분석을 통해 이 논설의 논자들이 어떤 인식틀을 가지고 '일찍 혼인하는 풍속'을 평가했는지와 그 평가의 논리를 구체적으로 살펴보도록 하겠다.

2. 조혼 논의의 추이

혼인 연령에 대한 관심은 조선이 서양 각국과 수교하고 개화의 움직임이 본격화되던 1880년대부터 시작되었다. 1886년 3월 『한성주보』에는 다음과 같은 기사가 실렸다.

> 각국이 남녀가 일즉 혼인ᄒᆞᄂᆞᆫ 일노뼈 큰 폐단되믈 념녀ᄒᆞ야 빅가지로 금단ᄒᆞ야 ■문 남녀로 ᄒᆞ야금 다 스스로 ᄉᆡᆼ계를 ᄇᆡ온 후에사 혼인ᄒᆞ게 ᄒᆞ니 일노뼈 근시에 각국 남녀가 다각히 일즉이 혼인을 못ᄒᆞᆫ다 ᄒᆞ더라. 이졔 일본 남녀의 혼인ᄒᆞᆷ은 비록 일ᄉᆡ 느지미 갓지 아니ᄒᆞ나 평균이 셰어보면 사나희ᄂᆞᆫ 이십이년 삼월이 되고 계집은 십구년 사월이 되고 또 유로부 각국 남녀의 혼인ᄒᆞᄂᆞᆫ 나을 평균이 회게ᄒᆞ야 좌의 긔록ᄒᆞ노라.[1]

그리고 이 내용과 함께 러시아, 영국, 독일, 프랑스 등 유럽 8개국의 평균 혼인 연령이 기재되어 있다. 이들 나라 중 평균 혼인 연령이 가장 낮은 러시아가 남성 25년 2개월, 여성은 21년 5개월이며, 가장 높은 벨기에가 남성 31년 3개월, 여성 28년 5개월이었다.

이 기사의 작성자는 각국이 일찍 혼인하는 것이 큰 폐단을 낳을 것을 염려하여 금단한다고 했다. 그리고 각국이 일찍 혼인하는 것을 금단하는 이유는 생계를 책임질 수 있게 된 뒤에 혼인해야 하기 때문이라고 했다. 평균 혼인 연령 예시에서 확인할 수 있듯이 이 기사에서의 각국은 유럽의 제국주의 국가들이었다. 그리고 조선보다 개화를 빨리 진행한 일본의 예도 제시했다.

1 『한성주보』 제5호, 1886년 3월 1일자, 11면. * 원문은 띄어쓰기가 되어 있지 않지만 독자의 편의를 위해 띄어쓰기를 하여 제시했다. ■는 인쇄 상태가 좋지 않아 판독이 어려운 글자이다.

이 기사는 흥미로운 외국의 소식을 전하는 가십성 기사가 아니라 유럽 8개국과 일본, 총 9개국의 평균 혼인 연령까지 제시하며 여러 나라에서 일찍 혼인하는 것을 금단한다는 내용을 소개한 정보성 기사이다. 혼인 연령에 관한 습속과 제도에 관심을 가지고 작성한 기사인 것이다. 더구나 『한성순보』와 『한성주보』는 정부의 개화 정책의 일환으로 발간된 신문이었다(이광린, 1968: 1-45). 이를 고려하면, 당시 개화를 추진하던 관료들이 혼인 연령에 관한 습속과 제도를 주시하고 있었음을 알 수 있다. 한편, 이 기사에서 제기된 유럽의 국가들에서 생계를 책임질 능력이 되어야 혼인하게 한다는 논리는 이후 개화 및 자강을 지향한 지식인들이 조혼 타파의 당위성을 설명하는 데 꾸준히 제기된 논리였다.

이렇게 관에서 발간한 초창기 근대 신문에서 서구 8개국과 일본에서 일찍 혼인하는 것을 금한다는 정보가 처음 제시되었다. 그 후 1894년 갑오개혁 때가 되면 혼인 연령의 하한선을 정하는 법령이 제정되었다. 1894년 음력 6월 군국기무처에서 올려 고종의 윤허를 받은 의안議案 중에는 "남녀가 일찍 혼인하는 것을 속히 엄히 금하여 남자 20세, 여자 16세 이후에 비로소 혼인하는 것을 허락한다"라는 내용이 있다.[2] 근대 혼인 연령에 대한 법이 처음 공식적으로 규정된 것이다.

조선 시대에도 혼인 연령의 하한선이 규정되어 있었다. 『경국대전』 혼가조에서는 남자는 나이 15세, 여자는 나이 14세 되면 혼인하는 것을 허락한다고 했다. 그리고 만약 양가의 부모 중 한 사람이 숙질宿疾이 있거나 나이 50이 되었는데 자녀의 나이가 12세 이상인 경우에는 관에 고해 혼인할 수 있도록 했다.[3] 혼인 연령의 하한선을 남녀 각각 15세, 14세로 규정하면서도 부모가 언제 사망할지 모르는 상황일 때에는 자녀가 12세

2 『고종실록』 권 31, 고종 31년 6월 계유.

이상이면 혼인할 수 있는 길을 열어주었다. 그러나 이는 어디까지나 혼인 연령의 하한선이었다.

『경국대전』 혜휼조에서는 "사족士族의 딸로 나이가 30에 가까운데 가난하여 시집가지 못한 경우에는 본조에서 계문하여 자재資財를 헤아려 지급한다"고 했다. 그리고 "그 집안이 궁핍한데 이르지 않았는데 나이 30세 이상이 되도록 시집보내지 않으면 그 가장을 엄중하게 논죄한다"라고 했다.[4] 이렇게 『경국대전』에서는 혼인 연령의 하한선을 두었고 사족 여성에 한해 30세라는 상한선도 두었다. 그런데 조선에서는 혼인할 때 관에 신고할 필요가 없었다. 호적대장을 작성할 때에야 비로소 모인某人의 처로 등재되었다. 이를 고려하면 『경국대전』 혼인 연령 하한선은 가이드라인 정도의 역할을 했을 것이라고 생각된다.

갑오개혁 때의 규정을 『경국대전』 규정과 비교해 보면 여성에 비해 남성의 혼인 연령 하한선이 크게 높아졌다는 것을 발견할 수 있다. 이는 1886년 『한성주보』에서 유럽 각국에서 생계를 책임질 능력이 되어야 혼인할 수 있도록 한다는 내용을 게재했던 일과 무관치 않은 것으로 판단된다. 즉, 20세를 생계를 책임질 정도의 나이로 판단하고 남자의 혼인 연령 하한선을 20세로 설정한 것으로 보인다.

한편, 이 규정은 연령에 구애받지 않고 혼인하던 풍속을 개화를 추진한다는 명분으로 갑자기 규제하고자 했다는 점에서 주목된다. 사회적 합의가 제대로 이루어지지 않은 상태에서 반봉건의 기치 아래 정부 주도로 급작스럽게 이러한 법이 제정되었던 것이다. 그동안 규제되지 않았던 습속을 규제하고자 했을 때에는 정부의 강력하고 지속적인 정책 추진이 필요하다. 그런데 당시 조선에서는 정치 상황이 불안하여 개혁을 주도했던

3 『경국대전』 권 3, 예전, 혼가婚嫁.

4 『경국대전』 권 3, 예전, 혜휼惠恤.

관원들이 추후 개혁을 지속적으로 추진할 동력을 가지고 있지 못했다. 따라서 혼인을 신고하도록 하여 신랑, 신부가 규정된 나이보다 어린 경우에는 허가하지 않는 행정 체제를 마련할 수 있는 상황이 되지 못했다. 따라서 갑오개혁 때 혼인 연령 하한선에 대한 규정이 반포되었으나 시행은 지지부진했다.

이러한 상황에서 1890년대 후반『독립신문』에서 '일찍 혼인하는 풍속'의 타파를 주장하며, 이를 뒷받침하는 논리들을 구체화시켰다.[5] 조선의 '일찍 혼인하는 풍속'에 대한 비판 논리가 처음으로 체계화된 것이다. 이는 1905년 이후 대중 계몽의 주요 주제로 개진되었던 조혼 타파 주장의 논리적 기반이 되었다는 점에서 큰 의미를 가진다.

일제의 국권 위협이 노골화되고 을사조약까지 체결되어 지식인들의 위기 의식이 심화되어 가던 1905년 이후에는 조혼 타파 주장이 더욱 확산되었다. 그리고 대중에 대한 교육과 계몽의 열기가 확산되어 가는 가운데 여러 사회단체가 주관하여 조혼 풍속 타파를 주장하는 연설회를 열기도 했다.[6]

조혼 풍속 타파를 위한 대중 계몽과 함께 1906년 대한자강회에서는 정부에 혼인 연령에 대한 법 제정을 건의하기도 했다. 그들이 건의한 내용은 남자 18세, 여자 16세 이후에 혼인할 수 있도록 법을 제정해야 한다는 것이었다.[7] 당시 지식인 사회에 조혼의 풍속을 '개량'해야 한다는

5 『독립신문』 제1권 27호, 건양 원년(1896) 6월 6일자, 3면 논설; 『독립신문』 제3권 18호, 광무 2년(1898) 2월 20일자, 1면 논설.

6 『황성신문』 제2136호, 대한광무 10년(1906) 3월 24일(음력 2월 30일)자, 3면 잡보; 『황성신문』 제2188호, 대한광무 10년(1906) 5월 24일(음력 4월 2일)자, 3면 광고; 『황성신문』 제2189호, 대한광무 10년(1906) 5월 25일(음력 4월 3일)자, 2면 잡보; 4면 광고; 『황성신문』 제2190호, 대한광무 10년(1906) 5월 26일(음력 4월 4일)자, 4면 광고; 『황성신문』 제2195호, 대한광무 10년(1906) 6월 1일(음력 4월 10일)자, 3면 광고; 『황성신문』 제2196호, 대한광무 10년(1906) 6월 2일(음력 4월 11일)자, 4면 광고; 『황성신문』 제2239호, 대한광무 10년(1906) 7월 23일(음력 6월 3일)자, 3면 잡보; 『대한자강회월보』 제2호, 1906년 8월 25일자, 본회 회보, 57-59면.

인식이 확산된 상황임에도 갑오개혁 때 규정에 비해 혼인 연령 하한선을 정하는 데 좀 더 현실 타협적이었음을 확인할 수 있다.

유학적 기반을 가지고 있는 양반 지식인을 독자층으로 삼았던 『황성신문』에서도 이 건의를 "문명 정도文明程度의 달론達論"이라 하며 "건의만 하면 정부에서 예例에 의해 실시할 것이니 전국 인민에 다대多大한 행복이 되리라"라고 했다.[8] 이 짧은 논평에서도 당시 지식인들이 조혼 타파를 주장한 것은 '문명화된 사회'를 꿈꾸었기 때문이며, 이러한 '문명화된 사회'는 전체 인민에게 행복을 가져다 줄 것이라는 믿음을 가지고 있었다는 것이 드러난다.

이러한 분위기에서 1907년에 순종은 혼인 연령에 대한 다음과 같은 조칙을 내렸다.

> 사람이 태어나 30에 아내를 두고 20에 시집가는 것은 옛날 삼대三代의 훌륭한 법이었는데 근래에는 조혼의 폐단이 국민의 병폐의 근원이 됨이 매우 심했다. 그러므로 연전에 금령禁令을 내렸으나 아직까지 실시되지 않고 있으니 어찌 유사有司의 허물이 아니겠는가? 지금 정사를 새롭게 하는 때를 만나 풍속을 개량하는 것이 가장 급한 일이다. 부득이 예와 지금을 참작하여 남자 나이 만 17세, 여자 나이 만 15세 이상이 되어야 비로소 시집가고 장가가도록 하여 엄하게 준수하고 어김이 없게 하라.[9]

이 혼인 연령 하한선은 갑오개혁 때 규정된 남자 20세, 여자 16세보다

7 『대한자강회월보』 제2호, 1906년 8월 25일자, 본회 회보, 55면; 56면; 63면; 『황성신문』 제2235호, 대한광무 10년(1906) 7월 18일(음력 5월 27일)자 2면 잡보; 제2241호, 대한광무 10년(1906) 7월 25일(음력 6월 5일)자, 2면 잡보.

8 『황성신문』 제2235호, 대한광무 10년(1906) 7월 18일(음력 5월 27일)자, 2면 잡보.

9 내각법제국관보과, 「관보」 제3847호 융희 원년 8월 17일, 궁정록사宮廷綠事; 『순종실록』 권1, 순종 즉위년 8월 14일(양력).

각각 남자 세 살, 여자 한 살이 낮을 뿐 아니라 1906년 대한자강회에서 제시했던 남자 18세, 여자 16세보다도 남녀 각각 한 살씩 낮다. 1880년대에 개화 정책을 추진하던 관원들이 일찍 혼인하는 것을 금단해야 하는 이유를 생계를 책임질 능력을 갖춘 후에 혼인해야 하기 때문이라고 했다는 점을 고려하면, 이 혼인 연령 하한선은 초창기의 의도에서 상당히 후퇴한 정책으로 보인다. 그러나 그동안 각종 매체에서 일찍 혼인하는 것을 규제해야 하는 이유들이 다양하게 제기되었다는 점을 감안하면 이는 후퇴라기보다는 현실적인 대안을 찾았다고 보는 것이 옳을 것이다. 경제적 능력을 갖춘 후에 혼인해야 한다는 인식과 아주 어린 나이에 혼인하는 것이 개인적으로 사회적으로 국가적으로 폐단을 낳는 구습으로, '문명화된 사회'로 나아가기 위해 개선되어야 할 사항이라는 인식이 결합되어 신체적 · 정신적으로 아주 어린 나이에 혼인하는 것만을 방지하는 방향의 규제가 이루어진 것이다.

1907년 혼인 연령 하한선을 규정한 조칙이 내려진 후에도 이를 어기는 일이 있었던 것 같다. 이 조칙이 내려진 직후에 학부대신 이재곤의 15세 된 아들과 보국 민영소의 15세 된 딸이 혼인한 사실을 비판한 기사, 남북촌에서 조혼을 하기 위해 낮에 혼례식을 하지 못하고 밤중에 한다는 기사가 신문지상에 오르기도 했다.[10] 또한 법부대신 조중응이 법부의 관리에게 "조혼을 금지하는 훈령이 반포된 후에 한성漢城 내외에서 야간에 암혼暗婚하는 자가 흔히 있다 하니 암혼하여 자식을 낳은 것은 사생자私生子"라고 말한 일도 있었다.[11]

또한 조혼 타파 논의 역시 지속되었다. 조혼의 폐해를 알리는 연설회

10 『대한매일신보』 제70호, 융희 원년(1907) 8월 18일자, 2면; 『공립신보』 대한융희 원년 9월 20일(음력 8월 14일)자, 1면 본국 소문; 『황성신문』 제2566호, 대한융희 원년(1907) 8월 23일(음력 7월 15일)자, 3면 잡보.

11 『황성신문』 제2565호, 대한융희 원년(1907) 8월 22일(음력 7월 14일)자, 2면 잡보.

가 열리고 이에 대한 논설이 잡지와 신문에 게재되었다.[12] 그리고 대중에게 조혼의 폐해를 인식시키기 위한 연극을 상연하기도 했다.[13] 1908년에는 이해조李海朝, 1869-1927의 신소설 『홍도화紅桃花』 상권이 출간되었는데, 당시 『황성신문』에는 조혼하는 고습痼習과 청상靑孀의 참상을 개량하고자 이 소설을 간행했다는 다음과 같은 광고가 게재되었다.

> 종래 우리나라에 조혼하는 고질적인 습속과 청상의 참상은 일반 뜻있는 자의 개탄하는 바이어니와 이 풍속을 개량하여 바로잡고자 하여 본관에서 재미있는 최근 소설 『홍도화』를 간행하여 뜻있는 군자의 청람淸覽에 바칩니다.[14]

『홍도화』 상권에서는 주인공 태희가 여학교에서 근대 교육을 받던 중 아버지의 뜻에 따라 중도에 학교를 그만두고 이른 나이에 혼인했는데, 혼인한 지 얼마 안 되어 남편이 사망하고 시가에서 고생하다가 새로운 배필을 만나게 되는 과정이 그려져 있다. 이러한 소설이 발간되었을 뿐 아니라 조혼과 과부 재가의 문제를 개량하고 바로잡고자 소설을 간행했다고 내세우는 광고까지 할 정도였다는 것을 통해 조혼 문제가 당시 지식인들의 주요 논의 대상이자 대중 계몽의 주요 주제 중 하나였다는 것을 알 수 있다.

12 『대한학회월보』 제4호, 「조혼의 폐해」, 1908년 5월 25일; 제7호, 「조혼의 폐해(속續)」, 1908년 7월 25일; 『황성신문』 제3407호, 대한융희 4년(1910) 6월 28일(음력 5월 16일)자, 1면 잡보; 『황성신문』 제3166호, 「조혼의 폐해를 통론痛論함」, 대한융희 3년(1909) 9월 3일(음력 7월 19일)자, 2면 논설; 『황성신문』 제3167호, 「조혼의 폐해를 통론함(속)」, 대한융희 3년(1909) 9월 4일(음력 7월 20일)자, 2면 논설.

13 지규식, 『하재일기荷齋日記』 권9, 경술년(1910) 7월 10일; 『황성신문』 제3402호, 대한융희 4년(1910) 6월 22일(음력 5월 16일)자, 3면 잡보.

14 『황성신문』 제2931호, 대한융희 2년(1908) 11월 20일(음력 10월 27일), 3면 광고. * 원문은 국한문 혼용체이지만 독자의 편의를 위해 당시의 문투를 살리면서 현대어에 가깝게 풀어서 제시했다.

한편, 이 시기의 조혼에 대한 논의에서는 '문명화된 사회'로의 지향보다는 조혼의 폐해를 내세우는 경향이 강화되었다. 국권을 위협받는 현실 속에서 대중을 계몽하여 빠른 시일 내에 자강을 이루고자 했던 절박함이 이러한 현상을 초래한 것으로 보인다. 앞에서 언급한 『홍도화』 광고의 "조혼하는 고질적인 습속", "청상의 참상" 등의 어구에서는 조선의 혼인 풍속을 '개량되어야 할 전근대의 야만적 습속'으로 인식했다는 점이 드러난다. 소설의 재미를 유지하면서 대중을 계도하기 위한 장치가 바로 구 습속의 '참상'을 묘사하는 것일 것이다. 이렇게 조혼 습속의 미개성, 전근대성이 강조되며 이 습속은 떨쳐버려야 할 질곡으로 강하게 각인되었다. 즉, 조혼이 명실공히 전근대의 대표적 악습으로 정착되어 갔던 것이다.

1880년대 초창기 개화를 추진하던 관료들은 서양에서 일찍 혼인하는 것을 금단하는 이유가 생계를 책임질 능력이 된 후에 혼인해야 하기 때문이라고 했다. 이렇게 경제적 독립이 가능한 나이에 혼인한다는 것은 일견 합리적인 것으로 보이지만 농업 중심의 산업 구조를 가진 조선 사회에 바로 이 논리가 적용되기에는 무리가 있다고 판단된다. 그러나 당시 개화 지식인들에게는 이것이 합리적인 논리로 인식되었고, 결국 갑오개혁 때 남자 20세, 여자 16세의 혼인 연령 하한선 규정이 법제화되기도 했다. '일찍 혼인하는 풍속'을 타파해야 한다는 논리는 『독립신문』의 논설을 통해 더욱 구체화되었고, 이는 1905년 이후 국권 침탈을 위협받는 절박함 속에서 자강을 지향하던 지식인층에게 영향을 주었다.

1905년 이후에는 유학적 기반을 가진 지식인 중에도 '문명화된' 부강한 나라 건설을 지향하며 조혼 타파 논리를 지지하는 인사들이 나타났다. 이러한 분위기에서 1907년 남자 17세, 여자 15세의 혼인 연령 하한선을 규정한 조칙이 내려지기에 이르렀다. 그리고 이 시기 조혼 타파 논리를 대중화해 나가는 과정에서 점차 조혼의 폐해가 강조되어 갔다.

이와 같은 조혼 타파 논의의 전개 과정에서 1890년대 후반 『독립신문』의 '일찍 혼인하는 풍속'을 타파해야 한다는 논설은 조혼 타파 주장을 뒷받침하는 논리를 처음으로 제시한 논설이라는 점에서 역사적 의미를 갖는다. 또한 이 논설은 1905년 이후 근대화, 문명화를 위해 조혼하는 악습이 사라져야 한다는 자강을 지향하는 지식인층에서 공유했던 당위적인 주장의 논리적 기반이 되기도 했다. 이러한 『독립신문』의 논리 속에는 문명화를 추구하던 개화 지식인들이 전근대적 유산을 어떻게 인식했는지도 드러난다.

3. 『독립신문』의 '일찍 혼인하는 풍속'에 대한 논설 분석

『독립신문』에는 '일찍 혼인하는 풍속'[15]의 폐단을 서술하고 이의 금지를 주장한 세 건의 논설이 게재되어 있다. 이 논설의 논리를 구체적으로 검토해 보도록 하겠다.

1896년의 논설 : 조혼 타파 논리의 체계화

1896년의 논설은 '일찍 혼인하는 풍속'에 대한 개화 세력의 입장이 처

15 『독립신문』의 1896년, 1898년 논설에서는 '조혼'이라는 단어를 사용하지 않았다. 즉, "혼인 ᄒᆞ기를 ᄋᆞ해들 세리 ᄒᆞ니", "조곰만ᄒᆞᆫ 어린 ᄋᆞ희들을 압제로 혼인을 식혀", "어린 아희들을 억지로 짝을 지여 부부로 살나 ᄒᆞ니" 등으로 서술되었다. 또한 이러한 현실을 이 논설의 논자는 조선의 풍속으로 파악했다. 1899년 논설에서는 "죠혼 ᄒᆞᄂᆞᆫ 악습"이라는 표현이 등장하지만 여기에서 "죠혼 ᄒᆞᄂᆞᆫ"은 '일찍 혼인하는'의 의미이다. 1905년 이후에 등장하는 "조혼 금지의 법률", "조혼의 이해利害"와 같이 '조혼'이 명사로 사용되었던 것과는 구별된다. 따라서 필자가 『독립신문』의 논설 내용을 언급할 때에는 '조혼'이라는 단어를 사용하지 않고, '일찍 혼인하는 풍속'이라는 표현을 사용했다.

음으로 정리되었다는 점에서 의미를 부여할 수 있다. 논설의 내용은 크게 네 부분으로 나뉜다. 첫 부분에서는 논자가 판단하는 이상적 부부 관계를 서술했다. 다음으로는 조선의 혼인 실태를 비판했다. 그 다음으로는 다른 나라의 혼인 절차를 서술했다. 그리고 마지막으로 조선 혼인 풍속의 폐단을 서술했다.[16]

이 논설의 논자는 첫머리에 이 글의 논리의 기반이 되는 이상적 부부 관계를 다음과 같이 서술했다.

> 남편과 안히란거슨 평싱에 쓰고 단거슬 홈씌 견듸고 만ᄉ를 서로 의론 ᄒ야 집안 일을 ᄒ며 서로 밋고 서로 공경 ᄒ고 서로 ᄉ랑 ᄒ야 안히ᄂᆞᆫ 남편이 무슴 일을 ᄒᆞᄂᆞᆫ지 알고 남편은 안히가 무슴 일을 ᄒᆞᄂᆞᆫ지 알아 서로 돕고 서로 훈슈 ᄒ야 세상에 뎨일 죠흔 친구 ᄀᆞᆺ치 지내야 ᄒᆞᆯ터인듸

이에 의하면 부부는 평생 생사고락을 같이하고 서로 믿고 공경하고 사랑하며 매사에 서로 돕고 조언하는 가장 좋은 친구 같은 관계여야 한다는 것이다. 이 주장의 대요大要는 유학적 기반을 가진 인사들 사이에서도 충분히 공감할 만한 내용이다. 다만 이러한 부부 관계에 기반한 풍속 개선 방안을 제시하기 위해서는 조선 사회에서 양가의 부모를 비롯한 친족집단이 혼인과 부부의 삶에 미쳤던 영향력을 고려해야 할 필요가 있다. 즉, 논리로서는 합당하지만 이 논리를 현실에 적용시킨다면 부부를 둘러싼 주변 요소들에 대한 고려가 이루어져야 할 필요가 있다.

이 논설의 논자는 위와 같은 기준을 가지고 상대가 어떤 사람인지 모르고 혼인하는 조선의 실태를 비판했다. 서로 모르면서 혼인할 때 서로

16 『독립신문』 제1권 27호, 건양 원년(1896) 6월 6일자, 3면 논설.

사랑하고 공경하며 평생을 신의있게 살아가자는 등의 소중한 약속을 하는 것이 불합리하다는 것이었다. 그리고 '놈의 나라'라고 표기한 다른 나라의 혼인 성립 과정을 제시했다. '놈의 나라'에서는 남녀가 여러 해 교제한 후 사랑하는 마음이 생기면 남자가 청혼하고 여자도 마음에 맞으면 허락하며, 그 후에도 몇 달이나 몇 해 동안을 교제하여 사랑하는 마음이 깊어지면 택일하여 교당에서 하나님께 맹세한 후 관의 허락을 받는 절차를 거친다고 했다. 그리고 혼인할 때의 약속대로 행하지 않으면 관에 청원하여 부부의 의를 끊는다고 했다. 논자는 이러한 혼인 풍속으로 인한 결과를 다음과 같이 서술했다. "사나희가 언제든지 ᄌ긔의 안히을 ᄉ랑ᄒ고 위ᄒ고 밋고 도와 주고 녀편네가 ᄌ긔의 남편을 ᄉ랑 ᄒ고 공경ᄒ고 밋고 의지 ᄒ거니와"라는 평가가 그것이다. 논자는 '놈의 나라'의 결혼 풍속이 논설의 첫머리에 제시한 것과 같은 이상적인 부부 관계를 가져온다는 매우 긍정적인 평가를 했다.

즉, 혼인 상대를 모르고 혼인하는 조선의 풍속은 앞에서 설정한 이상적인 부부 관계 형성을 방해하는 불합리한 풍속이고, 이상적인 부부 관계 형성을 가져오는 '놈의 나라'의 풍속을 표본으로 삼아 개선되어야 할 풍속으로 서술했다. 이 '놈의 나라'는 조선에서 개화 정책을 통해 지향해야 할 서구의 '문명화된 국가'였다. 특정 국가, 특정 지역을 지칭하지 않고 '놈의 나라'라고 하여 '문명화된 국가'의 풍속을 특정 지역에서 행해지는 풍속이 아닌 지향해야 할 보편적인 기준으로 상정했다.

그리고 마지막으로 이에 반하는 조선의 혼인 풍속 두 가지를 지적하며 그 폐단을 열거했다. 이 두 가지 중 하나는 모르는 사람끼리 혼인하는 것이고, 나머지 하나는 아이들끼리 혼인하는 것이다. 전자의 폐단에 대한 기술은 이 논설의 앞부분의 기술 내용과 대동소이하다. 그리고 후자, 즉 '일찍 혼인하는 풍속'의 폐단 세 가지를 기술했다. 이 내용의 개요를 정리하면 다음과 같다.

첫째, 지각이 나기 전에 부모가 하라는 대로 혼인했다가 지각이 난 후에 후회하는 사람들이 많아 집안이 화목하지 못하다고 했다. 둘째, 골격이 자라기 전에 혼인을 하여 자식을 낳아 자식들이 튼튼하지 못하고 사람의 씨가 점점 줄어간다고 했다. 셋째, 남자가 자기 아내의 의복, 음식을 해결해 주지 못하면서 아내를 데려오는 것은 만국이 염치가 없고 경계가 없는 것으로 생각한다고 했다.

1886년의 『한성주보』 기사에서 이미 언급된 바 있던 생계를 책임질 능력을 배양한 후에 혼인해야 한다는 입장은 이 기사에서도 나타난다. 그렇지 못할 경우에는 만국이 염치없는 행동으로 생각한다며 서구의 '문명화된 국가'의 관점에서 알맞은 혼인 시기를 진단했다. 여기에 남자는 음행을 하고 여자는 분하고 원통한 일이 있어도 말을 하지 못하는 등으로 인해 집안의 화목을 해친다고 하며 혼인 당사자들이 불행해지고 사회 윤리를 어지럽힌다는 점을 지적했다. 또한 자식들이 허약해지고 더 나아가서 인종이 작아진다고 하여 개인의 건강 차원의 문제를 조선 인종의 우월성 확보라는 국가적인 차원의 문제로 확대시켰다.

이렇게 이 논설에서는 여러 해 교제한 후에 혼인하는 '남의 나라'의 혼인 풍속을 "남편이 아내를 사랑하고 위하고 믿고 도와주고 아내가 남편을 사랑하고 공경하고 믿고 의지하는" 이상적인 부부 관계를 형성하는 표본이 되는 혼인 풍속으로 보았다. 반면에 서로 모르면서 혼인하고 일찍 혼인하는 조선의 습속을 불합리한 것으로 파악하고 조선의 '일찍 혼인하는 풍속'을 비판했다. 그렇다면 '일찍 혼인하는 풍속'에 대한 이 논설의 비판 논리를 이 논설 전후의 혼인 연령 및 조혼 타파 논의와의 연관성 속에서 분석해 보도록 하겠다.

먼저 이 논설에서는 지각이 나기 전에 부모의 뜻에 따라 혼인하여 지각이 난 후에 후회하게 되어 배우자를 사랑하지 않게 되고 집안이 화목하지 않게 된다는 점을 폐단으로 언급했다. 인권에 대한 관념이 수용되고 근대적인 교육 제도가 마련되어 가는 등 근대적 관념과 제도가 도입되는 근대화 과정 속에서 사리 판별을 할 수 있는 나이가 된 후에 스스로 배우자를 선택하는 권리를 가져야 한다는 주장은 합리적이면서 미래지향적인 면을 담보하고 있다고 생각된다. 그런데 논자는 조선의 전근대적 가족 관계 내에서 발생하는 불합리한 문제들의 책임을 '일찍 혼인하는 풍속'에 돌렸다. 남성이 음행을 하고, 여성이 원통한 일이 있어도 말을 하지 못하는 등의 현상의 원인을 어린 나이에 혼인하는 풍속과 연결시키는 것은 이 논의가 확산될 경우 자칫 이를 초래한 더 중요한 다른 사회 구조적 문제들을 간과하게 할 수도 있다. 실제로 조혼 논의가 확산되는 1905년 이후가 되면 이 논리가 반복되고 부풀려지면서 몇 살에 혼인하는 것이 조혼인가, 얼마나 많은 사람이 일찍 혼인했는가에 관계없이 조혼이 얼마나 폐단을 낳는가에 대한 논의만 무성해졌으며, 가정에서 발생하는 많은 문제의 책임을 조혼에 귀결시키는 결과를 가져오게 되었다.

다음으로 일찍 혼인하여 골격이 자라기 전에 아이를 낳게 되는 것을 아이의 건강 문제, 더 나아가서 인종의 허약함과 연계시켰다. 기존 조선 후기 혼인 연령 연구에 따르면 아주 어린 나이에 혼인하는 비율이 크지는 않았던 것으로 파악된다. 그런데 아주 어린 나이에 혼인하는 비율에 대한 통계 없이 인종의 허약함과 '일찍 혼인하는 풍속'을 연계시켰다는 것은 서구 인종이 우월하다는 선입견에 근거한 것으로 보인다. 서구 인종이 우월하다는 논리는 1905년 이후 일제의 국권 침탈 위협이 가시화되어 가는 가운데 우수한 신체를 가진 인종을 만들어야 한다는 의식이 강화되면서 자주 회자되었다. 또한 제대로 된 통계 조사에 근거하지 않은 이 논리는 추측과 직관에 근거한 새로운 논리를 만들어 내기도 했다. 서우학회의 잡지인 『서우』의 1907년 논설에서는 "인종의 거세巨細로 논하면 태서泰西의 인종이 가장 크고, 그 외에는 중국 인종이 그 다음이고, 한 · 일 양국 인종이 또 그 다음"이라며 그 원인을 조혼에서 찾기도 했다.[17]

마지막으로 생계를 책임질 수 있게 된 후에 혼인해야 한다는 논리가 이 논설에서도 거론되었다. 생계를 책임질 능력이 없으면서 혼인하는 것은 만국이 염치없어 하는 것이라며, 산업화가 진행된 서구의 기준을 보편적인 기준으로 제시하면서 이에 맞추어야 한다는 논리를 폈다.

이와 같은 논리는 '문명화된' 서구의 혼인 풍속을 합리적이고 표준이 되는 풍속으로 보고 조선을 '문명화된' 부강한 나라를 만들기 위해 조선의 풍속을 이에 맞추어 개량해야 한다는 인식에서 나온 것이었다. 이러한 논리가 개인의 인권, 교육받아야 할 권리 등 근대화 과정에서의 중요한 가치와 불가분의 관계가 있고, 이와 같은 가치를 공유하는 데도 유용했지만 '합리적인' 서양 풍속에의 지향에 치중하다 보니 실제 조선의 현실에 대한 분석을 소홀히 하는 우를 범하기도 했다. '일찍 혼인하는 풍속'이 풍속, 혹은 습속이라고 할 만한 것이었는지, 실제로 얼마나 행해졌는지, 어느 계층에서 행해졌는지, 왜 이러한 습속이 나타났는지와 같은 조선의 현실에 대한 관심보다는 조선의 혼인 습속을 서구와 같은 형태로 바꾸어 나가는 데 관심을 기울였다. 가족 관계에서 발생하는 폐단, 심지어는 인종의 허약함까지 조혼 때문이라는 논리를 폈고, 이러한 논리가 반복되면서 1900년대가 되면 조혼은 실제 조선 사회의 대표적 습속인지의 여부에 관계 없이 전근대적 악습의 대표 주자로 각인되었다. 이는 근

17 『서우』 第8호, 「조혼의 폐弊」, 1907년 7월 1일.

대화 과정에서 전근대적 습속의 문제점을 면밀히 살피는 것보다 서구화, 문명화를 빠르게 달성하고자 하면서 발생하게 된 전통 인식의 한 모습이라 할 수 있다.

1898, 1899년의 논설 : 악습으로서 조혼의 이미지 정립

1898년의 논설에서는 '일찍 혼인하는 풍속'에 대한 입장을 1896년의 논자보다 더 풍부하게 제시했다. 또한 혼인을 법률로 규정해야 한다는 것을 주장한 점이 주목할 만하다. 이 논설은 일곱 부분으로 나눌 수 있다. 내용은 첫 번째로 혼인의 중요성, 두 번째로 혼인을 법률로 제정해야 한다는 주장, 세 번째로 외국의 혼인법, 네 번째로 어린아이를 억지로 혼인시키는 풍속의 부당함, 다섯 번째로 혼인법을 만들어 정부가 일정한 역할을 해야 한다는 주장, 여섯 번째로 불합리한 혼인 풍속의 폐단, 일곱 번째로 혼인법 제정이 급선무라는 주장으로 구성되어 있다.[18]

이 논설은 "남녀 간에 혼인이라 ᄒᆞᄂᆞᆫ것은 평ᄉᆡᆼ에 큰 관계가 잇ᄂᆞᆫ 일이요 다ᄆᆞᆫ 혼인 ᄒᆞᄂᆞᆫ 당ᄌᆞ의게ᄆᆞᆫ 관계가 잇ᄂᆞᆫ것이 아니라 젼국에 ᄆᆡ우 쇼즁ᄒᆞᆫ 일이 혼인으로 ᄒᆞ야 ᄉᆡᆼ기며 후ᄉᆡᆼ에 리ᄒᆡ가 잇ᄂᆞᆫ 일이며 그 인죵에 흥망이 ᄃᆞᆯ닌 일이라"라는 문장으로 시작되었다. 혼인이 개인뿐만 아니라 국가에도 매우 중요한 일이라는 것이다. 그리고 세계 각국에서 백성들이 자주 독립한 마음이 있고 인종이 강성하며 신체 골격이 충실한 것은 혼인하는 법률이 엄히 선 까닭이라고 했다. 즉, 논자는 '세계 각국'에서 백성들이 자주적인 의지와 우월한 신체를 가지게 된 것은 혼인법 때문이라고 했다. 논자는 자주적인 의지와 우월한 신체를 바탕으로 한 서

18 『독립신문』 제3권 18호, 광무 2년(1898) 2월 20일자, 1면 논설.

구와 같은 강성한 나라를 만드는 방편의 하나를 혼인법 제정으로 본 것이었다. 논자가 혼인법 제정을 주장한 것은 조선을 서구와 같은 부강한 나라로 만들기 위함이었다.

논자는 혼인법에 다음과 같은 내용을 담아야 한다고 했다. "① 압제 혼인법을 없애고, ② 남녀의 혼인 연령을 정하며, ③ 병신과 비렁뱅이들과 천치들은 당초에 혼인을 못하게 하며, ④ 누구든지 혼인을 하려면 그 고을 관원이 친히 신랑, 신부의 나이와 사세事勢와 소원을 자세히 조사하여 법률에 부합한 연후에 관에서 혼인을 허락해야 한다"는 것이 그것이다. 전체 논설을 살펴보면 그의 주장의 핵심은 ①과 ②, 즉 어린 나이에 부모 뜻에 의해 혼인하는 것을 막자는 데에 있다. 또한 ③과 같이 나이가 어려 생계를 책임질 수 없는 사람뿐 아니라 신체적 · 정신적 장애를 가지고 있거나 걸인과 같이 자신과 처자식의 생계를 책임질 능력이 되지 않는 사람을 혼인하지 못하게 하자고 했다. 그리고 관의 허가를 받아 혼인을 하는 행정 절차를 마련하여 이를 감독할 수 있도록 해야 한다고 주장했다. 논설의 첫머리에서 혼인이 개인과 국가에 모두 중요한 일이라고 했지만 ③의 내용을 보면 이 논설에서의 혼인법 제정 주장은 부강한 국가 건설을 강조한 것으로 보인다.

이 논설의 마지막에서도 혼인법 제정이 급선무라고 하면서 이것이 왜 필요한지에 대해 다음과 같이 언급했다. 먼저 국내적인 필요성을 살펴보면, "① 백성의 집들이 화평해야 나라가 화평해지고, ② 전국 인민의 행실이 음한 것이 없어야 그 나라 정사가 맑아지며, ③ 국중에 루가 가벼운 사람이 많이 있어야 애국애민할 생각도 하는 백성이 생긴다"고 했다. 국제적인 필요성으로는 "① 전국 남녀가 경계와 도리를 가지고 교제해야 그 나라가 세계 각국에 경계와 예절이 있게 교제가 되는 법이라고 했고, ② 여성 중에 남의 첩이 되며 사나이의 희롱하는 물건이 된 여인이 없어야 대한 부인네들을 세계 만국 인민이 공경하며 대접할 것이고, 대한 여인네들이 행실이 높아 능히 내외 국민에게 경례를 받게 되면 사나이들에게도 영광이라"고 했다. 즉, 나라가 잘 다스려지고, 백성들이 애국애민하도록 하며, 대한제국 사회를 국제적 기준에 맞추어 세계인들의 공경을 받으며 그들과 대등하게 교제하는 것이 이들의 궁극적인 목표였던 것이다. 이렇게 혼인법 제정은 궁극적으로는 국가의 번영과 발전을 통해 국제 사회에서 서구인들과 동등하게 교류하고자 한 것이었다.

그렇다면 이 논설에서 비판하고 개선해야 할 풍속으로 제시한 어린아이를 억지로 혼인시키는 풍속에 대한 논자의 입장을 살펴보도록 하겠다. 이는 1896년의 논설과 큰 틀에서 크게 다르지 않기 때문에 이 두 논설의 내용을 비교할 수 있도록 〈표 1〉을 작성했다.

〈표 1〉 '일찍 혼인하는 풍속'에 대한 1896년 논설과 1898년 논설의 입장 비교

<table>
<tr><th>일련 번호</th><th>1896년의 논설</th><th>1898년의 논설</th></tr>
<tr><td rowspan="2">1</td><td rowspan="2">지각이 나기 전에 부모가 하라는 대로 혼인했다가 지각이 난 후에 후회하는 사람들이 많아 집안이 화목하지 못하다.</td><td>자녀를 사랑하면서 그 자녀의 평생에 크게 관계되는 일을 당자에게 물어보지도 않고 하니 어찌 인정이라고 할 수 있는가.</td></tr>
<tr><td>그렇게 한 혼인이 피차간에 무슨 즐거움이 있을 것인가. 아이들이 무슨 지각이 있어 남편 노릇을 할 줄 알며, 아내 노릇을 할 줄 알 것인가.</td></tr>
<tr><td rowspan="2">2</td><td rowspan="2">골격이 자라기 전에 혼인을 하여 자식을 낳아 자식들이 튼튼하지 못하고 사람의 씨가 점점 줄어간다.</td><td>아직 기혈도 자라지 못한 것들이 합해 아이들을 낳으니 아이들한테 몹쓸 학정이다.</td></tr>
<tr><td>어린아이한테서 난 어린아이가 무슨 뛰어난 재주와 강한 체골이 생길 것인가.</td></tr>
<tr><td>3</td><td>남자가 자기 아내의 의복, 음식을 해결해 주지 못하면서 아내를 데려오는 것은 만국이 염치가 없고 경계가 없는 것으로 생각한다.</td><td>사나이가 제 몸을 주체할 줄 모르고 제 의식을 준비할 세력이 없는 터에 아내를 얻으니 혼인이 안락한 일이 아니라 세상에 몹쓸 고생되는 일이다.</td></tr>
</table>

〈표 1〉을 살펴보면, 1898년의 논설은 1896년의 논설과 내용은 비슷하지만 이 풍속이 혼인 당사자에게 가혹한 일이라는 점이 더욱 부각되었다. 1896년의 논설이 국가·사회적인 입장에서만 서술되었다면, 1898년의 논설에서는 혼인 당사자에게 못할 짓이라며 혼인 당사자의 처지를 염려하고 그 부모의 감정에 호소하는 내용이 추가되었다. 이를 구체적으로 살펴보면 다음과 같다.

1의 1896년의 논설에서는 '일찍 혼인하는 풍속'으로 인해 집안이 화목하지 못하게 되는 사회 현상적인 문제를 지적했다. 그런데 1898년의 논설에서는 자녀를 사랑하면서 당사자에게 물어보지도 않고 혼인시키는 것을 인정에 어긋난다고 하며 자녀를 사랑하는 마음과 인정에 호소하는 내용을 추가했다. 2의 1896년 논설에서는 어린 나이에 혼인하여 자식을 낳으면 자식이 튼튼하지 못하고 사람의 씨가 줄어간다며 어린 나이의 혼인이 초래할 개인적, 국가·사회적 문제를 지적했다. 그런데 1898년의 논설에서는 기혈氣血도 자라지 못한 아이가 혼인하여 아이를 낳는 것이 아이들한테 몹쓸 학정이라는 내용이 추가되었다. 3의 1896년 논설에서는 남자가 자기 아내의 의복, 음식을 해결하지 못하면서 혼인하는 것은 만국이 염치없고 경계 없는 것으로 생각한다고 하며 만국 보편의 도리를 내세웠다. 그런데 1898년의 논설에서는 이렇게 되면 혼인이 안락한 일이 아니라 세상에 몹쓸 고생이 되는 일이 된다며 혼인 당사자들의 처지를 고려하는 모습을 보였다.

이 글의 논자는 대한제국 사회의 개량과 번영을 통해 국제적으로 인정받는 선진 국가를 만들어야 한다는 목표를 가지고 이 논설을 썼다. 그뿐만 아니라 '일찍 혼인하는 풍속'의 비판 논리는 당시 개화 지식인들이 가지고 있던 서구 사회상을 풍속 개량의 표준으로 설정한 후 이 기준에 맞추고자 만들어진 논리였다. 그럼에도 불구하고 '일찍 혼인하는 풍속'이 혼인 당사자들에게 미치는 악영향을 부각시키는 논리가 세밀해지면서 '일찍 혼인하는 풍속'의 사람들을 옥죄는 악습으로서의 이미지가 강화되는 모습을 보인다. 이러한 추세는 1899년의 논설에서 "죠혼 ᄒᆞᄂᆞᆫ 악습" 이라고 표현하며 조선의 혼인 풍속을 개탄하는 내용의 논설을 통해서도 확인할 수 있다.[19]

『독립신문』 논설의 추이를 살펴보면, 1896년 논설에서 '일찍 혼인하는 풍속'에 대한 비판 논리가 체계화되기 시작했고, 1898년 논설 이후 악습으로서의 면모가 강화되는 모습을 보인다. '문명화된' 서구의 혼인 풍속을 합리적인 풍속으로 보고 이를 기준으로 조선의 혼인 풍속을 '개량'하고자 했으며, 조선의 현실에 대한 분석은 소홀히 한 채 그 논리를 구체화하는 과정에서 '일찍 혼인하는 풍속'은 조선의 전근대적 악습으로 자리매김했다. 1905년 이후 조혼 타파 주장이 대중 계몽의 주요 주제가 되어 반복되고 대중화되어 가면서 조혼의 악습으로서 이미지는 강화되고 확산되어 갔다.

4. 나오는 말

이 글에서는 어떠한 과정을 거쳐 조혼이 '조선의 대표적인 악습'이 되었는지를 검토하고자 했다. 이를 위해 '문명화'되지 못한 후진 사회의 풍속으로서 조혼의 이미지가 처음으로 구축되었던 『독립신문』의 논설을 분석하여 당시 개화 지식인들이 어떤 인식틀을 가지고 '일찍 혼인하는 풍속'을 평가했으며, 그 평가의 논리는 무엇이었는지 검토해 보았다.

19 『독립신문』 제4권 164호, 「혼인론」, 광무 3년(1899) 7월 20일자, 1쪽.

먼저 처음 혼인 연령에 대한 문제가 제기되었던 1880년대부터 1910년에 이르기까지의 조혼 논의의 추이를 살펴보았다.

'일찍 혼인하는 풍속'에 대한 문제 의식은 1886년 『한성주보』의 기사에서 생계를 책임질 능력이 되어야 혼인하는 서구 여러 국가와 일본의 평균 혼인 연령을 제시한 데서 처음 드러난다. 이러한 문제 의식은 갑오개혁 때인 1894년의 혼인 연령 하한선의 법제화로 발전했다. 이 규정에서는 남자 20세, 여자 16세로 남자의 혼인 연령 하한선이 이전에 비해 상당히 높게 책정되었다. 이는 생계를 책임질 능력이 된 후에 혼인해야 한다는 인식이 반영된 것으로 파악된다. 이후 1890년대 후반 개화와 문물 정비를 통해 '문명화된' 나라를 만들고자 했던 독립협회에서 발간한 『독립신문』에서는 '일찍 혼인하는 풍속'을 비판하는 논리가 처음으로 체계화되기 시작했다. 그리고 이 논리는 이후 조혼 타파를 주장하는 지식인들의 논의의 논리적 기반이 되었다.

1905년 이후 일제의 침략이 노골화됨에 따라 국권 유지와 부강한 나라의 건설을 원하는 절실함이 증대되었고, 지식인들 사이에 조혼과 같은 '전근대적 폐습'을 타파해야 한다는 공감대가 형성되었다. 그리고 이들은 대중 계몽을 통해 이러한 '전근대적 폐습'을 타파하고자 했다. 이러한 상황에서 조혼 타파를 주장하고 이를 대중에게 계몽하고자 하는 움직임도 확산되어 갔다. 이러한 시대상 속에서 1907년 혼인 연령의 하한선을 규정하는 조칙이 내려졌는데, 이때 혼인 연령 하한선은 남자 17세, 여자 15세였다. 갑오개혁 때의 규정보다 혼인 연령 하한선이 낮아진 것을 확인할 수 있는데, 이는 경제적 능력을 갖춘 후에 혼인해야 한다는 초창기에 제기된 문제뿐 아니라 어린 나이에 혼인하는 것이 개인적 · 국가적으로 폐단을 낳는 습속으로, '문명화된 사회'로 나아가기 위해 개선되어야 할 사항이라는 인식이 결합되어 아주 어린 나이에 혼인하는 것만을 규제하고자 한 것으로 판단된다. 이와 더불어 이 시기에는 조혼의 폐해가 강조되는 현상이 나타났다. 조혼 풍속의 미개성, 전근대성이 강조되며 이 습속이 떨쳐버려야 할 질곡으로 강하게 각인되는 현상이 나타났던 것이다.

이러한 추이 속에서 1890년대에 『독립신문』의 논설에서는 '일찍 혼인하는 풍속'의 비판 논리를 처음으로 체계화함으로써 이후 조혼 타파 주장의 논리적 기반을 제공했으며, 조혼이 폐습이라는 인식을 정착시켰다. 1896년 『독립신문』의 논설에서는 서구의 혼인 풍속을 합리적이고 표준이 되는 풍속으로 전제하고, 조선을 '문명화된' 부강한 나라로 만들기 위해 조선의 풍속을 서구의 기준에 맞추어 개량해야 한다는 인식에 따라 '일찍 혼인하는 풍속'을 비판하는 논리를 전개했다. 『한성주보』에서도 제기되었던 생계를 책임질 능력이 없으면서 혼인하는 것의 몰염치함을 지적했고, 이 밖에도 조혼으로 인해 집안의 화목을 해치며, 자식들이 허약해지고 인종이 작아진다고 했다. 그런데 이는 일찍 혼인하는 일이 실제 얼마나 행해졌는지, 어느 계층에서 행해졌는지, 왜 이러한 습속이 나타났는지와 같은 조선의 현실에 대한 분석은 미비한 상태에서 조선의 혼인 습속을 서구와 같은 형태로 바꾸어 나가는 데 초점이 맞추어진 논리였다.

이러한 논리는 1898년, 1899년의 논설에서도 지속되었다. 1898년의 논설에서는 혼인법 제정을 주장했다. 이 법에서 중심이 되는 내용은 어린 나이에 부모의 뜻에 따라 혼인하는 것을 막는 것이었다. 그리고 이 법 제정의 궁극적인 목적은 국가의 번영과 발전을 통해 국제 사회에서 서구인들과 동등하게 교류하고자 함이었다. 이 논설의 '일찍 혼인하는 풍속'에 대한 비판 내용은 1896년의 논설과 크게 다르지 않다. 그러나 1896년의 논설이 국가·사회적인 입장에서 서술되었다면 1898년의 논설에서는 혼인 당사자의 처지를 염려하고 그 부모의 감정에 호소하는 내용이 추가되었다.

이 논설의 논자는 대한제국을 국제적으로 인정받는 선진 국가를 만들어야 한다는 지향점을 가지고 이 논설을 썼다. 그리고 '일찍 혼인하는 풍속'의 비판 논리는 개화 지식인들이 가지고 있던 서구 사회상을 풍속 개량의 표준으로 설정한 후 이 기준에 맞추고자 만들어진 논리였다. 그럼에도 불구하고 '일찍 혼인하는 풍속'이 혼인 당사자들에게 미치는 악영향을 부각시키는 논리가 세밀해지면서 '일찍 혼인하는 풍속'의 사람들을 옥죄는 악습으로서의 이미지가 강화되는 모습을 보인다. 이러한 추세는 더욱 강화되어 1899년 논설에서는 "죠혼 ᄒᆞᄂᆞᆫ 악습"이라는 직접적인 표현까지 사용되기에 이르렀다. 이와 같은 추세는 1905년 이후 조혼 타파 논의에도 이어졌다. 1905년 이후 조혼의 폐단을 지적하고 이를 비판하는 논리는 대중 계몽의 주요 주제가 되어 반복되고 대중화되어 갔으며, 이러한 과정을 통해 조혼의 악습으로서의 이미지는 강화되고 확산되어 갔다.

이렇게 조혼이 악습이라는 인식은 '문명화된' 서구의 풍속을 표준으로 설정하고 이에 맞추어 조선의 풍속을 '개량'함으로써 '문명화'를 빠르게 달성하여 부국강병한 나라를 만들기 원했던 개화 지식인들에 의해 그 이미지가 만들어지기 시작했다. 이들은 '문명화'를 통한 부국강병의 추구라는 목표 달성에 집중하여 조선의 현실에 대한 면밀한 검토를 소홀히 한 상태에서 조혼 타파 주장의 논리를 만들어 나갔다. 여기에 조혼 타파 주장의 확산을 꾀하면서 조혼의 폐해가 더욱 적극적으로 논의됨에 따라 악습으로서 조혼의 이미지가 강화되어 갔다. 이러한 과정을 거쳐 조혼은 후진적인 조선 사회의 표상으로 각인되어 갔다.

참고 문헌

1. 자료

『경국대전』

『고종실록』

『순종실록』

「관보」

『공립신보』

『대한매일신보』

『독립신문』

『한성주보』

『황성신문』

『대한자강회월보』

『대한학회월보』

『서우』

지규식, 『하재일기』

2. 논저

김건태, 「18세기 초혼과 재혼의 사회사: 단성 호적을 중심으로」, 『역사와 현실』 51호, 2004.

김경일, 「일제하 조혼 문제에 대한 연구」, 『한국학논집』 41집, 2007.

김두헌, 「조선의 조혼과 그 기원에 대한 일고찰」, 『진단학보』 2권, 1935.

류승현, 「일제하 조혼으로 인한 여성범죄」, 『여성; 역사와 현재』, 국학자료원, 2001.
박희진, 「양반의 혼인연령: 1535-1945: 혼서를 중심으로」, 『경제사학』 40호, 2006.
이광린, 「한성순보와 한성주보에 대한 일고찰」, 『역사학보』 38집, 1968.
전미경, 「개화기 조혼 담론의 가족윤리의식의 함의」, 『대한가정학회지』 39권 9호, 2001.
______, 「조혼타파론과 근대적 가족 윤리의 모색」, 『근대 계몽기 가족론과 국민생산 프로젝트』, 소명출판, 2005.

지식 형성과 사유의 장場으로서 소설의 가능성: 『삼한습유』를 중심으로*

김경미

1. 들어가는 말

이 글에서 나는 19세기에 접어들어 소설이 새로운 지식을 형성하고 사유하는 장場이 되었으며, 지식 형성에 중요한 역할을 했음을 입증하고자 한다. 이를 입증해 줄 소설로 19세기의 대표적 한문 소설 작가인 김소행金紹行, 1765-1859이 창작한 『삼한습유三韓拾遺』를 택했다. 18세기 이후 조선 사회에서는 소설에 대한 관심이 고조되었고, 이러한 분위기는 19세기에도 지속되어 지식인들은 새로운 유형의 소설을 창작하기 시작했다. 『삼한습유』를 비롯한 『옥선몽玉仙夢』, 『옥수기玉樹記』, 『옥루몽玉樓夢』 등이 그 대표적인 예이다(김경미, 2011).

그러나 이러한 흐름은 19세기 후반까지 이어지기 어려웠던 것으로 보

* 이 글은 『한국고전연구』 제26집(2012년 12월)에 실린 논문을 수정 · 보완한 것이다.

인다. 19세기 후반에도 여전히 한문(장편) 소설 창작이 이루어지지만 19세기 후반에 전개된 소설사는 전반과는 다른 특징을 보인다. 이는 19세기의 역사 전개 과정과도 관련이 있다. 따라서 19세기는 동질적인 시대라고 보기 어려운 측면이 있다. 1800년 정조 사후로부터 시작한 전반기와 1860년의 북경사변, 1862년의 농민항쟁, 1894년의 갑오개혁, 개항 등으로 이어지는 후반기는 연속적인 측면에서 보기 어려운 단절의 지점이 있기 때문이다. 소설사의 경우를 봐도 소설의 출판과 유통 환경이 달라졌다. 세책본과 방각본의 출현을 통해 소설이 상품화된 것이 그 예이다. 이를 달리 매체의 확장, 독자의 확대, 소설의 대중화로 부를 수 있겠다. 정확한 시기를 말할 수는 없지만 세책본과 방각본은 19세기 말 20세기 초에 본격적으로 성행했던 것으로 추정되며, 방각본의 경우 개별 작가보다 출판을 담당한 상인의 영향력이 컸던 것으로 짐작된다(류준경, 2008: 253; 주형예, 2009: 208). 판소리계 소설의 경우도 20세기 초에 와서 방각 출판되는 한편, 구활자본으로도 출간되었던 것으로 미루어 19세기 후반의 경향이 20세기 초로 이월된 측면이 있었을 것으로 파악된다.[1] 나는 소설과 지식 형성의 문제를 통해 19세기와 20세기 전반의 연속성을 보고자 한다. 물론 이 연속성은 직접적으로 표면화되지 않았을 수도 있지만, 소설이라는 장르를 통해 저류하고 있었다고 본다. 이러한 문제 의식은 이 글 전반에 걸쳐 유지될 것이다.

다음은 동력의 문제이다. 나는 이 글에서 19세기 문학을 움직여 간 동력, 즉 힘 또는 에너지가 무엇이었으며 그 결과가 소설에 어떤 영향을 미쳤는지, 즉 어떤 변화를 초래했는가를 묻고자 한다. 물론 19세기 문학

1 방각본으로 출간된 소설들이 20세기 초 활판본으로 다시 출판되고, 판소리계 소설 『춘향전』은 완판 26장본이 1908년, 33장본이 1906년, 84장본이 1908년에 출간되었다. 전상욱, 「완판 춘향전의 변모 양상과 의미」, 『판소리연구』 26, 2008, 201-228쪽.

또는 소설의 동력을 이야기하는 것은 단순하지 않다. 그것은 19세기 문학을 추동해 나간 동력이 있었던가, 있었다면 무엇을 19세기 문학의 동력으로 볼 것이며, 그 내용은 어떤 것이며, 또 동력을 움직이는 주체는 누구인가, 동력은 어디를 향해 움직였던가, 더 나아가서는 근대를 점화할 만한 동력이었는가 하는 문제들과 연결되어 있기 때문이다.

이 글에서 나는 19세기 소설사를 새롭게 움직여 간 동력으로 지식에 주목한다. 그리고 지식을 수용해서 새로운 사유의 장, 담론의 장을 만들어 낸 예를 『삼한습유』를 통해 살펴보고자 한다. 지금까지 『삼한습유』에 대해서는 많은 연구가 이루어졌으며,[2] 작품 속에 등장하는 지식의 내용과 성격이 많이 해명되었다. 이 글에서는 『삼한습유』에 대해 달리 접근한다. 앞서의 연구들처럼 지식에 주목하지만 그 내용과 성격보다는 그것을 통해 소설이 어떤 역할을 하고 있는가에 주목한다.

2. 19세기 소설의 동력動力으로서 지식

19세기 소설의 동력으로 지식을 주목하는 것은 19세기 소설에 지식이 적극적으로 수용되면서 소설이 사유의 장, 담론의 장이 되었다고 보기 때문이다. 지식의 정리와 유통은 19세기의 중요한 문화 현상 가운데 하나였다. 지식이란 자연과 세계, 인간과 사회에 대한 정보 및 체계화된 앎의 형태라고 할 수 있다. 어느 시대, 어느 사회에나 그 단계에 준하는 지식 정보가 형성되고, 전수되며, 권력이 개입된다. 그러나 조선의 19세기는 그러한 일반적인 형태의 지식 형성과 전수와 다른 양상을 드러낸다.

2 『삼한습유』에 대한 연구로는 조혜란, 서신혜의 연구가 대표적이며, 이들 연구는 『삼한습유』의 서사적 특징, 전고, 백과전서적 지식의 내용 등을 다루었다.

이전에 축적된 지식의 체계에 청나라 및 일본과의 교류를 통해 들어온 지식과 서학西學이 더해져서 지식을 정리, 분류하는 작업이 지식인들 사이에서 활발하게 행해졌다. 백과전서적 저술의 등장이 그런 예이다. 북학北學도 이 시기 새롭게 형성된 지식 체계의 하나였다고 볼 수 있다. 소설도 이러한 지식을 수용함은 물론 이를 통해 새로운 지식을 형성하는 장으로 역할했다. 그러나 소설의 지식 수용 양상이 동일하지는 않다.

19세기 소설에 보이는 지식은 유가나 도가를 비롯한 제자백가의 사상에 대한 이해에서부터 천문, 지리, 초목에 대한 과학 지식, 역사적 인물에 대한 지식, 단순한 정보에 이르기까지 다양하다. 또 이러한 지식이 등장하는 소설도 한 유형에 그치지 않고 『두껍전』 같은 우화소설에서부터 판소리계 소설, 정도의 차이는 있지만 『삼한습유』, 『옥선몽』, 『옥수기』, 『옥루몽』 등의 한문 장편소설, 『명행정의록明行貞義錄』 같은 국문 장편소설에까지 걸쳐 있다. 그러나 지식이 등장하는 방식은 유형에 따라 다르게 나타난다.

백과전서적으로 지식이 전개되는 작품은 『옥선몽玉仙夢』이다.[3] 『옥선몽』에서 전개되는 지식의 내용은 "크기와 넓이", "땅의 둘레", "천하의 가장 큰 것과 작은 것", "사람의 골절과 터럭의 수" 등의 문제로부터 신선술, 불도, 차茶의 종류, 차를 끓이는 법, 오음五音, 도학道學의 연원, 이단異端, 구경九經의 큰 뜻과 강령綱領, 문장 짓는 법, 서법書法, 자음字音, 꿈 등으로 마치 백과사전을 보고 있는 듯한 내용이 전개되고, 선경仙經, 도경道經, 『황정경』, 『원각경』, 『유마경』, 『능엄경』, 『전등록』, 『다경茶經』, 『논어』 등이 직접 인용되고 있다. 이 같은 지식은 주로 대화를 통

3 『옥선몽』에서 전개되는 지식의 내용과 전거, 의미 등에 대해서는 김경미, 「옥선몽의 성격과 작가의 소설의식」, 『국어국문학』 109, 1993과 서경희, 「19세기 소설의 정체성과 소설론의 향방」, 이화여자대학교 박사학위 논문, 2003에서 자세히 다루었다.

해 전개되는데, 여기에 대해 서경희는 대화를 통해 심도 깊은 논의가 전개되기보다는 출처가 있는 다양한 지식을 나열해서 광범위한 지식의 폭을 드러내는 데 의의를 두고 있는 것으로 보인다고 평가했다(서경희, 2003: 151). 이는 『옥선몽』에서 전개되는 지식에 대한 타당한 평가라고 생각되지만, 여기서 더 나아가 소설이 이러한 지식을 수용했다는 것 자체가 의미를 갖는 것으로 생각된다. 그것은 19세기에 나온 『오주연문장전산고五洲衍文長箋散稿』, 『임원경제지林園經濟志』 등의 예에서 볼 수 있듯이 다양한 지식에 대한 관심과 지식의 분류, 체계화, 정리와 같은 당대의 관심사를 수용하고 있기 때문이다. 『옥선몽』은 이러한 지식의 전달 외에도 전몽옥이 과거시험 답안으로 제시한 '패설론稗說論' '오유선생부烏有先生賦' 등을 통해 소설에 대한 견해를 밝히고 있다. '패설론'은 일종의 소설론이라 할 수 있는데, 이 글은 소설에 대한 긍정, 소설의 연원, 종류, 내용 등을 구체적으로 서술하면서 소설의 가치를 긍정하고 있다. 여기서 전개되는 소설론이 획기적인 소설론이라고 할 수는 없다. 그러나 소설이라는 장을 통해 그동안 조선 사회에서 형성되어 온 소설에 대한 지식을 보여주고, 동시에 소설에 대한 새로운 지식을 더하고 있는 것으로 볼 수 있다.

『삼한습유』의 경우 단편적인 지식 전달에 그치는 게 아니라 토론을 통해 기존의 통념을 비판하고 수정한다. 여기에 등장하는 지식은 유교, 불교, 도교, 심성론, 천지도수,[4] 죽음, 귀신의 문제, 인간의 육체, 장기, 수

4 예를 들어 천지도수를 설명한 부분을 보자. "옛말에 따르면 하늘에는 세 가지가 있는데, 선야천宣夜天, 개천蓋天, 혼천渾天이 그것입니다. 선야천설은 증명할 길이 없고 주비周髀 천설은 살펴보니 유실된 내용이 많고, 오직 혼천설만이 사실에 가깝습니다. 혼천설에 따르면 하늘은 계란 같고 땅은 계란 노른자 같으니, 하늘은 크고 땅은 작은 것입니다. 하늘의 표면 안쪽에 물이 있으니, 하늘과 땅이 각각 기운을 받아 섰으며, 물을 이고 떠 있는 것이지요. 하늘이 도는 것은 마치 수레바퀴가 도는 것과 같아요. 하늘에는 본래 도度가 없습니다. 하늘의 둘레를 365도 ¼라고 하는 것은 해의 하루 낮과 밤 궤도의 넓고 좁음에 따라 부른 이름이지요. 왜냐하면 해가 운행하는데 365일 외에 또 ¼일을 더 가면 1년

태 과정, 정욕의 문제, 남녀 음양의 이치 등에 관한 것이다(조혜란, 2011: 178). 즉, 인간을 포함하여 인간을 둘러싼 모든 것이 설명의 대상이고, 논란의 대상인 것이다. 『삼한습유』가 주목되는 것은 지식을 구체적으로 전개하고 있고, 이념적인 문제나 역사적인 포폄의 문제를 중요하게 다루고 있기 때문이다. 『삼한습유』에서 전개되는 지식 역시 독창적인 것이라 하기는 어렵다. 『열녀전列女傳』, 『황제내경黃帝內經』 등에서 인용된 것들이 많은 비중을 차지하고 있기 때문이다. 향랑이 죽은 뒤에 천상에서 전개되는 회의에는 유향의 『열녀전』의 인물들뿐만 아니라 역사적으로 유명한 여성 인물이 대거 등장한다.[5] 몽유록夢遊錄에서도 이렇게 역사적 인물들이 등장하며, 『왕회전』 같은 경우는 등장인물의 규모도 대폭 늘어났다. 『삼한습유』는 몽유록의 이 같은 전통을 수용한 것으로 볼 수 있다. 그러나 『삼한습유』는 등장하는 인물의 규모가 방대할 뿐만 아니라 현명하고 지혜로운 여자, 절개가 있는 여자, 모습이 추한 여자, 아름다운 여자 등으로 분류가 이루어지고 있다는 점이 주목된다.

위의 한문 소설과 형태는 다르지만 국문 소설이나 판소리에도 지식이 수용되는 양상을 볼 수 있다. 이러한 현상은 지식이 19세기 소설의 중요한 요소였음을 보여준다. 국문 소설의 경우 장편소설인 『명행정의록』과

이고, (일년에) 하늘을 한 바퀴 도는데, 하루에 가는 것만큼을 1도度라고 하지요. 그러므로 나누어 보면 365와 ¼도가 됩니다. 별에서 달까지의 거리와 다섯 별의 궤도는 모두 그 도를 가지고 재는데, 요임금이 희씨와 화씨에게 명한 것이 이것입니다"(김소행, 2007: 90).

5 한 가지 예만 들어본다. "조금 있으니 여러 나라의 현명하고 지혜롭고 말 잘하고 똑똑하고 어질고 밝고 곧고 미덥고 의롭고 매서운 결의가 있고 맑고 착하고 자애롭고 은혜롭고 아름다운 사람들이 모두 왔는데, 초나라에는 장왕莊王의 번희, 무왕부인武王夫人 등만, 성왕부인成王夫人 정무, 평왕부인平王夫人 백영, 자발의 어머니, 손숙오의 어머니, 강을의 어머니, 백공의 처 정희, 오릉자종의 처, 노래자의 처, 접여의 처, 초나라 시골에 사는 말 잘 하는 아내가 오고, 제齊나라에서는 환공부인桓公夫人 위희, 영공부인靈公夫人 중자, 효공부인孝公夫人 맹희, 위왕부인威王夫人 우희 연지, 양왕부인襄王夫人 군왕후, 전직자의 어머니, 장강莊姜과 보모保母, 의계모, 왕손씨王孫氏의 어머니, 관중의 첩 정, 제나라 재상의 마부의 처, 괴나무를 상하게 한 연의 딸, 섭정의 누이, 동손부인東孫婦人, 서오, 무염, 혹부리 여자, 버림받은 여자들은 모두 모습이 누추하다고 하다면서 오려고 하지 않았다"(김소행, 2007: 177).

『두껍전』을 예로 들 수 있다. 『명행정의록』은 지식의 수용과 관련하여 관심을 끄는 작품이다(서정민, 2006). 『명행정의록』에는 177수가량의 한시가 삽입되어 있으며, 지리, 도의 수련, 득도 과정이 자세하게 묘사되고 있는데, 기존 지식을 수용한 것이 많다. 『명행정의록』에 삽입된 한시 일부는 기존의 시집이나 유명 시를 수용한 것으로, 『산당사고山堂肆考』, 『성의백문집誠意伯文集』을 비롯해 『명시종明時綜』이라는 고급한 시선집 수록 작품들을 수용한 것이다.[6] 이는 작가가 삽입 한시를 선별할 때 사회적으로나 문학적 수준에서 일정 수준 이상의 작품을 취한 것으로 볼 수 있는데, 이는 문예물로서 『명행정의록』이 스스로의 위상을 제고하는 하나의 방편이었던 것으로 평가되었다(서정민, 2006: 88-93). 등장인물의 지리적 이동을 따라가면서 지리에 대한 서술이나 선약仙藥에 대한 서술이 나오는데 이것은 『해내기관海內奇觀』에서 인용된 것이며, '천안천존'이라는 초월계적 존재의 수련, 득도 과정을 상세하게 서술하고 있는데 이는 단학서를 수용한 것이다(서정민, 2006: 94, 108). 지리에 대한 서술이 들어간 것은 외부 세계에 대한 관심이 확장된 결과로 보이며, 『명행정의록』은 구체적인 지식을 제공함으로써 그러한 관심에 부응한 것으로 보인다. 국문 장편소설의 경우 여성 독자가 많은 비중을 차지했던 바 이는 여성 독자들의 지식에 대한 관심의 확장으로 볼 수도 있다. 이는 18, 19세기에 활발하게 기록된 연행록이 여성을 위해 국문으로 번역된 것과 같은 맥락에서 이해할 수 있다.

국문으로 창작된 『두껍전』이나 판소리계 소설에서도 지식이 중요하게 수용되고 있는 것을 발견할 수 있다. 이 작품들은 『옥선몽』, 『삼한습유』 같은 한문 소설과는 다른 유형에 속하기 때문에 지식 수용의 양상에도

6 그런데 한시를 삽입한 경우 한자를 전혀 사용하지 않고 한글로 한자음을 쓰고 한글 번역문을 함께 수록했다. 『호연재유고』에서 보듯 이는 여성들이 한시를 향유하는 방식이었다.

차이가 있다. 『옥선몽』, 『삼한습유』가 천문이나 문장, 유 · 불 · 도, 역사적인 인물에 관한 지식이 주를 이룬다면, 『두껍전』에서는 기본적인 지식이 나열되고 있으며,[7] 『변강쇠가』에도 강쇠가 병이 든 뒤 의원을 불러 침약鍼藥을 의논하는 부분에 약이 계속 나열되고 있다.

지식이 제시되는 양상은 각각 다른데 크게 대별해 보면 『삼한습유』와 같이 의론적 대화의 형태로 제시되는 경우, 『옥선몽』같이 의론적 대화를 통해 소설에 대한 가치를 제고하면서도 지식 자체를 백과전서적으로 현시하는 경우, 『명행정의록』의 경우와 같이 당시 독자들에게 새로운 교양을 전달하고자 하는 경우,[8] 『두껍전』처럼 인물의 우월성을 따지기 위한 도구로 사용되는 경우로 나눌 수 있다.

19세기 소설에 지식이 수용되는 경향은 19세기에 이르러 영정조 시대 실학의 성과가 집대성되고 경화 세족들에 의해 각종 총서류 저작들이 등장하는 등 지식 정보에 대한 광범위한 관심이 생겨나는 것과 관련이 있을 것으로 보인다. 서유구徐有榘, 1764-1845의 『임원경제지』, 이규경李圭景, 1788-1856의 『오주연문장전산고』, 이유원李裕元, 1814-1888의 『임하필기林下筆記』, 홍석주洪奭周, 1774-1892의 『연천집淵泉集』 및 홍길주洪吉周, 1786-1841, 홍경모洪敬謨, 1774-1851 등의 저작을 비롯해서 많은 지식정보가 정리된 것을 그 예로 들 수 있다. 또한 방각본으로 기존 지식층의 문화가 요약적으로 재생산되었다는 점과도 관련이 있을 것으로 보인다. 『사요취선史要聚選』, 『간독정요簡牘精要』, 『유서필지儒胥必知』 등이 그 예이다. 이 책들은 역사의 핵심적인 내용을 요약 정리하거나 편지 작

7 장예준, 「19세기 소설의 '지식' 구성의 한 양상과 '지식'의 성격」, 『한국어문학연구』 55, 2010. 『두껍전』에서 보이는 지식을 당대 사대부들이라면 누구나 알 수 있어야 하는 지식이 아니라 '기본적인' 수준의 지식이라고 보았다.

8 그 근거로 주석의 활용을 들 수 있다. 전고나 어구를 설명하기 위해 주석을 활용하고 있는 것이다. 이는 소설을 설명적으로 만들기도 하지만 당대 대하소설 독자들에게 교양적 지식을 전달하는 효과가 있었을 것으로 보인다(서정민, 2006: 118-120).

성, 문서 작성 등을 정리한 것으로 새로운 사상을 담지는 못했다고 하더라도 기존 지식층의 문화를 자기화한 것으로 평가된다(류준경, 2008: 248). 또한 『제일기언第一奇諺』이라는 제목으로 번역된 『경화연鏡花緣』과 같은 청淸의 재학소설才學小說이 수입되어 읽힌 것도 19세기 소설에 지식이 수용되는 데 영향을 미쳤을 것으로 생각된다.

19세기 조선 사회의 지식 유통과 지식에 대한 관심은 소설의 변화를 끌어낸 동력으로 작용했던 것으로 보인다. 그 변화를 다음 다섯 가지로 정리할 수 있다. 첫째, 『옥선몽』, 『삼한습유』와 같이 소설에 지식을 적극적으로 삽입하여 소설을 읽는 사람에게 지식 정보를 주면서도, 동시에 소설이나 열烈에 대한 새로운 지식을 제시했다는 의미를 갖는다. 둘째, 소설에 '지식'이 수용되었다고 해서 그것이 자동적으로 의미를 갖는 것은 아니다. 소설에 지식이 수용됨으로써 소설이 사유의 장치가 되었다는 점에서 중요한 의미를 갖는다. 셋째, 국문 장편소설의 경우, 새로운 서사를 지속적으로 마련하지 못하던 상황에서 다방면의 전문 서적을 수용함으로써 박람博覽에 대한 독자들의 강력한 욕구를 충족시켜 주었다(서정민, 2006: 164)는 점도 중요한 부분이다. 넷째, 『옥선몽』, 『삼한습유』, 『명행정의록』 등의 소설이 보여주는 지식의 범위는 불가, 도가는 물론 역사, 한시까지 포괄하는 수준으로 이러한 지식적 요소들이 작품의 서사와 모두 직접적으로 연관되지 않는다. 그러나 서사의 범위를 확장시켜 주었다는 점에 의미가 있다. 다섯째, 『두껍전』, 『장끼전』[9]도 고전 작품의 전고를 끌어오거나 지식을 전개하고 있는데, 이는 상층 지식이 확산된

9 정환국은 "나로 하여금 달게 먹고 태공과 같이 오래 살고, 태백같이 상천하여 태을선관 되오리다"와 같은 글쓰기에 대해 이러한 현상 자체가 유머러스하다고 하면서, 이를 상층과 하층의 소통의 결과 내지는 탈계층성의 문제로 보고, 상층의 고급 전고를 저급한 하층이 전유함으로써 일어나는 생채기 현상이라고 보았다. 그러나 이 정도의 전고 활용은 방각본이나 판소리계에서 익숙하게 이루어져 오던 것으로 지식이 확산된 결과로 볼 수도 있지 않을까 한다(정환국, 2009: 275).

결과로 볼 수 있다. 다음에서는 19세기의 이러한 흐름을 대표하는 『삼한습유』를 중심으로 새로운 지식의 형성과 소설의 역할 문제를 논의하고자 한다.

3. 새로운 지식의 형성과 소설의 역할

지식 수용의 예, 『삼한습유』

『삼한습유』는 1814년 죽계竹溪 김소행金紹行이 40대 후반에 창작한 소설이다. 『삼한습유』는 숙종 28년(1702년)에 경상도 선산에서 죽은 향랑香娘이라는 평민 여성이 남편에게 버림받은 뒤 개가하지 않고는 살아남기 어렵게 되자 죽음을 선택한 사건을 소재로 하고 있다. 향랑은 죽은 뒤에 열녀 정려를 받았고, 그녀의 이야기는 조구상趙龜祥을 비롯한 문인들에 의해 열녀전으로 입전되었다. 김소행은 이렇게 실제로 있었던 열녀를 주인공으로 소설을 쓰면서 열녀를 재가시키는 것으로 설정하고 그것을 감행했다. 열녀의 재가 문제는 유교 이념에 정면 배치되는 것으로서 한 여성의 문제이지만 그것이 갖는 사회적 의미는 적다고 할 수 없다. 그래서 이런 문제와 정면으로 부딪치는 것을 막기 위해 김소행은 조선 대신 신라를 배경으로 하고, 향랑이 다른 몸으로 환생幻生하는 것으로 설정했다. 『삼한습유』는 향랑이 살아서 겪은 질곡을 서사적으로 생생하게 형상화되는 한편, 재가를 하는 부분에서는 의론을 통해 재가의 논리적 근거를 확보하고 있다.

『삼한습유』를 지식 수용의 예로 주목하는 이유는 18세기의 백과전서적 지식 경향과 진보적인 의식을 수용해서 새로운 의식의 지평을 열었다고 보기 때문이다. 또 전기傳奇를 비롯한 기존의 소설 양식을 수용하고 지식을 적극적으로 수용, 활용함으로써 논리적 설득력을 갖추었다는 점이다. 이 작품은 두 가지 면에서 주목할 만하다. 첫째는 열녀의 재가 문제를 정면으로 다루었다는 점, 둘째는 마도로 대변되는 숙명 또는 운명에 도전한다는 점이다. 그리고 그 방법으로 기존의 지식을 활용하고 있다는 점이다.

먼저 열녀 향랑의 재가 문제를 보자. 향랑의 재가 문제를 둘러싼 토론, 향랑의 나이를 정하는 문제를 둘러싼 토론 과정에서 작가 김소행은 자신의 목소리를 내지 않는 대신, 유불도를 대표하는 인물들을 등장시켜 토론하게 함으로써 새로운 결론에 도달한다. 그것은 재가의 허락이다. 이는 중세의 지식을 통해 중세의 이념을 벗어나는 논리를 보여준다는 점에서 중요한 의미를 갖는다.

향랑이 처음 혼처를 구할 때 향랑은 어질지만 가난한 동쪽 집 자제에게 마음이 있었다. 그러나 가난한 집에 딸을 시집보낼 수 없다는 어머니의 고집으로 향랑은 할 수 없이 부자인 서쪽 집 자제와 혼인했다가 결국 자살한다. 동쪽 집 자제인 효렴도 부인이 일찍 죽고 벼슬길에 나가지 않고 있었는데, 향랑이 죽었다는 소식을 듣고 제문을 써서 조문했다. 이 글에서 효렴은 향랑의 죽음을 애도하며 "낭자가 가셨으니 다시 무엇을 바라리오?"라고 하면서 "어두운 방에서 천년토록 지내자니 밤만 더욱 긴데 백년 후에 그 방에 돌아갈 자는 누구인지? 제가 복이 없어 낭자와 맺어질 좋은 기회를 잃었군요"라고 안타까워한다. 그날 밤 향랑이 효렴을 찾아온다. 그리고는 자신을 '의열녀'인 아무개라고 소개한 뒤 효렴의 이름을 우러른 지 오래 되었다고 하고 "군자를 생각하는 일에 대해 말하자면 마음이 불타는 것 같습니다. 갔다가 다시 오는 것도 마음이요, 죽어서 못 잊는 것도 마음입니다. 하지만 여인네는 뒤를 따르는 법이지 앞서 행동을 하면 안 되는 법"이라고 하면서 글을 지어 손수 제를 지내주는 것에 감격하여 다시 인사를 드린다고 하고는 이렇게 말한다. "원컨대 저승의 사람이지만 못 다한 인연을 다시 맺고자 합니다." 그리고는 이미 상제에게 이야기해서 허락을 받았지만 늦게 온 것은 부부 사이는 삼가지 않을 수 없는데다 몸이 이미 허물어지고 환영만 남아서 인간 세계에 오래 머물 수 없어서였다고 한다(김소행, 2007 : 72-79). 이 장면은 생사가 갈린 뒤에도 서로 잊지 못하던 남녀가 만나서 마음을 고백하는 장면으로 『만복사저포기萬福寺樗蒲記』에서 처음 남녀가 만나는 장면을 떠올리게 한다. 그러나 『만복사저포기』 같은 애정 전기가 바로 사랑을 나누는 장면으로 이어지는데 비해 『삼한습유』는 바로 향랑과 효렴이 귀신, 천지도수에 대해 대화하는 장면으로 이어진다. 인간 세계에 머물 수 없다는 말을 들은 효렴은 바로 어떤 몸으로 온 것이냐고 묻고, 향랑은 사람이 죽으면 귀신은 없다고 하며 귀신에 대한 대화가 시작되는 것이다. 이러한 설명이 필요한 것은 죽은 몸으로 어떻게 결혼이 가능한지를 설득해야 했기 때문이다.

> 이 몸이 장차 인간과 짝짓게 되자 상제께서 윤회대성輪回大聖에게 몸을 돌려주라고 명하시니, 대성이 생명과 혼을 돌려주는 일을 담당하신 것입니다. 정신을 단련하고 호흡을 이끄는 방법은 원래 없는 것입니다. 그리고 신령한 물로 닦고, 바람으로 불게 하니, 피부가 매끄럽게 되었으며, 모르는 사이에 살풋 잠든 사람처럼 되었습니다. 이에 대성이 다 끝냈다고 아뢰니 태미천군太微天君으로 하여금 신통한 비방을 섞어 보도록 했습니다. 이에 오장五臟이 생겨나고 뼈가 옥같이 되었습니다. …… 그러자 곧 또 피를 모으고 살을 키우며 진액을 내고 굳게 해서 바탕을 회복시켜 태에 돌리니, 지난 날 살아 있었던 때보다 훨씬 나았으며, 말하는 것과 몸놀림도 예전에 비해 민첩해졌습

> 니다. 이 몸은 진정 물에 들어가도 젖지 않고, 불에 들어가도 타지 않으며, 구름을 타고 안개 속에 놀며, 가마를 타고 세상의 끝에까지 다니며, 하늘보다 뒤에 늙고 해, 달, 별을 시들게 할 수 있습니다. 그러나 이 몸은 곧 이전의 몸과 같지 않습니다. 이 몸을 인간 세상에서 바꾸어 그 뼈와 살, 피부를 바꿨으니, 부모, 형제, 고향 친척들에게는 내 마음에 끝내 미안함이 있습니다. 비록 이 몸을 바꿨다 할지라도 나이는 같으니 부부로 함께 늙는 것은 기약할 수 있습니다. (그러나) 여자의 몸으로 깊은 밤에 문을 두드려 남자에게 잘 곳을 빌리는 일을 할 수는 없지요. 부탁이니 이 말에 따라주세요. 낭군께서 옛 감정을 생각하셔서 새로이 친히 육례를 행하시고 날을 잡아 혼인을 하신다면 저는 마땅히 집을 깨끗이 치우고 저를 데리러 오실 것을 기다리겠습니다. 그대의 뜻은 어떠하신지요?(김소행, 2007 : 83)

그럼에도 효렴은 선뜻 믿지 못하고 "거짓말이 아니겠지요?"라고 확인하고 향랑이 있을 집을 천상天上에 지을 것인지, 지부地府에 지을 것인지, 아니면 이 세상에 지을 것인지, 날짜는 언제로 잡을지 어디에서 맞을지를 하나하나 묻는다. 그러자 향랑은 설명을 듣고도 깨닫지 못하는 것은 공부하는 사람들의 병통이라고 하며 닥치면 알게 될 것이라고 대답한다. 『만복사저포기』의 양생이 처음 여자를 만난 뒤 사람인지 귀신인지 의심하면서도 묻지 않고 넘어가는 것과 비교해 보면 향랑이나 효렴은 쉽사리 정념에 빠지는 전기적 인간과 달리 의심나는 것이 있으면 일일이 따지고 넘어가야 하는 지적 경향이 강한 인물이다. 이는 독자들이 가질 만한 의문에 대해 설명하고자 설정한 것일 수도 있다.

효렴을 만난 뒤 향랑은 후토부인后土夫人에게 이유를 말하고, 천제에게 인간 세상에 내려가 결혼하게 해 달라고 청한다. 후토부인이 시부十府의 여러 왕과 삼원三元, 원로들을 청해 묻고, 천제는 여러 성인, 신선,

스님, 유자, 묵자를 초청해서 묻는다. 지장왕은 찬성하고, 관음보살은 몸이 있기 때문에 인간이 괴로운 것인데 왜 굳이 옛 모습에 매여 인간의 수고를 다시 하려 하느냐고 묻고, 섭제목모, 천태신고 등은 전혀 없었던 일이라고 하며 예를 논할 수도 없다고 한다. 한편 장손흘, 묵자, 양주, 금속여래 등은 각자 자신의 입장에 따라 의견을 표명하는데, 예를 들어 묵자는 예는 일에서 나오니 일이 지극하다면 일을 행하면 된다고 하면서 청을 들어주어야 한다고 하고, 양주는 남의 혼인에 무슨 상관이냐고 하면서 묵자와 양주가 논쟁을 벌인다. 이 모든 논란 끝에 공자가 예에 합당하다고 하면서 향랑은 음란한 것이 아니라고 하여 향랑의 혼례가 결정된다. 이를 보면 공자의 의견이 결정적인 영향력을 가지는 것으로 비친다. 이는 향랑의 재가에 대해 가장 반대할 사람이 공자라고 생각했기 때문에 그렇게 보이는 것이다. 그런데 김소행은 이것으로 토론을 종결짓지 않고 장자로 하여금 유가, 묵가, 선가, 석가는 모두 도를 잃어버렸고, 그렇기 때문에 각기 다른 도가 있다고 하며 토론을 마무리하게 한다.

> 무릇 가히 말할 수 있는 도는 도가 아니라고 했습니다. 겨우 명칭이나 얻은 것은 곧 도가 아닌 것입니다. 그러므로 유가, 묵가, 선가, 석가는 다 같이 잃어버리게 된 것입니다. 잃어버린 까닭으로 같지 않고, 같지 않은 까닭으로 각기 다른 도가 있게 된 것입니다(김소행, 2007: 115).

천상회의에서 환생과 재가가 결정되었지만 작가는 한 번 더 향랑의 재가에 대해 나올 수 있는 비난을 삼시충三尸蟲을 통해 하게 하고,[10] 여기

10 "원컨대 상제께서는 향랑의 마음씨가 바르지 못하고, 행실이 치우쳤으면서 고집 세고, 거짓된 말로 변명하는 일을 하지 못하게 하십시오. 무릇 밤중에 남자에게 달려가서 스스로 혼인 약속을 맺은 것은 음란한 것이고, 이름 때문에 나이를 무릅쓰고 구태여 몸을 바꾸고자 한 것은 사기입니다. 이 가운데 한 가지만 있어도 군자로서 죽음을 면하기 어렵습니다. ……자기 무리를 늘려서 열녀의 떳떳한 정전

에 대해 사마천이 향랑을 변호하게 한다.[11] 그리고 향랑의 나이를 몇 살로 할 것인가 하는 것도 문제였다. 이 문제를 놓고 숙손통과 노양생이 토론을 벌이는데 노양생이 귀신은 몸이 없으니 나이도 없는 것이라고 하면서 향랑이 죽은 뒤 삼 년을 빼고 계산해야 한다는 주장이 받아들여진다.

다음 마군과의 전쟁 부분에서 지식이 수용된 양상을 보자. 향랑과 효렴의 혼례를 방해하는 존재로 마왕이 등장한다. 마왕은 천제와 같은 때 태어나서 힘을 다투는 존재이다. 마왕은 죽이기를 좋아하고 살리기를 미워하며, 일을 이루는 것을 싫어하고 허물어뜨리는 것을 좋아하는, 한마디로 일을 방해하는 존재이다.[12] 마왕은 인간의 일을 방해하는 것이 무엇인지를 설명하기 위해 설정된 것으로 보인다. 이 부분에서는 병법에 관한 지식들이 제시되며, 마왕이 이기 심성을 설명하고, 관음보살이 남녀의 즐거움에 대해 설명한다. 특히 관음보살이 남녀의 즐거움에 대해 이야기하는 대목은 남녀의 몸에 대한 설명으로부터 음양의 기, 남녀의 정 등을 빌려 전개된다.

> 보살이 말했다. "여래께서는 늙도록 홀아비로 지내셔서, 실제의 이치를 모르십니다. 제가 마땅히 여러 사람을 위해 설명을 해 드리지요. 무릇 사물

을 편의대로 만들었습니다. 천하가 모두 괴이한 귀신이요 미친 여자라고 지목하거늘 폐하께서만 모르고 계십니다"(김소행, 2007: 158).

11 "지아비는 완악하고 시어미는 구박하여 쫓겨나는 지경이 되었는데도 끝내 원망하는 말이 없었으니 충忠이요, 부모에게 돌아가서도 지난 일은 낯빛에 드러내지 않았으며 뜻을 두어 삼년상을 마쳤으니 효孝이며, 자신의 몸을 바쳤으니 의義이며, 남편을 구했으니 절節이며, 효렴이 먼저 애도하는 제사를 지내는 것을 기다렸다가 그 뒤에 가서 만났으니 예禮이며, 스스로 중매하는 것을 꺼리지 않았으니 신信이며, 그 몸을 더럽히지 않고 다른 세상에서 인연을 맺었으니 정貞이며, 내가 그러면 남도 그렇겠거니 여겨 다른 사람에게도 생각이 미쳤으니 인仁입니다"(김소행, 2007: 159–160).

12 "사물을 대함에 있어서는 죽이기를 좋아하고 살리기를 싫어했으며 일을 이루는 것을 싫어하고 허물어뜨리는 것을 좋아했다. 사람들 가운데 뛰어나서 사리에 통달한 사람은 시기하여 미워하고, 간사하고 성내고 숨기고 헐뜯고 속이고 배반하는 무리들은 곡진하게 비호했다. 재해를 일으키고 요망한 일을 하고 해치고 결단 내는 일 등을 온갖 방법으로 엮어 내니, 한두 가지가 아니었다"(김소행, 2007: 214–215).

의 교감으로는 남녀의 일만한 것이 없는데, 젊어서는 더 심합니다. 느낀다는 것은 정이 얽히는 것입니다. 『주역』에 말하기를 '남녀가 정기를 얽어 만물이 생겨난다'고 했으니, 이는 남녀가 정기를 얽을 때가 곧 만물이 생겨나는 순간임을 말한 것입니다. 남자는 정기를 주관하고, 여자는 피를 주관합니다. 남자는 정기가 차면 아내를 생각하고, 여자는 피가 성해질 때 남편을 생각합니다. 그 횟수는 달이 차고 기우는 것을 기다려서 달마다 오지요. ……배꼽은 배 가운데에, 상초 아래, 방광 위에 있고, 오장이 경락에 연결된 것은 모두 등에 있는데 모두 배꼽에 묶여 있습니다. 마치 북극성이 제자리에 있고 뭇별이 받드는 것처럼 말이지요. 배꼽(臍)이라는 말은 고르게 한다(齊)는 뜻으로, 배꼽으로 고르지 않은 바를 고르게 하는 것입니다. 유방 밑으로 다섯 마디 아래에 기이한 것이 있어 배꼽이 되었지요. 배꼽으로부터 다섯 마디 밑에 기이한 것이 있어 음과 양으로 나뉘는데, 남자 형체를 한 것과 여자 형체를 한 그것이 안으로는 오장五臟의 끝이면서 밖으로는 몸의 중간에 있지요(김소행, 2007: 300-302).

여기서 전개되는 내용은 음양론에 입각해 있으며 성에 대한 새로운 것이라 할 수는 없다. 그러나 남녀의 몸의 특성과 관련한 구체적인 설명을 통해 성을 지식의 대상으로 삼았다는 점에서 의미를 갖는다. 또 관음보살을 통해 남녀의 일을 설명하게 함으로써 그 효과를 배가시키고 있다.

새로운 지식 형성의 장으로서 소설

『삼한습유』에서 전개되는, 열녀의 재가를 둘러싼 논쟁은 새로운 지식의 형성 과정이라 할 수 있다. 따라서 여기에서는 소설이 새로운 지식을 형성하는 장場의 역할을 하게 된 점을 지적하고자 한다. 이는 궁극적으로 19세기 소설의 동력으로서 지식이 어떤 역할을 했는가, 어떤 방향으로 나아갔는가에 대한 대답이 될 것이다.

먼저 김소행이 작품 말미에 쓴 '지작기誌作記'를 다시 음미할 필요가 있다. 김소행은 자신의 창작 동기를 밝히는 지작기의 첫 부분을 향랑의 죽음은 원통하기 그지없다寃矣甚矣는 문장으로 시작한다. 그 뒤에 이어지는 내용은 왜 그렇게 되었는가를 따지는 부분이다. 그리고 그는 자신의 창작 동기를 이렇게 밝힌다.

> 그 자취를 좇아보면 스스로 굉변박식하다고 자부해도 세상에 그 재주를 시험해 볼 데가 없으니, 가슴 속에 품은 기이함을 한 번 토해 내어 보고 싶어서 이에 의열녀를 잠시 빌려, 천하를 놀라게 하고 만세에 드러내고자 하여 지금까지 있었던 적도 없고 능히 이룰 수도 없는 일을 한 것이다. 천지만물을 만들어 내는 조화를 희롱하고, 원기元氣를 눈 아래로 보며, 위아래를 흔들어대고 고금을 진동시키니 전도되지 않은 것이 없다(김소행, 2007 : 414).

지금까지 이 대목은 『삼한습유』의 창작 동기, 혹은 소설 창작론과 관련하여 많은 주목을 받아왔다. 김소행은 작품을 통해 박식함을 토해 냈으며, 조화를 희롱하고 원기를 눈 아래로 보았으며, 위아래로 흔들어댄 결과 전도되지 않은 것이 없다고 했다. 이 말은 작가가 『삼한습유』를 지식과 변론의 장으로 삼아서 조화와 원기 같은 근본적인 것들을 희롱하고 눈 아래로 보았으며 그리하여 모든 것을 전도시켜 버렸다는 것이다. 단적으로 열烈이라는 개념이 전도되는 것을 앞서 살펴보았다. 이런 면에서 소설이 지식 형성의 장으로 새로운 지식을 만들어 나가는 현장이었다고 말할 수 있다. 『삼한습유』는 여기서 더 나아가 당대의 쟁쟁한 지식인 문사들의 서문과 발문을 통해 그 논쟁을 끌어내고 있다.

한편 김소행이 소설에 이러한 지식들을 동원할 수밖에 없었던 데에는 그의 사회적 위치도 작용했을 것으로 보인다. 경화 세족이었던 홍석주는 필기류 저술 등을 통해 자신의 지식을 펼칠 수 있는 기반이 있었던 반면, 김소행은 자신의 지식을 펼칠 수 있는 장이 없었기 때문으로 생각된다. '지작기'에서 말한 바 의열녀를 빌려 자신의 이야기를 했다는 언급에서 그것을 확인할 수 있다. 이는 어떤 위치에 있는가에 따라 지식이 달리 구성되는 예를 보여준다. 여기에 대해서는 좀 더 세심한 고찰이 필요하다.

김소행과 오랜 교분이 있었던 연천淵泉 홍석주는 『서의열녀전후書義烈女傳後』에서 객과의 문답 형식을 빌려 『삼한습유』에 대해 평가했는데, 객의 입을 빌려 "삼교를 드나들고, 백가百家를 포괄했으며, 본받을 만한 말은 경전에 뿌리를 두었고, 실제 있었던 말은 역사서를 참고했으며, 고상한 말들은 『장자莊子』를 짝할 만하고, 원망 어린 말은 『이소離騷』를 이을 만하며, 그 박식함은 『유양잡조酉陽雜俎』보다 자세하다"고 평가했다(김소행, 2007: 420). 이는 앞서 살펴본 바 『삼한습유』에 동원되고 있는 다양한 지식의 성격을 적질히 설명한 것이라 할 수 있다.

홍석주는 당시 사람들이 『삼한습유』를 읽으면서 의문을 가질 만한 부분들에 대해 계속 질문하게 하고, 그것을 해명한다. 유가를 억누르고 불가를 존중하며, 마도는 돕고 유가를 희화화한 것 때문에 못마땅하지 않은가라는 질문에 장자만큼 유가를 희롱한 사람이 없다고 하고, 김소행이 유가만 희화화한 것이 아니라 석가세존이나 관음보살도 희롱한 것이라고 변론해 주고, 이비, 삼모나 백희, 경강 같은 어진 분들을 욕보인 것이 석연치 않은 것이냐는 질문에도 아니라고 한다.

> "그렇다면 어째서 유가를 억누르고 불가를 존중하며, 마도는 돕고 유가를 희화화했냐 해서 그렇게 못마땅한 건가?" "자네는 하나는 알고, 둘은 모름

세 그려. 옛날에 유가를 업신여겨 유가를 희롱한 사람으로는 장주莊周와 같은 사람이 없네. 그가 책을 쓸 때 마지막 편에서 육경을 높이고 백가를 내림에 자기도 관윤 · 노담과 함께 백가의 열에 자리매김을 했는데, 유독 공자만 빼겠는가? …… 비록 석가세존이나 관음보살이라도 그 날카로운 부리를 피하기는 어려울 것인데, 유독 공자의 문중에만 미치지 않을 것인가? 나는 그가 유가를 누르고 불가를 존중하는 것은 보지 못했네. 그가 희롱하고 있는 것은 내가 유가라고 생각하는 게 아닐세(김소행, 2007: 424-425).

홍석주 역시 김소행의 유, 불, 도에 대한 태도에 공감하고 있음을 볼 수 있다. 홍석주는 계속되는 객의 질문에 결국 향랑의 재가 부분에 대해서만은 석연치 않다고 대답한다.

홍석주는 무릇 세상사람 중에 전할 만한 사람이 많은데 하필 향랑을 택한 것은 열烈 때문이고, 열녀들이 많은데 하필 향랑을 택한 것은 그 불우함 때문이라고 설명한다. 그런데 김소행이 향랑은 이미 죽었는데도 동쪽 집 효렴의 한 장 제문에 감동을 받게 해서 효렴이 있는 곳으로 어두움을 타고 몸을 낮춰 찾아와 스스로 중매하게 한 것은 좋지 않은 행실이라는 것이다. 결국 홍석주는 김소행이 향랑을 욕되게 했다고 보는 것이다. 그렇다면 향랑의 불우를 어떻게 위로할 것이냐는 객의 질문에 홍석주는 여자 몸으로 태어나 두 번 욕을 당하게 하고 싶지 않다(김소행, 2007: 432)고 답한다. 여기에서 김소행과 홍석주의 다른 지점이 분명하게 드러난다. 홍석주는 태를 빌려 몸을 바꾼 것에 대해 몹시 구차하다(김소행, 2007: 431)고 보았다. 열녀의 개가를 허용할 수 없는 입장인 것이다. 이러한 차이는 경화 세족인 홍석주와 서얼 출신으로 불우한 삶을 살아야 했던 김소행과의 신분적 차이에서 비롯되는 것으로 생각된다. 홍석주는 향랑의 불우에 공감하지만, 열녀로서 개가할 수 없다고 보는 것이고, 김소행은 향랑의 불우에 공감하기 때문에 개가하게 하는 것이다. 이것은 단순히 공감의 문제에 그치는 것이 아니라 유교 이데올로기에 도전하기 때문에 문제가 된다. 홍석주와 김소행이 달라지는 지점도 바로 이데올로기에 대해 도전하는가, 하지 않는가 하는 것이며, 그 차이는 이들의 신분적 위치와 관계가 있다고 보는 것이다.

『삼한습유』는 향랑의 죽음과 환생, 결혼을 다룬 서사와 환생과 결혼의 정당성을 다룬 의론이 교직된 작품으로 특히 의론 부분에서는 앞서 언급한 다양한 지식을 활용했다. 『삼한습유』에 활용되는 지식은 새로운 것이 아니다. 그러나 지식의 동원을 통해 도달한 결론은 열녀의 재가라는 조선 사회의 지배 이념에 대한 도전이었다.[13] 그냥 과부의 개가도 아니고 열녀로 정려까지 받은 여성을 개가하게 했다는 것은 비록 환생幻生을 통한 것이기는 하지만, 유교 이념에 대한 강력한 도전적인 의미를 갖는다. 다음의 예를 보면 좀 더 분명해진다. 박지원朴趾源, 1737-1805, 정약용丁若鏞, 1762-1836, 성대중成大中, 1732-1812 등이 열녀나 수절에 대해 문제 제기를 하기는 했지만 드러내놓고 재가를 허용하는 발인은 하지 않았다. 사족 여성의 경우는 영조대 이후 정절을 더욱 강조하여 정절과 관련한 문제를 강하게 체벌할(정긍식, 2011: 494) 정도로 여성의 의무는 더욱 무거워졌다. 그럼에도 개가의 문제는 19세기 문학에서 불편하게 등장한다(정환국, 2009). 『변강쇠가』, 『장끼전』, 『덴동어미화전가』에서 먼저 죽은 남편은 남은 아내에게 개가를 못하게 하거나, 개가를 만류하고 있다. 따라서 개가는 여전히 불편한 문제로 남게 된다. 이들 작품과 비교할 때 『삼한습유』는 열녀에 대한 새로운 담론의 장을 만들어 낸 것으로 평가할

13 장효현은 이를 열烈의 재해석을 통한 탈중세脫中世의 작가 의식이라 명명하고, 중세적 이념과 제도에 굴종되는 '열烈'이 아니라, 중세적 이념과 제도를 뛰어넘는 '참된 사랑의 추구와 실현'이 진정한 '열烈'임을 보여주려 하는 것이라고 평가했다(장효현, 2002: 400).

수 있다. 향랑이 개가를 원하고 이를 실행하는 데에는 상제나 후토부인 같은 천상 존재들의 도움이 있었던 반면, 마도魔道 편에서 선 마군의 집요한 방해가 있었다. 또한 김소행은 또한 모든 열녀를 동일시하지 않는다. 재가가 결정된 뒤 향랑은 정의녀, 사씨 등 다른 열녀들을 찾아가서 함께 인간 세상으로 돌아가자고 권유하지만 이들은 모두 거절한다. 향랑이 이런 사실을 부인에게 말하자 부인은 이들이 결혼하지 않아서 부부의 즐거움을 알지 못해 그런 것이라고 한다. 이처럼 열녀를 하나의 부류로 동일시하지 않는 태도는 열녀 이데올로기에 대해 조심스러운 입장을 보여주는 것이기도 하다. 이는 한 여성의 개가를 다루지만 그것이 역사적으로, 이념적으로 엄청난 무게를 받는 문제이며, 모든 열녀를 하나로 취급해서 간단히 해체할 수 없다는 조심스러운 입장을 보여주는 것이기도 하다. 적어도 열녀의 재가에는 이러한 장치들이 필요했던 것으로 볼 수 있다. 이는 곧 장구한 역사를 통해 전승된 열녀전의 플롯을 해체하고 새로운 플롯을 만들어 내는 것이 쉽지 않은 설정임을 의미한다.

사실 플롯이 새로워졌다는 것은 인식이 달라졌음을 의미한다. 주인공의 삶의 역정이 플롯으로 구조화된 것이 소설이라고 본다면 새로운 플롯은 새로운 삶의 형식을 창출한 것이며, 이는 삶에 대한 새로운 인식을 전제로 한다. 『삼한습유』에서 보여주는 열녀의 재가는 천상의 힘을 빌렸다는 점에서 한계가 있지만, 삶은 지상에서 이루어지기 때문에 새로운 삶의 형식을 보여준 것이라 할 수 있다. 이 새로운 플롯은 향랑의 불우에 대한 강력한 공감으로 결구되었고, 이 플롯에 설득력을 주는 것은 지식에 근거한 논리였다고 생각된다. 그 점에서 『삼한습유』의 경우 공감과 지식은 새로운 플롯을 창출하게 해 준 동력이었다고 평가할 수 있다. 따라서 『삼한습유』는 중세의 지식으로 중세의 주요 이념을 내파內破한 예를 보여준다. 갑오개혁으로 과부의 재가가 비로소 허용되었다. 『삼한습유』는 그에 앞서 열녀의 재가를 보여주었다. 이는 소설이 지식과 만나면서 이루어낸 것으로 19세기 문학의 중요한 성취라 하겠다.

그런데 『삼한습유』는 외관상 새로운 지식을 형성한 것처럼 보이지 않는다. 중세 동아시아의 보편어인 한문으로 창작하고, 중세의 장르인 열녀전烈女傳의 형식을 취하고 있으며, 중세의 지식을 동원하고 있기 때문이다. 그러나 바로 이 점을 주목할 필요가 있다. 서구 근대와의 만남이라는 단절적 사건이 아니라 조선 사회가 가진 동력으로 이러한 변화된 관점을 마련했기 때문이다. 『삼한습유』에 내재한 이러한 동력은 근대로의 추동력으로 작용했을 것으로 생각된다. 20세기 신소설이나 근대 소설이 신문명, 신지식 형성의 장으로 역할을 할 수 있었던 것도 이런 과정이 이미 19세기부터 진행되어 오고 있었기 때문에 가능했던 것으로 생각된다.

근대가 어떻게 형성되었는가의 문제도 중요하지만, 그보다 중세가 어떻게 해체되었으며, 중세의 무엇이 해체되었고, 그 해체의 동인이 무엇이었으며, 해체나 이행의 주체는 누구였는가가 먼저 해명되어야 한다. 중세 해체의 동인이 근대성 형성의 동인으로 전환할 가능성이 크다고 보기 때문이다. 이런 점에서 19세기는 중세 해체 과정을 보기 위해, 근대성 형성 과정을 보기 위해, 혹은 과정으로서의 근대를 보기 위해 계속 주목할 필요가 있다. 이를 통해 단절의 이면에 흐르는 연속성의 저류를 발견할 수 있을 것이기 때문이다.

4. 나오는 말

이 글은 19세기 소설의 동력의 하나로 지식에 주목하고 소설 속에 드러난 지식의 다양한 양상을 살핀 뒤 공감과 지식 형성의 장으로서 『삼한습유』를 집중적으로 다루었다. 19세기에는 『삼한습유』, 『옥선몽』과 같은 한문 소설뿐만 아니라 『명행정의록』 같은 국문 장편소설, 『두껍전』 같은 우화소설 등에 두드러지게 지식이 수용되어 있다. 이는 19세기에 지식 정보의 유통과 정리가 폭넓게 이루어진 것과 관련이 있다. 이 글의 관심은 이러한 지식이 소설 속에 얼마나 수용되었는가가 아니라, 소설 그 자체가 지식을 수용해서 새로운 지식을 형성하는 장場이었다는 데 있다. 그런 점에서 이 글은 소설이 19세기에 접어들어 새로운 지식을 형성하면서 공감하는 장이 되었고, 지식 형성에 중요한 역할을 했으며, 따라서 근대성 형성이 전근대 시기와의 연속선상에서 이루어지는 과정이었음을 입증하고자 했으며, 그 예로 『삼한습유』를 들었다.

『삼한습유』는 한문으로 씌어졌고, 전傳의 형식을 취하고 있으며, 중세의 지식을 동원하고 있기 때문에 외관상 근대성과 거리가 있는 것으로 보인다. 그러나 김소행은 『삼한습유』를 통해 열녀전의 플롯을 바꾸어 버렸다. 나는 이를 열烈, 열행, 열녀에 대한 새로운 지식이 형성된 것으로 보았다. 그리고 유교 이념의 핵심적인 부분을 건드렸다는 점에서 근대로의 추동을 보여준다고 판단했다. 20세기 근대 소설은 외관상 19세기 소설과 연속성이 없는 것처럼 보인다. 그러나 『삼한습유』에서 보여준 바 소설이 지식 형성의 장場, 사유의 장으로 된 예는 근대 소설과 장르적으로 연속선상에 있다고 보아야 할 것이다.

소설은 지식과 밀접한 관련을 맺으면서 전개되었다. 중국의 재학소설이나 조선의 19세기 한문 장편소설에서뿐만 아니라 서양의 소설도 지식을 적극 수용하고 그것을 통해 새로운 지식을 형성하는 역할을 했다. 플로베르Gustave Flaubert의 희곡소설 『성聖 앙투안의 유혹』(1874)이나 도스토예프스키Fyodor Mikhailovich Dostoevskii의 소설들은 대화를 통해 당시의 지식들이 전개되고 있다. 이러한 양상은 소설이 근대 이후 철학의 자리를 대신하면서 담론의 주도적 위치를 차지하게 되는 것과도 관련이 있는 것으로 생각된다. 『삼한습유』는 출판을 통해 유통되지 못했고, 한문으로 창작되어 대중적으로 수용되지 못했다. 그럼에도 불구하고 이 작품이 갖는 의의는 바로 소설이라는 장르를 공감과 지식 형성의 장으로 만들면서 중세적인 지식을 통해 중세를 내파해 냈다는 점이다. 그리고 그것이 바로 19세기 소설의 동력이자 근대로 향한 추동력이었다는 점이다.

나는 19세기 한문 소설을 보면서 19세기 소설을 관통하는 키워드로 지식, 이념, 섹슈얼리티를 생각해 본 적이 있다. 이 글은 전의 작업에서 소홀하게 다루었던 지식의 문제를 다루어 보고자 했다. 그러나 19세기 들어 지식과 소설의 연관을 작가층과 관련해서 다루지는 못했다. 이 문제는 19세기 경화 세족의 장서藏書, 연행燕行, 해외 교유, 총서류 저작 등과 관련해서 더 깊이 있게 다루어져야 할 것으로 생각되며, 아울러 19세기 지식 확산과 공유 등에 관한 지식사회학적 연구가 필요할 것으로 보인다.

참고 문헌

김경미, 「〈옥선몽〉의 성격과 작가의 소설의식」, 『국어국문학』 109, 1993.

______, 『19세기 소설사의 새로운 모색』, 보고사, 2011.

김기동(편), 『필사본고전소설전집』 3, 아세아문화사, 1980.

김소행, 『삼한습유』, 조혜란 옮김, 고려대학교 민족문화연구원, 2007.

류준경, 「지식의 상업 유통과 소설 출판」, 『고전문학연구』 34, 2008.

서경희, 「〈옥선몽〉 연구: 19세기 소설의 정체성과 소설론의 향방」, 이화여자대학교 박사학위 논문, 2003.

서신혜, 『김소행의 글쓰기 방식과 〈삼한습유〉』, 박이정, 2004.

서정민, 「〈명행정의록〉 연구」, 서울대학교 박사학위 논문, 2006.

장예준, 「19세기 소설의 '지식' 구성의 한 양상과 '지식'의 성격」, 『한국어문학연구』 55, 2010.

장효현, 『한국고전소설사연구』, 고려대학교출판부, 2002.

전상욱, 「완판 춘향전의 변모 양상과 의미」, 『판소리연구』 26, 2008.

전성운, 「19세기 장편 한문소설과 청말 재학소설의 지식 제시 방식: 〈옥선몽玉仙夢〉과 〈경화연鏡花緣〉 비교를 중심으로」, 『어문연구』 58, 2008.

정긍식, 「관암 홍경모와 19세기 학술사」 토론문, 『관암 홍경모와 19세기 학술사』, 경인문화사, 2011.

정환국, 「19세기 문학의 '불편함'에 대하여」, 『한국문학연구』 36, 2009.

조혜란, 『19세기 서얼 지식인의 대안적 글쓰기, 〈삼한습유〉』, 소명출판, 2011.

주형예, 「매체와 서사의 연관성으로 본 19세기 대중소설 시장의 성격」, 『고소설연구』 27, 2009.

19세기 서구 근대 지식의 한 여정: 에밀 졸라의 『파스칼 박사』*

오영주

1. 들어가는 말

근대 이성의 탄생과 전개는 항상 과학과 보조를 같이해 왔다. 데카르트René Descartes의 코기토*cogito*는 과학적 진리 탐구의 근거로서 합리적 사고의 주체를 확립하고자 하는 목적에서 생겨났으며, 이는 중세의 세계관을 전복한 코페르니쿠스Nicolaus Copernicus의 태양중심설을 비롯한 과학의 발전 순간에 등장했다. 이후 근대 이성은 자신의 합리성의 모델을 과학으로부터 차용하고, 각 시기의 과학이 이룬 성과와 전망에 따라 그 특징을 달리해 왔다. 그런데 우리가 주목하고 싶은 것은 19세기 프랑스의 합리적 이성은 '무엇보다' 과학을 통해 문제를 제기하고 풀어나갔다는 점이다.[1]

* 이 글은 『불어불문학연구』 제60집(2004)에 실린 논문을 수정 · 보완한 것이다.

1 푸코Michel Foucault에 따르면 19세기 유럽 각국에서 이성에 대한 물음이 제기되고 전개되는 방식이 조

19세기 프랑스의 문학 또한 과학의 정신과 방법을 참조했다. 발자크Honoré de Balzac에서 졸라Emile Zola에 이르는 많은 작가가 과학에 매료되고 그 정신과 방법과 주제를 차용해 온다. 발자크는 뷔퐁Georges Louis Leclerc de Buffon, 퀴비에Georges Cuvier 등의 박물학자들로부터 '인간극'의 아이디어를 가져왔고, 스탕달Stendhal의 심리 분석은 수학적 방법에 힘입은 바 크다. 미완성 작품 『부바르와 페퀴셰』에서 과학만능주의를 패러디하고 있는 플로베르Gustave Flaubert조차 당대가 과학적 세기가 되기를, 감정이나 믿음이 아니라 사실의 정확한 인식과 분석으로 현실을 파악하는 세기가 되기를 바랐다. 또한 르콩트 드 릴Leconte de Lisle은 『고대시』의 서문에서 오랫동안 분리되어 있던 과학과 예술이 결합되어야 할 것임을 역설했다.

19세기의 산물, 문학비평이 형성되는 과정에서 과학성에 대한 요구가 얼마나 중요하게 작용했던가는 널리 알려진 사실이다(델포 · 로슈, 1993: 15-82). 그것이 자연사의 방법이든 분석적 방법이든 객관적 정신이든 실험 방법이든 19세기의 작가들에게 과학은 새로운 영감의 한 원천이었다. 졸라는 이러한 시대 경향을 극단적으로 밀고 간 작가이다. "실험 소설론은 우리 세기의 과학적 진화의 결과이다. [……] 그것은 과학의 시대인 우리 시대의 문학이다"(Zola, 1971: 74)라는 그의 유명한 단언은 문학에서 과학이 차지하는 위상에 대한 그의 생각을 한마디로 보여준다.

금씩 달랐다. 즉, 19세기 계몽에 대한 물음은 영국, 독일, 프랑스에서 다른 운명을 겪었다. "루터의 망령으로부터 벗어날 수 없었던 독일"에서는 사회에 대한 역사적 · 정치적 고찰이 계몽에 대한 물음에 내용을 제공했다면, "데카르트의 기억으로부터 자유로울 수 없었던 프랑스"에서는 과학사가 계몽에 대한 철학적 문제를 떠안았다. 19세기 프랑스에서는 합리성, 이성의 문제에 대한 논의가 "실증주의(와 그에 반대하는 이들)를 통하여, [……] 과학주의에 대한 소란러운 논쟁을 통하여" 제기되고 진행되어 나갔던 것이다(미셸 푸코, 「서문」, 조르쥬 깡길렘, 『정상적인 것과 병리적인 것』, 인간사랑, 1996, 22-23쪽).

이 글은 과학에 대한 신뢰를 의식적이고도 전략적으로 표명했던 졸라의 세계가 보여주는 근대 지식의 한 여정에 대한 연구이다. 이를 위해 우리는 『파스칼 박사*Le Docteur Pascal*』를 주요 텍스트로 삼았다. 30권이 넘는 작품을 쓴 작가의 세계를 소설 하나로 구명하려는 시도는 부조리해 보일 수도 있다. 하지만 졸라의 문학에서 『파스칼 박사』가 가지는 독특한 위치와 특별한 의미가 우리의 시도를 뒷받침해 주리라 생각한다. 『파스칼 박사』는 〈루공 마카르〉 총서의 마지막 20번째 소설이며, 무엇보다 총서 중 유일하게 과학의 문제를 직접적으로 다룬 "과학에 대한" 소설이다.[2] 졸라는 이 소설에서 총서의 주요 인물을 모두 다시 언급하고 그들의 삶을 요약할 뿐 아니라, "총서의 모든 철학적 의미를 요약"[3]하고자 했다. 이 소설에는 또한 총서 이후의 연작인 〈세 도시〉와 〈4 복음서〉가 보여줄 새로운 경향이 예고되고 있기도 하다. 이러한 이유에서 『파스칼 박사』는 뛰어난 문학성을 담보한 졸라의 작품으로 간주될 수 없다 할지라도, 졸라의 세계를 이해하는 데 중요한 작품이다. 『파스칼 박사』에서 졸라는 자신의 분신[4]인 주인공을 통해 삶과 인간과 과학 지식에 대한 사변을 유감없이 펼친다. 우리는 그 사변을 따라 가면서 19세기 과학 지식을 문학에 적용시키고자 했던 졸라가 기록한 19세기 근대 지식의 여정을 살펴볼 것이다.

2 H. Mitterand, "Préface," *Le Docteur Pascal*, pp. 28–29 참고.

3 R. Ripoll, *Réalitéet mythe chez Zola*, Honoré Champion, 1981, p. 893에서 재인용.

4 주인공 파스칼 루공을 작가의 분신으로 간주할 수 있는 근거는 수없이 많다. 자신의 가문을 대상으로 한 20여 년 간의 주인공의 연구는 바로 작가가 20여 년간 계속 한 〈루공 마카르〉 총서의 창작과 겹쳐지며, 파스칼이 작성한 루공 마카르가家의 계통수系統樹는 이미 졸라가 『사랑의 한 페이지*Une page d'amour*』(1878)에서 제시한 루공 마카르가家의 계통수이다. 무엇보다 파스칼의 생각은 졸라가 수많은 글에서 표명한 것들이다.

2. 지식에 대한 신뢰

과학 지식의 문학적 번역

19세기 전반기부터 문학이 요구했던 과학적 방법과 정신을 고려할 때, "새로운 시대 정신은 곧 과학 정신이다"라는 졸라의 지적은 연대기적으로나 표현 방식에서 진부하게 느껴질 지경이다. 졸라가 가져온 새로운 것이 있다면 그가 『실험소설론』(1880)을 통해 체계적이고 공식적으로 실증적 과학주의의 문학적 구현을 선언했다는 점이다. 『실험소설론』에서 졸라는 물리학과 화학을 모델로 하는 생리학을 확립한 베르나르 Claude Bernard[5]의 『실험의학서설』(1865)을 전범으로 삼아 자신의 소설론을 개진하고 있다. 베르나르는 "생명체의 경우에도 다른 무생물의 경우와 마찬가지로, 모든 현상의 존재 조건은 절대적인 방식으로 결정되어 있다는 것이 실험의 공리"[6]라고 하면서 생물학에서의 결정론을 강조했다. 그의 이론이 당시 자연과학뿐 아니라 인문학에 미친 영향은 아무리 강조해도 지나치지 않을 것이다. 베르나르와 더불어 생물학은 당대 과학의 가장 완성된 표현이 되었다. 『실험소설론』에서 졸라는 베르나르의 용어와 방법, 신념들을 그대로 사용하고 있을 뿐 아니라, 작가=과학자라는 극단적인 등식을 만들어 내기까지 한다.[7] 5장으로 이루어진 『실험소

5 과학은 직접 경험의 산물이 아니라 이성의 복잡하고 지속적인 구성물이다. 인간은 수십만 년 전부터 지상에 살고 있지만 물리학은 17세기, 화학은 18세기, 생물학은 19세기에서야 비로소 시작되었다. 베르나르는 생리학에 물리학과 화학에서 사용되는 실험 방법, 즉 사실에 대한 관찰, 예견에 의한 가설, 이 가설의 검증이라는 3단계의 방법을 도입하면서 생물학을 실증 과학으로 만든 주인공이다.

6 앙드레 베르제즈, 드니 위스망, 『지식과 이성』, 삼협종합출판사, 2001, 275쪽에서 재인용.

7 『실험소설론』의 첫 문단에서 졸라는 "내 생각을 명확히 하고 과학적 진리의 엄격함을 부여하기 위해, 흔히 [베르나르의 『실험의학서설』에 쓰인] '의사'라는 단어를 '소설가'라는 단어로 바꾸는 것으로 충분할 것이다"라고 했다(Zola, 1971: 59). 이어 인간의 병을 치유하는 의학의 사명을 문학에 부여하면서 소설가와 의사의 목적을 동일시한다. "우리의 목적이 바로 그들의 목적이다. 우리 역시 지적이고

설론』은 내용상 다시 두 부분으로 나눌 수 있는데, 전반부에서는 낭만적 문학에 대항한 과학 시대의 소설인 실험소설의 원리를, 후반부에서는 실험소설의 모랄moral을 밝히고 있다. 이에 따르면, 생리적 물질적 환경이 인간 존재를 결정한다는 원리에서 출발하는 과학적 소설의 목표는 인간 현상을 절대적으로 결정하는 요인을 찾고 아는 데 그치지 않고 유용성의 관점에서 그것을 통제하고 지배하는 것이다.

졸라가 표명한 문학의 과학화는 많은 비판을 받았다. 특히 그가 사용한 '실험'이란 용어를 두고 비판이 거세었다. 소설의 인물이 결코 실험실의 산화수소나 마르모트가 될 수 없기에, 인물에 대한 실험은 애초에 불가능한 것으로 실험소설의 논리는 그 근거부터 성립하지 않는 것이라고 비난받았다. 사실 과학적 의미의 실험이란 문학 작품에서 불가능하다.[8] 또한 졸라가 보여준 과학 지식의 한계, 게다가 그것을 자기 구미에 맞게 왜곡한 점 등은 수없이 지적되어 왔다. 이러한 문제점과 연동하여 오랫동안 사람들은 '두 명의 졸라', 『실험소설론』의 졸라와 〈루공 마카르〉 총서의 졸라를 대립시켜 왔다. 그리고 후자에게서 시적이고 문학적인 천재를, 전자에게서 과학적 · 철학적 · 미학적 토대가 부족하고 문학을 과학과 성급하게 동일시한 편협한 이론가의 모습을 보았다. 한쪽에는 독단적인 논증과 일반적인 개념 — 관찰, 분석, 실험, 삶, 현실, 진리 등 — 으로

개인적인 요인의 현상들을 통솔하기 위해 그 주인이 되기를 원한다. 우리는, 한마디로, 실험하는 모랄리스트들이다"(Zola, 1971: 76).

8 순수과학인 생물학에서조차도 실험은 많은 한계점이 있다. 유기체인 생물에 대한 실험은 물리학이나 화학에서의 실험만큼 정확할 수 없다. 왜냐하면 생명체는 하나의 개체인데, 실험적인 분석은 이 개체의 근원적인 통일성을 파괴하기 때문이다. 실험을 통해 분석하면, 유기체의 통일성이 파괴되고 전혀 다른 균형이 생겨난다. 생명 활동을 하는 유기체의 특정 부분의 정확한 역할을 따로 떼어낼 수는 없다. 이러한 이유에서 퀴비에는 생물에게는 실험을 적용할 수 없다고 했다. 반면 베르나르는 "유기체에 대한 실험적인 분석을 금지하는 것은 과학을 정지시키는 것이며 실험적인 방법을 부정하는 것이다"고 하면서 생물학에서의 실험 방법의 중요성을 주장했지만, 생물학적인 현상에 실험적인 방법을 적용할 때 특별한 조심성을 가지고 실행되어야 한다는 점 또한 인식하고 강조했다(자콥, 1995: 281–296 참고).

철갑을 두른 둔한 언어가 있고, 다른 쪽에는 상징과 신화의 매력적인 힘이 있다는 것이다. 졸라 자신은 이런 구분을 단호히 거부했고, 자신의 작품은 자연주의의 방법과 이론의 적용이었을 뿐임을 거듭 주장했다. 그의 소설은 '이론의 직접적인 적용'인가, 아니면 '두 명의 졸라'가 존재하는가?

이러한 질문은 1970년대 이후 졸라 연구가 본격화되면서 과거의 것이 된 듯하다. 왜냐하면 졸라의 이론적 담론과 소설적 담론 사이에 수렴대가 존재한다는, 하지만 이는 결코 하나가 하나의 즉각적인 적용이나 종속 관계를 의미하는 것이 아니라는 점을 밝히는 뛰어난 연구들이 쏟아져 나왔기 때문이다. 예를 들면 미트랑Henri Mitterand은 『실험소설론』이 이론 담론이라는 논증적 장르에 국한되기보다는 당대 이데올로기들의 갈등을 이야기하고 극화하는 쪽으로 미끄러지고 있고, 〈루공 마카르〉 총서가 일종의 지식의 보고寶庫로 읽힐 수 있다는 점에 주목하면서, 둘은 근본적으로 동일한 지적 토대와 글쓰기로부터 나왔으나 상이한 두 매체 위에 구축되어 있다고 주장했다(Mitterand, 1980: 185). 한편 세르Michel Serres는 19세기 과학이 이른 단계에 주목하면서 졸라를 이끈 지적 계획의 일관성을 찾으려 했다. 그는 졸라의 자연주의는 당시의 물리학이 도달했던 열역학 이론과 상응한다는 점을, 그 이론으로부터 영양을 공급받은 졸라의 작품은 그 이론의 허구적인 투영임을 강조했다(Serres, 1975). 사실 당대의 지식 형성의 장을 고려하지 않은 채 〈루공 마카르〉를 온전히 이해하기는 힘들다. "제2 제정하의 한 가문의 자연적 · 사회적 역사"는 실증적 과학주의의 일대일 적용은 결코 아니지만, 과학과 대화 없이는 태어날 수 없는 것이었다. 〈루공 마카르〉가 만들어 내는 거대한 서사시적 신화적 차원은 분명 과학적 실증주의를 뛰어넘는 것이지만, 그 상상력에 재료를 제공한 것은 과학 지식이었다.

파스칼 박사의 낙관

『파스칼 박사』(1893)는 출판 당시나 그 이후 크게 주목받지 못했다. 그 이유 중의 하나는 이 소설이 총서의 사족 혹은 부록처럼 보였기 때문이다. 사실 종말론을 연상시키며 강렬한 파토스를 불러일으키는 『패주敗走』(1892)의 마지막 장면이 총서의 대미를 이미 장식한 느낌을 준다. 또한 1851년 쿠데타와 함께 시작되는 『루공가의 재산』(1870)에서 보불 전쟁과 파리 코뮌으로 끝나는 『패주』까지의 시간이 제2 제정의 전 시기를 아우르고 있고, 『파스칼 박사』의 시간적 배경이 1872년인 점을 감안할 때 이러한 인상은 자연스러워 보인다. 그런데 1880년경부터 졸라는 계속해서 "과학을 다루는 소설이 모든 작품의 결론이 될 것이고 연작을 설명해 줄 것이다"[9]고 강조해 왔다. 이처럼 『파스칼 박사』는 총서의 내적 필요성보다는 작가의 필요성에 더 부합하는 듯하다. 그것은 어떤 필요성이었을까? 우리의 연구가 진행되면서 그 이유가 밝혀질 것이다.

환갑을 앞에 둔 의사 파스칼 루공은 플라쌍 부근 술레야드에서 이따금 환자들을 돌보며 조카 클로틸드와 충실한 하녀 마르틴과 함께 살고 있다. 세속적인 성공과는 담을 쌓은 그였지만 자신의 가문을 대상으로 유전에 대한 연구에 매진하고 있다. 그의 근심 중의 하나는 모친 펠리시테가 가문의 명예를 지키기 위해 자신의 연구 서류를 없애려 하고, 마르틴과 클로틸드가 그녀의 영향 아래 있다는 점이다. 전통적 신앙을 고수하는 마르틴에 의해 길러진 클로틸드는 신비주의적 경향을 가진 동시에 삼촌의 교육으로 과학의 세례를 받기도 했다. 이성적 설명이 불가능한 '다른 것'에 대한 열망과 합리적 정신 사이에서 흔들리고 있는 클로틸드에

9 H. Mitterand, "Préface," *Le Docteur Pascal*, p. 28에서 재인용.

게 파스칼은 다음과 같이 자신의 신념을 얘기한다.

> "이 고집쟁이야, 우주를 지배하는 변하지 않는 법칙을 벗어나는 예외는 과학적으로 결코 확인된 적이 없다는 사실을 명심해. 지금까지 인간의 지성만이 작용해 왔으며, 그러므로 난 네가 실제적인 어떤 의지를 찾을 수 있으리라 믿지 않아. [……] 나의 사도신경을 알고 싶니? [……] 난 인류의 미래는 과학에 의한 이성의 진보라고 믿는단다. 인간이 스스로에게 부과해야 할 신성한 이상은 바로 과학을 통해 진리를 추구해 나가는 것이라고 믿어. 서서히 획득한 소중한 진리는 결코 소멸되지 않을 것이며, 그 외의 것은 모두 환영이고 무의미하다고 생각해. 그리고 이 진리의 총합은 항상 증가할 것이고 인간에게 계산할 수 없을 정도의 힘을 줄 것이라고, 또 행복은 아니라 할지라도 평정을 주게 되리라고 믿어."(97-98)[10]

오랫동안 현상을 설명하는 최종적 근거로 삼았던 초월적 · 초경험적인 원인은 존재하지 않는다. 그러므로 세계에 대한 질문은 현상을 지배하는 근원적인 본질을 묻는 '왜'가 아니라 구체적인 현상과 그 사이의 관계를 탐구하는 '어떻게'로 제시되어야 한다. 인간의 이성은 세계의 비밀을 하나하나 밝혀나갈 것이며, 진리를 밝혀내기 위해 인류가 기댈 곳은 바로 과학이다. 과학은 점점 더 많은 사실을 이성의 빛 아래 드러낼 것이고 더불어 인간은 무한한 힘을 가지게 되리라고 파스칼 박사는 믿고 있다. 이 신념은 졸라가 수많은 담론에서 동일한 호흡과 열정으로 개진하고 있는 것이기도 하다. 이것은 또한 졸라가 영감을 받으며 참조했던 당대의 과학자들과 사상가들, 베르나르Claude Bernard, 뤼카스Prosper Lucas, 텐

10 Zola, *Le Docteur Pascal*, Gallimard, 〈folio〉, 1993, pp. 97–98. 이하 인용문 뒤에 나오는 괄호 속의 숫자는 이 책의 쪽수를 가리킨다.

Hippolyte Taine, 르낭Ernest Renan의 믿음이기도 했다. 그리고 이 믿음의 철학적 출발점은 실증주의의 창시자 콩트Auguste Comte의 저서에서 찾아야 할 것이다. 허구의 인물 파스칼은 형이상학에 대한 거부, 과학에 대한 유보 없는 신뢰, 과학이 가져올 혜택에 대한 열광, 인류의 사명에 대한 인식을 통해 때로는 과학주의라 불리고 때로는 실증주의라 불렸던 19세기의 한 '정신 상태'를 대변하고 있다.

특히 1892년 졸라에게 직접적으로 영감을 준 것은 르낭의 『과학의 미래』였다.[11] 르낭이 '이성의 복음서'라고 불리는 『과학의 미래』를 집필한 해는 1848년이지만 출판한 해는 1890년이다. 르낭이 40년 만에 원고를 출판한 것은 19세기 후반 합리주의와 비합리주의 사이에 있었던 일종의 전투와 무관하지 않으며, 졸라는 『파스칼 박사』에서 소설의 연대기적 정확성을 해치면서까지[12] 이 갈등을 상기시키고 있다. 보불전쟁과 파리 코뮌을 겪으면서 프랑스는 전반적인 환멸을 경험하게 되었고, 이와 더불어 신비주의에 대한 욕구가 강하게 일어났다. 파리 코뮌 이후 몽마르트르 언덕에 세워진 사크레 쾨르Sacré Coeur 성당이 상징적으로 보여주듯, 종교적 열정을 회복시키려는 대대적인 노력이 있었다. 기적에 목말라하며 루르드Lourdes를 찾는 순례의 행렬이 줄을 이었고 광신에 이른 종교적 열풍이 휩쓸고 있던 때였다. 정치적, 사회적, 문학적 신념 등 모든 영역에서 졸라와 대립각을 세웠던 브뤼티에르Ferdinand Brunetière는 종교의 부활과 과학의 파산을 외치는 목소리를 높였다. 부르제Paul Bourget, 위스망스Joris-Karl Huysmans 같은 작가들이 신앙의 필요성은 영원하다고,

11 "나는 완벽한 이[『과학의 미래』] 생각들을 파스칼 박사를 위해 전적으로 가져왔다"(H. Mitterand, 앞의 글, 16쪽에서 재인용).

12 『파스칼 박사』의 줄거리는 1872년에 전개되고 있지만, 소설에서 다루고 있는 합리주의/비합리주의 논쟁은 1890년대에 일어난 것이다. 『제르미날』에서도 확인할 수 있는 이러한 시대 고증의 오류는 졸라에게 논쟁의 중요성과 급박함에 비해 별로 중요하지 않았던 듯하다.

과학은 결코 인간의 모든 염원에 답할 수 없다고, 과학은 결코 우주로부터 신성을 몰아내지 못할 것이라고 부르짖고 있었다.

소설의 4장, 파스칼과 클로틸드의 격렬한 대화를 통해 졸라는 1890년대의 합리적 사고와 되살아난 비합리주의 사이의 대결을 보여준다. 경험적 · 합리적 진리만을 받아들이는 과학은 구세계를 몰아내고 결국 이 땅을 백지 상태로 만들어 버리고는 아무런 확신도 행복도 가져오지 못했으므로 차라리 수십 세기 동안 세상의 행복을 보장해 주었던 믿음으로 돌아가는 것이 더 낫다고 말하는 클로틸드에게 파스칼은 말한다.

> "아! 바로 그 점이야!" 그는 외쳤다. "우린 세기말의 전환점에, 이 전환점이 들쑤셔 놓은 엄청난 양의 지식에 피곤해하고 신경이 날카로워 있지……. 그래서 거짓이라는 영원한 욕구와 환상이라는 영원한 욕구가 인류를 부추기면서 알 수 없는 것의 매혹적이었던 요람으로 뒷걸음치며 데려가고 있어……. 결코 모든 것을 알 수 없는데 더 알아서 무슨 소용이 있느냐고? 획득한 진리가 확실하고 즉각적인 행복을 주지 않는데 [……] 인류가 유아기에 무겁게 잠들어 있었던 그 어두컴컴한 잠자리, 무지에 만족하지 못할 이유가 무엇이냐고?…… 그래! 이건 신비의 반격이며 백 년간의 실험 연구에 대한 반동이야. 이런 일은 항상 있어 왔지. 모든 욕구를 동시에 만족시킬 수 없을 때 변절하는 사람이 생겨나기 마련이지. 하지만 이건 잠시 멈춘 것일 뿐이야. 우리의 시야 너머 무한한 우주 속에서 앞을 향한 전진은 계속될 거야."(145)

과학과 단절되어 전설과 신화의 시대를 살고 있는 하녀 마르틴이 전통적 신앙을 대변한다면, 관찰과 분석과 해부의 "잔인한 불빛"이 초래한 위안 없는 파괴에 분개하고 있는 클로틸드는 "과학에 지친"(419) 세기말의 비합리주의를 대변한다.[13] 파스칼에 따르면 19세기 말 인류는 유례없이 많은 양의 지식을 보유하고 있으나, 그 '엄청난 양'에 오히려 짓눌려 있다. 하지만 '알지 못하는 것'이 있을 뿐 '알 수 없는 것'은 있을 수 없다. 당장은 모든 것을 알 수 없기에 모든 욕구를 만족시켜 줄 수 없다 해도, 지식의 축적은 계속될 것이고 이와 함께 "전진은 계속될 것이다." 자연과 사회에는 어떤 아프리오리*a priori*한 필연성도 존재하지 않으며, 인류의 미래는 이성의 진보 속에 있다는 파스칼의 과학과 과학의 알리바이인 진보에 대한 믿음은 19세기 실증주의를 거슬러 올라가, 직접적으로 18세기 계몽철학자들의 확신을 거쳐 데카르트의 좀 더 신중한 태도로까지 이어지는 합리주의의 연장선상에 있다. "모든 사유 주체들에, 모든 민족에, 모든 시대에, 모든 문화에 동일하게"(Cassirer, 1966: 41) 분배되어 있는 '자연의 빛, 이성'에 대한 신뢰는 근본적으로 낙관적인 미래를 상정한다.

3. 지식이 가져온 공포

파스칼 박사의 공포

파스칼 박사가 20년 이상 심혈을 기울여 연구했던 대상은 바로 자신의 가문이었다. "다양한 예들을 정확하고 완벽하게 보여주는"(87) 이 가문은 파스칼에게 더할 나위 없이 훌륭한 연구 대상이었다. 그는 가문의

13 반면 종교에서 풍속을 단속하며 사회를 유지시키는 경찰의 기능을 보는 파스칼 박사의 어머니 펠리시테는 부르주아지의 실용적 종교관을 대변한다. ("과학이라고!" 펠리시테가 다시 발을 동동 구르면서 말했다. "그것 참 잘난 것이지. 세상의 성스러운 것에는 모두 반대하는 그들의 과학이라는 것 말야! 그들이 모든 것을 부셔버렸을 때, 그들은 한 참 앞으로 나아가 있고 말고!…… 그들은 경건이라고 하는 것을 죽이고, 가족을 죽이고, 하느님을 죽이지……."(70)

가장 수치스러운 사건들을 기록한 자료들을 수집하고 분류하면서 루공 마카르가家의 계통수系統樹를 만들었다. 사실들을 수집하고 분류하는 과정에서 그는 유전 이론을 자신의 가문에 적용시켰고, 세대에서 세대로 이어지는 "사슬고리는 논리적이고 엄밀한 유전의 법칙에 따라 연결"(126)되어 있음을 확인했다. 파스칼의 과학이 밝혀낸 진리는 그의 할머니, 가문의 시조 아델라이드 푸케의 신경증적이고 히스테릭한 기질이 유전에 의해 가문의 모든 구성원의 피 속에 흐르고 있다는 것이다. 때로는 격세 유전에 의해 혹은 환경에 의해 이 치명적인 침해로부터 비켜가는 자가 있다 할지라도 가문의 구성원들은 결코 이 공격으로부터 자유로울 수 없다. 아델라이드라는 뿌리로부터 시작되어 파스칼을 거쳐 뻗어 오르는 거대한 유전의 서사시, 『루공가의 재산』에서 『패주』까지 〈루공 마카르〉의 이야기가 인간에 대한 비관주의로 채색되어 있듯이 파스칼의 과학이 밝혀낸 진실은 절망스럽고 비관적이다. 파스칼의 가문에 대한 연구는 바로 "한 가문의, 한 사회의, 전 인류의 생성을 보여주는 방대한 성서"(352)이다. 그의 과학에 대한 낙관과 별도로 파스칼에게 인류의 역사 그 자체는 "어둡고 혐오스러운"(108) 역사였다.

파스칼의 연구에 의하면 자신은 가문의 저주가 비켜간 유일한 경우이다. 그는 부모의 정신적 · 육체적 특성이 혼합, 결합되어 나타나지만 그들과는 전혀 닮지 않은 "새로운 존재"(182)이다. 도대체 어디에서 네가 나왔는지 모르겠다는 어머니 펠리시테의 되풀이되는 말, 그를 파스칼 루공이 아니라 항상 파스칼 박사라 부르는 마을 사람들의 습관이 스스로를 이 집안의 "예외적인" 존재로 여기는 파스칼의 가정을 뒷받침해 주고 그에게 한없는 안도감을 준다. 그러나 가문의 피로부터 자유롭다고 확신하고 있는 파스칼 역시 끔찍한 유전의 공포를 경험한다. 클로틸드에게 계통수의 비밀을 설명해 주고 난 후 파스칼 박사는 정신적으로나 육체적으로 심각한 상태에 빠지게 된다. 마르틴과 클로틸드가 자신의 연구를 파괴하리라는 강박 관념, 그가 개발한 주사를 맞고 사망한 환자, 오랜 독신 생활이 가져온 피폐함, 자신도 의식하지 못하는 클로틸드를 향한 욕망, 과로 등이 중첩적으로 작용하여 일상생활이 불가능할 정도로 신경이 날카로워지고 몸이 쇠약해진 것이다. 급기야 "자신의 골수 속에 결함이 소생"했으리라는, "유전이라는 괴물의 발톱"(196)으로부터 자유로울 수 없으리라는 불안과 두려움에 사로잡히게 된다. 그 두려움은 자신의 경우가 어느 조상과 관계되는지, "돌연히 나타난 알 수 없는 조상"(198)의 정체를 알고자 서재의 장롱을 채우고 있는 연구 서류를 미친 듯 파헤치는 장면에서 절정에 이른다.

> "너냐?…… 너냐?…… 아님 너냐?…… 아 우리 모두의 어머니인 당신, 할머니 당신이 나에게 광기를 물려주었나요?…… 늙고 무뢰한 알코올 중독자 삼촌, 당신의 고질적인 음주벽의 대가를 지금 내가 치르고 있는 건가요?…… 내가 고통받고 있는 손상의 형태들을 하나씩 보여주면서 나에게 진실을 알게 한, 전신마비에 걸린 조카 너냐, 광신적인 조카 너냐, 아님 백치가 되어버린 조카 너냐?…… 아님 내 고종 조카들, 목을 매달고 죽은 너냐, 사람을 죽인 너냐, 몸이 썩으면서 죽은 너냐? 너희들의 비극적인 종말이 정신병원의 감금실 구석에서 처참하게 부패하고 일그러져 끝날 나의 종말을 예고하고 있는 바로 너희들이냐?"(199)

환자들을 고통으로부터 벗어나게 하고 치유의 희망을 주었다고, 좀 더 건강하고 진일보한 인류의 미래에 기여하고 있다고 확신에 찼던 자신조차 전신 마비와 광기와 죽음으로 치달았던 자기 가문의 한 경우일 수 있다는 생각이 파스칼을 걷잡을 수 없는 공포 속으로 몰아넣는다. 자긍심의 반대급부로 온 공포로 인해 미쳐 버릴지도 모른다는 의문이 든 그날부터 "파스칼은 악마에 들리게 된다."(197) 5개월 후 파스칼은 정신적 · 육체적 공황에서 회복되고, 자신의 상태가 일시적인 것이었을 뿐 유전과 관계 없다는 결론을 내리게 된다. 그러나 이전과 동일한 강도로 과학의 능력을 믿을 수도, 자신에 대해 자부할 수도 없게 되었다. 그 누구보다 이성적인 인간이고 누구보다 튼튼한 정신을 가졌다고 믿었던 자신을 "약간의 슬픔과 약간의 피로가 결국 미치도록 만들었다"(210)는 사실이 그를 난처하게 만들고 그의 이성을 무장 해제시킨다. 그는 중얼거린다. "맙소사! 우리는 너무도 보잘것없구나!"(210) "파스칼은 왜 보잘것없는 존재를 자신에 한정시키지 않고 우리라는 복수로 확장시킨 것일까? 이는 다름이 아니라 과학과 실증적 지식에 무한한 신뢰를 보낸 19세기 '이성의 인간' 전체를 지칭하는 것이 아닐까?

마르틴에게 파스칼의 공포는 악마의 소행으로밖에 보이지 않는다. 기적과 미신의 시대에 머물러 있는 마르틴은 파스칼의 "몸에 악마가 들어간 것"(193)이며 교회에 데려가기만 하면 치유될 것이라고 믿는다. 실증과학자인 파스칼에게 악마란 물론 존재하지 않는다. 그의 공포는 과학이 그 "끔찍한 빛"을 들이대면서 그 "가공할 모습을 들추어 낸"(147) 진실에서 비롯되었다.

> 모든 것이 뒤죽박죽이 되었고, **날뛰는 육체**를 뒤흔드는 **혼란스러운 상상**을 하면서 그는 **자신을 더 이상 알아볼 수 없는 지경에 이르렀다**. 매일 밤, 동일한 결론이 내려졌고, 동일한 조종 소리가 그의 머릿속에 울려 퍼졌다. 그것은 유전, 소름끼치는 유전, **미칠지도 모른다는 공포**였다.(198)[14]

14 이하 인용문의 굵은 글자체는 우리가 강조하고자 하는 표시이다.

공포는 통제할 수 없는 현상 앞에서 느끼는 무능력의 인식과 관계된다. "스스로를 알아볼 수 없을 정도로" 파스칼 루공을 공포로 몰고간 것은 가문의 구성원들이 보여주었던 알코올 중독, 신경증, 히스테리, 악덕, 살인의 욕구, 성적 타락이었을까? 이 '비정상적'이고, '치료를 요구하는', '병적인 요소'들이 그에게 통제할 수 없는 것으로, 다시 말해 치유할 수 없는 것으로 보였을까? 병을 치료하는 것이 의사의 목적이지 않던가? 마르틴은 파스칼이 빠진 분별력 상실의 상태를 악마라는 전前과학적 이름으로, 과학과 지식의 인간 파스칼은 유전이란 용어로 설명했다. 종교가 악마를 쫓아내는 고유한 방법을 지녔던 것처럼, 과학 역시 액막이 방법을 알고 있었다. 19세기 과학과 진보를 신앙으로 삼았던 사람들은 그것을 위생학, 건강관리라 불렀고, 그들 중 어떤 형태이든 혼혈을 두려워했던 사람들은 우생학이라 불렀다. 파스칼 역시 이 과학의 액막이 의식을 잘 알고 있었다.[15] 그러므로 그의 공포에는 어떤 "혼란스러운 상상"이 작용했음이 분명하다. 그것은 "인간의 밑그림과도 같은 동물성"(180)에 대한 상상으로서, 제목이 직접적으로 말해 주듯, 총서의 17번째 작품 『인간 야수』에서 야수의 모습으로 형상화되어 있다. 다음은 『인간 야수』의 주인공 자크 랑티에Jacques Lantier에 대한 유명한 구절이다.

> 가문은 조금도 **정상**적이지 않았고, 많은 사람이 **균열**을 머금고 있었다. 때때로 그는 이 **유전**적 **균열**을 실감하곤 했다. 그것은 그의 건강 상태가 나빴기 때문이 아니었다. 그 **혼란**을 알고 수치스러워하는 것만으로도 한때 여위어갔기 때문이다. 차라리 그것은 그의 존재 속에서 일어나는 갑작스러운 **균**

15 "희망은 바로 거기에 있어. 외부에서 오는 새로운 피를 통해 매일매일 혈통을 새롭게 만드는 것. 각 결혼은 좋든 나쁘든 다른 요소들을 가져올 것이고, 어쨌든 그 결과는 수학적이고 점진적인 퇴화를 막아줄 거야. 틈은 수리되고, 흠은 없어지고, 이렇게 몇 세대가 지나면 필연적으로 균형이 잡히게 되지."(178)

형 상실이었는데, 모든 것을 변형시키는 일종의 거대한 연기를 내뿜으며 **그의 자아**가 그로부터 빠져 달아나 버리게 만드는 **틈**이나 **구멍** 같은 어떤 것이었다. 그럴 때면 그는 **더 이상 자기 자신이 아니게** 되었고 자신의 **근육**에, 미친 **야수**에 복종하게 되었다(Zola, 1972: 98).

균열, 혼란, 균형 상실, 틈, 구멍, 야수 — 파스칼이 과학의 자칭 객관적인 용어로 유전이라 지칭한 것이 상상력을 통과하면서 갖게 된 모습들이다. 본질적으로 그것은 그의 '건강 상태와는 무관하게' 찾아온다. 하지만 그의 육체(근육)에 뿌리를 내리고, 거대한 연기를 내뿜으며 그를 그가 아니게 만드는, 균형과 안정을 뒤흔들어 버리는, 그의 의지가 길들일 수 없는, 그 내부에 있는 이 미친 야수는 바로 — 광기일 수도 있고, 성性일 수도 있는 것으로 — 근대 지식이 통제하고자 했던 것들이다. 전근대를 살았던 사람들은 이를 악마라 불렀고 이는 외부에서 '들어온 것'이었다. 창조설에 따르면 인간은 야수와 천사, 동물성과 신성 사이의 중간 지점에 있는 존재이다. 인간은 악마가 구현하는 동물성의 밑바닥에 떨어질 위험에 항상 노출되어 있다 할지라도 이 두 무한 사이에서 적절한 거리를 유지하는 한에서 인간일 수 있었다. "인간의 진실을 인간의 야수성으로부터 갈라놓는 거리가 존재"(푸코, 2003: 787)했던 것이다. 그런데 동물성과 인간성 사이에는 길고 느린 변신의 연속적인 연쇄가 있을 뿐이라고 주장하는 진화론의 지식과 함께 인간은 자신의 인간성 속에 통합되어 있는 동물성을 발견한다. 그것은 여전히 자아가 '나'로 인정하지 않는 것이지만("자아가 그로부터 빠져 달아나 버리게" 하고 "더 이상 자기 자신이 아니게" 하는), 그의 생물적 기관의 가장 깊은 곳에 머무르면서 끊임없이 육체 속에서 회귀하는 '내 안의 타자'가 되어 버렸다. 이 타자와 함께 "인간은 자기 자신의 진실이자 자기 진실의 반대이고, 자기 자신이자 자기 자신과 다른 것이며, [……] 현재의 자기 자신이 아니기 때문에 무죄이며, 현재의 자기 자신이 아닌 것이어서 유죄"(푸코, 2003: 800)인 이상한 존재, 분열된 존재가 되어 버렸다. 파스칼의 불안과 공포는 바로 인간 내부에 있는 다른 존재에 대한 두려움, 즉 자신의 타자성에 대한 두려움에 다름 아니며, 이는 파스칼이라는 한 개인의 차원을 넘어 '내 안의 타자'가 초래한 19세기 후반의 집단적 체험과 연결된다.

기원의 공포와 퇴화의 환상

공포는 인간 경험의 중요한 구성 요소이며 인간의 영원한 동반자이다. 공포는 고립적으로 존재하는 개인뿐만 아니라 공동체나 사회, 문명 전체와 끊임없는 대화를 한다. 공포가 집단적이라는 것은 그것이 역사의 문맥과 직접 연결되어 있음을 의미한다. 시간의 흐름과 함께 인간의 집단적인 공포의 대상—페스트, 기아, 매독, 에이즈, 핵 등등—은 변하지만, 공포 그 자체는 하나의 현상으로 남는다(Delumeau, 1978: 21). 과학이 세계 전체의 공포의 양과 강도를 줄였다고 생각하기 쉽지만, 조금만 생각해 보면 그렇지 않다는 것을 알게 된다. 암세포나 핵무기에 대한 현대인들의 공포가 중세인들이 마을의 길모퉁이에서 마주쳤던 악마(혹은 귀신)가 주었을 두려움보다 덜하지는 않을 것이다.

실증 과학은 상상계로부터 모든 전통적, 직관적, 경험적 지식을 끌어내어 그 지식을 증명된 진리의 형태 아래 합리적으로 제시하고자 한다. 하지만 이렇게 생산된 진리가 역으로 신화, 바슐라르Gaston Bachelard의 표현을 빌리자면 '꿈꾸는' 모든 종류의 답변에 의해 문화의 저변에 깊이 새겨진 길을 따라 표현되는 것도 사실이다.[16] 과학이 밝혀낸 사실들은 그 자체로 두려운 것이 아니다. 다만 그것이 사람들에게 강한 정서적 자극을 주어 환상을 유발할 때 두렵거나 가증스럽거나 즐거운 어떤 것으로 둔갑하여 표현되고 유포된다. 21세기의 상상력은 지구가 태양 둘레를 돌며 움직인다든가, 인간이 침팬지에서 진화되었다든가 하는 지식을 재료로 삼아 작업하진 않는다. 한때 인간을 불안에 떨게 했던 이 과학 지식들은, 그것이 악몽이든 즐거운 꿈이든 꿈꾸게 하기에는 너무 '낡은' 것이 되어 버렸기 때문일 것이다.

19세기 후반기, 라마르크Jean Baptiste de Lamarck의 변종설transformisme을 이은 다윈Charles Darwin의 『종種의 기원』(1860)은 종種은 고정되어 있는 것이 아니라 어떤 종은 다른 종으로 변할 수 있다는 것을 밝혔다. 비록 추락한 피조물이긴 했지만 신에 의해 창조된, 그러므로 초자연과 어떤 특별한 관계를 가진 존재로서의 인간이라는 낭만적 이상을 접고 침팬지보다 좀 더 나은, 우연한 세포 형질 변화의 마지막 사슬고리로서의 인간이라는 일종의 유물론을 받아들이면서 인간은 자존심에 상

16 파스칼이 자기 가문을 계통수에 따라 정리하도록 원리를 제공한 것, 달리 말하자면 졸라의 〈루공 마카르〉 총서에 원리를 제공한 것은 뤼카스 박사의 『자연적 유전의 철학적 · 생리학적 개론』(1850)이었다. 또 〈루공 마카르〉 제작에 당대의 과학 이론의 차용, 감염, 전염이 있었다는 것은 주지의 사실이다. 다른 한편, 〈루공 마카르〉가 자연주의 미학이 요구하는 객관성과 중립성, 비개인성의 동토凍土를 넘어 비극과 신화와 상징의 뜨거운 대륙으로 들어갔다는 것 또한 주지의 사실이다.
들뢰즈Gilles Deleuze의 표현과 분석에 따르면, 과학 지식이 상상적인 것의 항로 속으로 미끄러져 들어간 졸라의 세계에는 서로 간섭하면서 공존하는 두 상이한 원환, 소역사적-체세포적somatique 유전이라 할 수 있는 '작은 유전'과 대역사적-생식세포적germinale 유전이라 할 수 있는 '큰 유전'이 존재한다. 전자는 부모나 조상의 삶과 조건들과 유형들이 몇 세대를 건너뛰어서까지 내려가고 천성적으로 작용한다는 의미에서 본능instinct의 유전이다. 반면 후자는 어떠한 내적 유기적 결정성이나 외적인 사건과도 상관없이 삶의 종류를 초월하여, 연속적으로 지각 불가능하게 소리 없이 옮겨가는 균열fêlure의 유전이다. 예를 들면 알코올 중독, 성적 타락, 성병 등의 작은 유전은 그 작용이 어떤 것이든 일정하게 결정된 것을 이전시키며, 이전시키는 것을 '재생산'한다. 그러나 균열이 옮기는 것은 균열 그 자체로, 균열의 공허와 균열의 무, 졸라에 의해 죽음의 본능과 동일시된 바로 그것이다. 그리고 순전히 물질적인 결정주의로 환원할 수 없는 어떤 서사적이고 신비적인 차원을 졸라의 세계에 부여하는 것은 바로 작은 유전과는 전혀 다른 성질의 큰 유전의 원환에 의해서이다(Deleuze, "Zola et la fêlure," *Logique du sens*, Minuit, 1969를 참고하라).
들뢰즈가 작은 유전의 원환이라 부른 것이 분명 당대의 과학적 · 의학적 이론에 빚지고 있다면, 졸라가 그에 가한 변형은 환상, 시적 잠재력 혹은 상상력의 결과이다. 과학적 지식이 상상적인 것의 항로 속으로 미끄러져 들어가면서 공포를 발생시킨다.

처를 입었을지도 모른다.[17] 여하튼 인간을 동물의 차원으로 끌어내린 이 무례한 이론에 노발대발하든 아니면 인간 정신이 객관적이고 보편적이고 공평무사하게 쟁취한 경이적인 승리로 여기며 환호하든,[18] 인간 존재에 대한 개념은 크게 흔들렸다. 극단적인 열광과 또 극단적인 거부가 그 흔들림이 감당할 수 있는 한계를 넘어서는 하나의 충격이었음을 말해준다. 자연주의와 데카당스décadence가 동일하게 보여준 병적인 것에 대한 집착, 음산함과 야릇함에 대한 취향, 각 개인 속에 내재한 동물성에 대한 환상은 '기원의 공포'가 가져온 불안정한 상태의 여러 증상인 것이다.

19세기 후반기의 정신들을 떠나지 않았던, 프랑스라는 한 사회가 쇠약해졌다는 느낌과 더 나아가 인류라는 종이 그 힘이 다했다는 막연한 불안감 역시 이 충격의 연장선상에 놓여 있다. 노쇠, 쇠약, 쇠락, 악화, 퇴조, 쇠퇴, 퇴화 등의 다양한 용어로 표현된 이 감정은 세기말 데카당 문학의 전용 메뉴였을 뿐 아니라 자연주의도 그 증거를 즐겨 보여주었다. 그런데 흥미로운 것은 당시 프랑스 사회의 객관적 상황은 문학이 표상하는 몰락이나 쇠락과는 거리가 멀었다는 점이다. 식민지 건설과 자본주의화가 가속화되면서 그 어느 때보다 물질적인 풍요를 구가하고, 공화국의 안착과 더불어 의회 민주주의가 비로소 가능해지고, 사회적 상승과 지적 계발의 기회와 가능성이 더 많은 사람에게 열려진 당시의 상황을 고려해 볼 때 이러한 고갈과 쇠락의 느낌은 쉽게 설명되지 않는 현상이

17 프로이트Sigmund Freud는 과학이 인간의 오만을 강타한 세 가지 사건으로 지동설, 진화론, 무의식의 발견을 들었다. 지동설은 지구가 세계의 중심이 아니라는 것을, 진화론은 인간이란 존재가 좀 더 진화된 동물에 지나지 않는다는 점을, 정신분석학은 인간의 명석한 사유가 무의식의 지배를 받는다는 사실을 밝혀냄으로써 인간의 자존심에 상처를 내었다.

18 19세기 후반 다윈주의는 심한 왜곡을 겪으며 수용되었다. 엄격한 과학 이론의 형태가 아니라 상상력 속으로 파고들었던 것이다. 이론을 열광적으로 받아들인 사람들에 의한 왜곡이 더 심각했다. 자연선택 이론이 인종 불평등으로, 자연도태 이론이 야만적인 경제 자유주의를 지지하는 식으로 이해된 것이 그 대표적인 예이다.

다. 외견상 쾌활하고 건강한 사회 속에서 왜 이렇게 음울한 정신의 경향들이 생겨나게 되었는지 살펴보는 것은 또 다른 연구를 요하는 작업일 것이다. 여하튼 우리가 보기에 세기말 정신의 암울함은 인간에 대한 관념에 변화를 가져온 당대의 과학과 관련이 있다.

최초로 퇴화 이론을 제시한 사람은 베르나르의 친구이자 다윈 이론의 열광자였던 정신의학자 모렐Bénédict Morel이었다. 그의 『퇴화론』[19]이 출판된 것은 1857년이고 후속 서적들이 출판되는 것은 1860년대이지만, 퇴화 이론이 대중적인 반향을 불러일으킨 것은 1880년경부터이다. 당시의 정신의학에 모렐이 한 가장 주목할 만한 기여는 증상의 유형에 따라 정신병을 연구하던 기존의 방법을 병인론病因論으로 대체하기를 제안했다는 것이고, 이론의 여지가 많은 기여는 정신병을 유전으로 설명하고자 했다는 점이다. 모렐은 퇴화를 육체에 대한 정신의 우위라는 정상적인 위계 질서를 전복하는, 인간을 동물의 수준으로 끌어내리는 일종의 일탈로 제시함과 동시에 퇴화는 유전적인 방식으로 옮겨진다고 주장했다.[20] 그뿐 아니라 반동 철학가 보날드Louis de Bonald의 영향을 받은 그는 악행과 반항으로 야기된 인간이라는 종의 퇴화를 주장했다. 한 가족에서 한 사회로, 다시 인류 전체로 확장된 퇴화 이론은 문학은 말할 것도 없고 범죄학, 법률학, 법의학 등 사회 통제의 심급들에 지대한 영향을 미쳤다. 정신병의 원인을 "원시의 아담"[21] 속에서 찾은, 진화론과 유전 이론이 변형되어 결합한 것 같은 모렐의 유전성 퇴화 개념으로 배경을 장식하고, 부패의 원인이 공기 중의 미생물임을 밝혀낸 파스퇴르Louis Pasteur의

19 『퇴화론』이라 간략히 알려진 이 책의 다소 긴 원 제목은 『인간 종의 육체적 · 정신적 퇴화와 그 병적 변종 유발 원인에 대한 개론*Traité des dégénérescences physiques, intellectuelles et morales de l'espèce humaine et des causes qui produisent ces variétés maladives*』이다.

20 퇴화 이론의 사회적 귀결점은 인종 차별과 우생학, 히틀러의 등장이었다.

21 S. Legrand, "Portraits du dégénéré en fou, en primitif, en enfant et finalement en artiste," *Savoirs et Textes*, n° 3, Université de Lille 3, 2003, p. 3에서 재인용.

이론을 배경 음악으로 깐 무대 위에서 세기말 사람들은 인류의 미래를 퇴화에 연결시키며 악몽에 시달렸다. 『거꾸로』의 데 제생트des Esseintes의 눈앞에 펼쳐진 다음의 환영은 그 대표적인 예일 것이다.

> 갑자기 그에게 태고의 바이러스에 의해 시달리는 인류의 모습이 떠올랐다. 인간의 조상들을 유린했던, 지금 발굴한 오래된 화석의 뼈에까지 구멍을 뚫어놓은 영원한 병, 이 질기고도 질긴 유산은 태고부터 아버지에서 아들로, 모든 인간에게 전달되었다.
>
> 그 병은 여러 세기를 거치며 결코 약해지지 않은 채 질주해 왔다. 지금도 그 병은 [……] 두통이나 기관지염, 히스테리, 관절염 아래 몸을 숨기고 창궐하고 있는 것이다(Huysmans, 1977 : 193).

1847년 미슐레Jules Michelet는 『프랑스 대혁명사』의 서문에서 대혁명이 "귀족 계급에 의해 영원히 대물림되던 부富의 부당한 세습, 원죄에 의해 대물림되던 악의 부당한 세습"[22]을 근절시켰다고 했다. 19세기 말 소설의 인물들은 태생적 부당함에서 벗어나기는커녕 세대에서 세대로 전이되는 유기적 결함이라는 더 끔찍한 부당함에 시달리며 공포와 불안에 사로잡혔다. 그러나 실증의 인간 파스칼과 데카당의 화신 데 제생트가 그 두려움에 대처하는 방식은 달랐다. 후자가 그 공포가 견딜 수 없어 그 속으로 뛰어들면서 퇴폐의 미학과 존재론을 만들었다면, 전자는 새로운 희망을 찾아 선회한다.

22 C. Becker, *Lire le réalisme et le naturalisme*, Dunod, 1992, p. 45에서 재인용.

4. 공포에서 구원으로

파스칼 박사는 과학의 "기적", 실험과 논증으로 얻어낸 실증적 지식을 전유함으로써 가능해질 기적에 대한 희망을 가지고 있었다. "유전의 비밀을 밝혀냄으로써 세상을 원하는 대로 바꿀 수 있을 것"이고, "모두가 건강하고 튼튼하고 지적이게 될 때 한없이 현명하고 행복한 최상의 사람들만이 있게 될 것"(91)이라고 믿었다. 그런데 파스칼을 유전의 공포로부터 벗어나게 해 준 것은 그가 인류의 미래를 걸었던 "20세기의 연금술"(260)인 과학의 지식도 명석한 이성도 아니었다. 오히려 그것은 그를 활짝 맞아준 클로틸드의 품 속이었다. 스스로 우주적 차원을 부여한 이 결합과 더불어 파스칼은 평정을 되찾고, 이후 "모든 것을 알고 모든 것을 고치기 위해 모든 것을 말하고자"(147) 했던 자신의 신념에 대해 회의하게 된다.

> "세상의 그 누구에게도 말하지 않은 것, 나 자신에게도 큰 소리로 말하지 않은 것을 너에게 말할게…… 자연을 교정하고 자연에 간섭하며 바꾸고 자연의 목적을 거역하는 것이 칭찬받을 만한 일일까? 개인적인 기쁨을 위해 병을 고치고, 죽음을 늦추고, 종種에게는 해가 될 것이 분명함에도 그 존재를 연장시키는 것은 자연이 하고자 하는 일을 방해하는 것이 아닐까? 건강과 힘에 대한 우리의 잣대에 따라 더욱 건강하고 강한 인류를 꿈꿀 권리가 우리에게 있는 것일까? 그러면서 우리는 무엇을 하려는 것일까? 그 수단과 목적을 알지 못하는 삶의 이 작업에 끼어들면서 우리가 뭘 하려는 것일까? 어쩌면 모든 것은 좋은 것일 거야."(260)

아마도 존재하는 모든 것이 의미가 있는 것이 아닐까? 아델라이드의 광기도, 앙투완 마카르의 알코올 중독도, 막심 루공의 마비 증세도, 신경증이 낳은 세르주 무레의 신비주의도, 백치가 되어 버린 데지레 무레도, 클로드 랑티에의 자살도, 자크 랑티에의 살인도, 나나의 육체적 · 도덕적 퇴폐도…… 그것이 절대적인 악이라고 누가 말하겠는가? 아무리 악한 인간도 누군가에게는 행복을 주는 인간이지 않았던가? 신이 악한 자에게 벼락을 내리지 않는 이유는 신이 개체가 아니라 자기 작품의 전체적인 진행을 보기 때문이듯, 거시적으로 보자면 모든 존재는 의미 있는 것이 아닐까? 살아 있다는 사실, 살고자 하는 끈질김에 의해 모든 것은 "용서"받을 수 있고 "속죄"받을 수 있는 것이 아닐까? 너무나 많은 악이 존재함에도 불구하고 많은 선이 있다. 이렇게 추론하면서 파스칼은 모든 것을 치료하고 재생시키고자 했던 바람이 인간 이기심의 발로였고 삶에 대한 반항이었다는 결론에 이르게 된다. 물론 소설의 초기부터 파스칼 박사는 삶에 대한 믿음을 표현한다. 하지만 그것은 인간의 지적 개입과 더불어 "점점 더 발전하고, 점점 더 우월해진 삶"(98)이거나, "끊임없이 해로운 육체를 제거하고, 상처를 봉합하기 위해 살을 재생시키는, 계속적인 쇄신에 의해 여하튼 건강을 향해 나아가는 삶"(155)에 대한 신뢰였다. 그 자체가 "한 사회, 한 문명 전체"(161)인 자기 가문의 상처와 치부를 남김없이 드러내야 하는 것은 그것을 치료하고 '정상'으로 돌려놓기 위해서였다.[23] 그러나 '선회' 이후 파스칼에게 최상의 지혜는 삶의 흐름을 그대로 따르는 것으로,[24] 이때 삶이란 생명력만으로 자기 정당화가 이루어지는 삶이다.

그렇다면 이제 파스칼은 과학 지식을 부정하고 과학 지식이 보증하는

23 "물론 부패한 많은 요소가 있지. 나는 그것을 감추지 않았어. 어쩌면 그것을 너무 나열했는지도 모르지. 하지만 상처와 균열을 지적했다고 해서 내가 궁극적인 붕괴를 믿었다고 생각한다면, 나를 조금도 이해하지 못한 거야."(155)

24 "사실상 나는 유일한 지혜란 개입하지 않는 것, 자연이 작동하도록 내버려 두는 것이라고 믿어."(377)

진보에 대한 신념을 버렸는가? 이제 치유의 노력을 포기했으므로, 루공 마카르가家의 상처들, 인류의 결함을 알아야 할 필요성이 없지 않느냐는 클로틸드의 질문에 파스칼은 여전히 행복을 가능하게 하는 조건으로 지식의 중요성을 강조한다.[25] 하지만 "완전무결한, 전지전능한, 불멸의 삶!"(262)을 외치는 파스칼의 삶에 대한 신앙 고백은 해부와 분석과 실험의 정신을 뒤로 물러나게 한다. 과학은 부정되지 않았지만 일단 전면에서는 물러난다.

> "진화를 소중하게 생각하고 난 이후, 난 더욱 평온해졌고 내 두뇌가 확장되고 고양되었음을 느껴. 삶에 대한 나의 열정이 너무도 확실해서, 삶의 목적에 대해 시비를 걸지 않게 되었고, 선과 악에 대한 나의 개념에 따라 삶을 개조하려 하지 않고 삶에 전적으로 나를 맡기고 몰입할 수 있게 되었어. 자연이 무엇을 하고 어디로 가는지 아는 것은 자연뿐이야. 난 자연이 요구하는 대로 살기 위해 자연을 알려고 노력할 뿐이야……."(261)

과학의 무소불위의 힘에 대한 믿음에서 회의로 전환하는 파스칼의 추론에서 우리는 스피노자Baruch de Spinoza의 자연관[26] 혹은 그와 동일한

25 "아니, 아니야! 알아야, 어쨌든 알아야 하고 어떤 것도 숨겨선 안 돼. 사물과 존재의 모든 것을 고백해야 해. 무지 속에서는 행복할 수 없어. 확신만이 삶을 평안하게 하지. 우리가 더 많이 알게 되면, 분명 모든 것을 받아들이게 될 거야."(261)

26 스피노자에 의하면 모든 자연 현상은 합리적이고 이해 가능한 것이다. 그러나 현재 일어나고 있는 것은 모두 이성적인raisonnable 것, 즉 그 자체도 상대적이고 정의하기 어려운 인간의 지혜의 원칙이나 가치들에 부합하는 것이 아니다. 스피노자가 특별히 강조하는 것은 자연 현상의 '합리성'과 인간의 지혜나 인간 이성의 가치에 대한 자연의 '무관심'이다. (자연 현상의 합리성을 말할 수 있는 이유는 이성의 특성은 사물을 우연적인 것으로 생각하지 않고, 필연적인 것, 결정론에 의해 설명할 수 있는 것이라고 생각하기 때문이다.) 자연 전체에 관한 합리적인 것의 차원은 이성적인 것이라는 인간적 차원을 모든 면에서 압도한다. "인간 이성의 법칙의 유일한 목적은 인간의 참된 이익과 보전이지만, 인간 이성의 법칙들을 초월해 있는 자연은 인간 이성의 법칙 이외에도 자연 전체의 영원한 질서와 관계 있는 무수한 다른 법칙을 포함하고 있다. 인간은 자연 전체 안에 있는 한 개의 작은 부분에 지나지 않는다. 그런데 자연 전체의 영원한 질서의 필연성만이 모든 자연적인 실재의 존재와 행동의 특수

인식론적 기반 위에 있는 디드로Denis Diderot의 'Grand Tout' 개념을 엿볼 수 있다. 그런데 흥미로운 것은 철학자들에게 인간에 무관심한 자연의 합리성이란 문제가 그들 사유를 진수시키고 추진하는 동력이었다면 파스칼에겐 체념이라는 수동적인 감정을 불러일으킨다는 점이다. 스피노자, 디드로, 졸라 이들 합리주의자들에게 자연 현상은 합리적이고 이해 가능한 것으로, 인간 이성 혹은 지식의 역할은 미지의 영역을 줄여나가는 것이다. 하지만 동일한 인식론을 견지한 한 개인에게서도 청년기와 장년기의 삶의 느낌이 동일하지 않듯이, 서로 다른 세기를 살았던 이들에게 '미지의 영역'이 불러일으킨 감정은 다르지 않았을까? 삶의 모든 가능성이 열려 있는 청년에게 미지의 것은 자기 역량의 가능태이지만 장년에게 그것은 자기 역량의 한계를 말해 주는 것이기 때문이다. 근대 이성의 역사에서 청년기에 해당하는 계몽철학자들에게 자연의 합리성이 세계를 탈신비화하면서 과학적 세계 인식을 가능하게 하는, 인간 이성의 무한한 가능성을 약속해 주는 것이었다면, 이미 전반적인 세속화가 어느 정도 진행되고 과학의 성과가 놀랄 정도로 진행된 19세기 후반기의 합리적 이성은 아직 그 비밀을 풀지 못한 자연 앞에서 일말의 무력감을 느꼈을 수도 있을 것이다. 19세기 과학은 더 많은 미지의 영역을 설명해 내었지만, 사람들은 "엄청난 양의 지식에 피곤해하고 신경이 날카로워져" 스스로의 능력에 대해 전 세기처럼 낙관적일 수 없었다. 19세기 후반기의 학자 파스칼은 미지의 자연 앞에서 정복의 행진가를 부르기보다는 순종의 맹세를 한다. 어디로든 원하는 곳으로 가는 자연 혹은 삶에 "자신을 맡겨야" 한다. 삶이 의외의 곳으로 흘러가는 것처럼 보일 때도

성을 결정한다. 우리는 세계 전체가 우리의 이성의 습관을 따라 주기를 바라지만, 좀 더 멀리 보아야 한다. 이성이 악이라고 선포하는 것도 자연 전체의 질서나 법칙과 관련시켜 보면 악이 아니고, 우리들의 본성과 연관시켜 볼 때에만 악이다"(스피노자, 『신학정치론』, 앙드레 베르제즈, 드니 위스망, 앞의 책, 389쪽에서 재인용).

우리가 그 전체를 알 수 없는 그 무한한 움직임을 계속하도록 내버려 두어야 한다. 우리가 그 움직임을 알려고 노력한다면 그것은 그 흐름을 침착하게 받아들이기 위해서일 뿐이다.

경제적인 문제로 클로틸드를 파리로 떠나보내고 난 후 파스칼은 자신이 협심증으로 조만간 죽게 되리라는 것을 예감한다. 그 순간 그는 두려워하기보다는 유전의 값을 치르고 있다는 것을, 삶의 보편적 법칙인 누구도 피할 수 없는 퇴화의 한 증상으로 죽음을 담담하게 받아들인다.

> 이제 그는 더 이상 두려움에 떨지 않았다. 이 명백하고도 숙명적인, 아마도 불가피한 유전에 더 이상 분개하지 않게 된 것이다. 반대로 겸손해졌고 자연의 법칙을 거스르는 것은 모두 나쁘다는 확신을 하게 되었다. 이전에 그는 자기 가문에 속하지 않는다는, 가문의 누구와도 닮지 않았다는 생각에 왜 그토록 기뻐하며 의기양양해했던가? [……] 아아! 자신의 가문에 속한다는 것! 그것은 다른 가문에 속하는 것만큼이나 좋고 바람직한 것으로 여겨졌다. 왜냐하면 모든 가문은 서로 닮아 있고, 인류는 동일한 선과 악의 총합을 보여주며 어디서나 똑같지 않았던가?(359)

그것이 어떠한 가족이든, 한 가족의 일원이라는 것은 자신이 살아 있는 존재이며 거대한 유기체의 구성원이며 죽음이 예정된 존재임을 의미한다. 이를 받아들이면서 파스칼은 평화롭게 자신에게 닥쳐올 죽음, 퇴화의 거대한 힘을 받아들인다. 삶이 지치지 않고 창조적 도약을 계속할 수 있는 것은 바로 폐허 위, 아니 부패한 퇴비 위에서이다. 노인은 죽고 아이는 태어난다. 유전의 공포로부터 자유롭지 못했을 때, 파스칼은 자식을 갖는다는 사실을 비관적으로 생각했다. 최초의 인간으로까지 거슬러 올라가는 결함이 세세손손 계속되리라는 생각은 자신의 독신 상태를 냉소적으로 위로하는 구실이 되기도 했다. 독신은 나쁜 유전의 고리를 끊어버리는 행위가 아니던가! 반면 자연의 법칙에 동화함으로써 그 질서에 순응하는 것을 최상의 지혜로 생각하게 된 후 그에게 출산과 아이는 "유일하게 가치 있는 진정한 작품"(364)으로 변하게 된다. 파리에서 날아온 클로틸드의 임신 소식은 그를 더없이 기쁘게 하고, 이 새로운 생명 앞에서 유전에 대한 그의 연구도 두려움도 사라진다. "아이는 태어날 것이고, 그 아이가 어떤 존재일지는 중요하지 않다! 그 아이가 연속이고 지속될 삶이기만 하다면!"(364) 아이와 함께 아이로 인해 삶은 계속될 것이다. 삶의 이 무한한 움직임은 개체로서의 한 존재를 넘어선다.

> 아이들이 아버지의 작업을 계속해 나갈 것이다. 아이들은 바로 이를 위해 태어나고, 단지 그로 인해, 그들이 물려받고 또 뒤이어 물려주게 될 삶의 과업으로 인해 아이들은 사랑받을 뿐이다. 그러므로 자신만의 행복을 요구하는 자아의 반항을 접고 공동의 거대한 노역을 꿋꿋하게 감수하는 수밖에 없다(416-417).

이렇게 인간은 종種으로서의 인류에 대해 생물학적 책임을 지는 위치로 올라간다. 동시에 개인으로서의 인간은 지워진다. 개인이 근본적으로 자신을 넘어서는 삶의 운동과 겨루고자 한다면, 그 희망이 잘못된 것이다. '생각하는 나'로 시작된 근대 이성이 보편의 부글거리는 마그마가 무차별적이고 압도적으로 개별 존재들을 삼켜버리는 이 보편 속으로 특수의 분해, 종을 위한 개체의 사라짐에서 위안을 받고 있는 것이다.

『파스칼 박사』의 마지막 14장은 "계속될 구원받은 세계"(428)를 상징하는 수유하는 산모의 모습으로 채워져 있다. 소설의 마지막 말은 다음과 같다.

> 서재의 쓸쓸한 평화, 포근한 침묵 속에서 클로틸드는 아이에게 미소지었다. 아이는 마치 삶을 부르는 깃발인 양 작은 팔을 하늘로 곧게 세우고 여전히 젖을 빨고 있었다.(429)

서재는 조용하다. 아이가 태어났을 때 파스칼 루공은 이미 무덤 속에 들어갔기 때문이다. 파스칼이 죽던 날 펠리시테는 그의 서류를 모두 불태워 버렸고, 그 방화에서 기적적으로 계통수만이 무사할 수 있었다. 연구 서류로 가득 채워졌던 서재의 장롱에는 이제 아기의 흰 배내옷이 들어 있다. 파스칼의 연구, '제2 제정하의 한 가문의 자연적 · 사회적 역사'가 가져왔던 긴장과 공포는 종교적인 경건함을 느끼게 하는 서재의 고요한 평화 속에서 평정된다. 우연이기라도 하듯 작은 팔로 하늘을 가리키며 모유를 먹고 있는 아이가 인류에게 재생의 약속을 가지고 온, 성모 마리아의 팔에 안긴 어린 예수를 환기시키며 〈루공 마카르〉 총서는 막을 내린다.

이렇게 "과학에 대한 이야기"는 진리를 향해 전진하는 과학의 응원가가 아니라 은은한 복음 성가와 함께 끝난다. 열렬한 반교권주의자이자 확신에 찬 공화주의자, "죄악과 거짓으로 점철했던 18세기 동안의 세월"[27]을 누구보다 질타했던 작가의 모습과 "총서의 모든 철학적 의미를 요약"하는 소설의 마지막 장면이 가진 종교적 함의 사이에 놓인 거리에 우리는 당혹스럽다. 하지만 종교적 비유가 비단 소설의 끝부분에 국한되지 않고 작품 전체에 포진해 있었음을 확인할 때, 우리는 소설의 마지막 장이 적어도 이 소설의 자연스러운 귀결이었음을 알게 된다. 소설 내내 삶은 신성한 어떤 것으로 간주되고 삶에 대한 믿음은 희망과 절망 사이

27 졸라 자신이 사용한 표현으로 S. Guermès, *La religion de Zola : naturalisme et déchristianisation*, p. 316에서 재인용.

를 오가며 결국에는 고통으로부터 자양분을 제공받는다.[28] 무엇보다 과학은 "신성한 이상"으로 간주된다. 과학은 언젠가 불구자를 걷게 만들고 결핵 환자를 소생시키고 광인을 정상인으로 되돌리는 "기적"을 행하게 될 것이며, 어쩌면 전적으로 새롭고 우수한 인류를 "재창조"하는 "경이"가 가능할 수도 있다. 추론과 실험을 통해 전유한 진리가 기적을 일으키리라. 누가 알겠는가, 어느 날 과학이 "죽은 사람을 소생시킬지?"(94) 파스칼의 꿈은 과학 지식으로 "보편적 행복, 지극히 복되고 지극히 선한 미래의 도시를 앞당기는"(91) 것이며, 그는 자신의 믿음을 "사도신경Crédo"이라 표현하는 등, 파스칼이 생각하는 지식의 이상은 신앙의 형태를 띠고 있다. 그뿐 아니라 환자들은 파스칼을 메시아로 간주한다. 한마디로 파스칼은 과학으로 세상을 '구원'하고자 했다.

왜 졸라의 세계가 최종적으로 이야기하는 것이 구원일 수밖에 없었을까? 왜 졸라는 인간의 문제를 성서적인 구조로 해결할 수밖에 없었을까? 우리는 앞에서 파스칼로 대변되는 19세기 이성의 인간들을 공포에 떨게 한 것이 바로 이성이 통제할 수 없는 비이성의 영역들이라는 점을 밝힌 바 있다. 그런데 졸라가 그리는 인간 세계에서 이성은 비이성에 대해 크게 할 수 있는 일이 없어 보인다. 태고의 동굴 속에 웅크리고 있는 맹수의 피를 내려받은 인간들은 자신 속의 야수에 대항해 무언가 할 수 있을 것 같지 않다. 보리Jean Borie의 지적처럼 "졸라의 신화 인류학은 끊임없이 인류를 방문하는 최초의 살해, 최초의 폭력에 기반하고 있다"(Borie, 1971 : 59). 나의 의지와 관계없이 이루어진 최초의 육체적 결합으로부터 생겨난 죄에 성서의 내가 발목 잡혀 있듯이, 보리의 표현을 빌

28 "삶만이 신성을 드러낸다. 신, 그건 바로 삶이다."(91) "삶이란 지속적으로 일어나는 기적이다."(98) "살아야 한다. 전체를, 삶 전체를 오롯이 살아야 한다. 그리고 고통스럽다 할지라도 살기를 포기하는, 그 자체 인간적인 것을 포기하는 죽음, 금욕보다는 고통을 살아야 한다."(110)

리자면, 졸라의 인물들은 원시의 동굴에서 이루어진 폭력에 발목 잡혀 있다. 졸라에게 유전이란 과학적 지식은 원죄 신화와 동일한 구조를 가지고 있다. 생물학 시대의 원죄, 유전의 신화는 졸라의 작품 곳곳에 불안을 퍼뜨리며 잠복해 있는 것이다. 그런데 원죄로부터 벗어나는 방법은 구원 외에 다른 길이 없지 않던가.

5. 나오는 말

19세기 후반기 이성의 적자嫡子 과학이 밝혀낸 사실들은 합리적 이성의 능력에 대해 회의하게 만들었다. 철학사의 관점에서 보면 데카르트 이후 300년간 지속되었던 이성의 왕국을 무너뜨릴 최초의 목소리들이 들려오기 시작하는 때이다. 이성의 무소불위의 힘에 타격을 가한 것은 바로 인간 내부에 도사리고 있는 동물성, 근대 이성이 자신 속에서 발견한 비이성이었고, 그것을 드러낸 것이 바로 과학 지식으로서, 스스로의 힘에 의해 자신의 신화를 부정하는 근대 이성의 역사가 자못 흥미롭다.

19세기 후반기 명백히 인간 주체의 현실로 드러난 비이성 앞에서 사람들은 여러 가지 양태를 보여준다. 그 중 졸라와 대비되며 우리의 관심을 끄는 사람은 프로이트이다. 왜냐하면 이 두 거장이 제시하는 세계는 너무도 가까운 동시에 너무도 멀기 때문이다. 가깝다 함은 이들이 모두 과학의 이름으로 비정상, 육체, 성 등의 비이성의 영역을 조명했기 때문이고, 멀다 함은 전혀 다른 시각으로 그것을 해석하고 위치지었기 때문이다. 우리가 살펴본 대로 내부의 균열을 인식한 혹은 그에 사로잡힌 졸라적 인간은 갈등을 해결하기 위해 그 갈등 너머에 있는 거대한 원칙에 몸을 맡긴다. 반면 그 역시 갈등하고 있는 프로이트적 인간은 그 균열을 직시한다. 프로이트 박사가 자신의 꿈을 분석하는 지점에서 파스칼 박사는 무한한 삶에 투신하며 자신을 망각하는 것이다. 이러한 차이는 전자와 후자에게 균열의 위상학이 동일하지 않기 때문일 것이다. 졸라적 인간의 역사는 근본적으로 자연적 역사로, 졸라에게 균열의 원인은 유기체적인 것이다. 졸라의 세계에서 자연은 연속적으로 생산하고, 개체는 그 자체로 온전한 하나의 현실이 아니라 특수한 유형의 한 변이에 지나지 않는다. 개체의 투쟁은 종의 승리 속에서만 그 의미를 갖게 된다. 반면 프로이트적 인간은 그 어느 것과도 닮지 않은 개체의 독창적인 삶, 자신의 삶을 만든다.

결론적으로, 『파스칼 박사』에 나타난 과학은 종교적 용어를 차용하고 종교의 프로그램을 자기 것으로 하면서 종교의 외양을 하고 있다. 지식과 출산과 노동으로 진리를 전유해 나가며 구원받는 인류라는 테마는 그의 마지막 작품들, 『다산多産』(1899), 『노동』(1901), 『진리』(1903)로 이루어진 〈4복음서〉의 연작[29]에서 유감없이 전개된다. 19세기 서구 과학의 총결산인 실증주의의 선구자 콩트가 실증주의로부터 인류교를 그 결론으로 도출해 내듯이 말이다. 근대 지식을 구현하고자 하면서 초월적 신앙의 사고 구조, 다시 말해 기독교적 이데올로기를 사용했던 당대의 사상가들처럼 졸라도 종교의 패러다임 너머를 볼 수 없었다. 과학의 소명이 '구원'이 아니라 '안락'이기 위해서는 더 많은 시간이 흘러야 했던 것일까? 사실 과학이 구원과 영원을 더 이상 자신의 도덕으로 간주하지 않게 된 것은 최근의 일이다. 오늘날 과학의 관심은 인간을 재생시키거나 구원하는 것이 아니라 최상의 조건 속에서 최대의 시간을 살게 만드는 것, "가능한 것의 충만함으로 이해된 생명"(푸코, 2004: 162)일 것이다.

29 졸라가 구상한 〈4복음서〉의 마지막 작품은 『정의』였다. 그의 죽음으로 이 작품은 계획으로만 남게 되었다.

참고 문헌

깡길렘, 조르쥬, 『정상적인 것과 병리적인 것』, 여인석 옮김, 인간사랑, 1996.

델포, 제라르 · 로슈, 안느, 『비평의 역사와 역사적 비평』, 심미화 옮김, 문학과지성사, 1993.

자콥, 프랑수아, 『생명의 논리, 유전의 역사』, 이정우 옮김, 민음사, 1995,

정명환, 『졸라와 자연주의』, 민음사, 1982.

푸코, 미셸, 『광기의 역사』, 이규현 옮김, 나남출판, 2003.

______, 『성의 역사 1』, 이규현 옮김, 나남출판, 2004.

Zola, Emile, *Le roman expérimental*, GF-Flammarion, 1971.

______, *La Bête humaine*, édition établie par Robert A. Jouanny, GF-Flammarion, 1972.

______, *Le Docteur Pascal*, édition présentée, établie et annotée par Henri Mittérand, Gallimard, 〈folio〉, 1993.

Bertrand-Jennings, Chantal, *L'Eros et la femme dans l'oeuvre de Zola*, Klincksieck, 1977.

Becker, Colette, *Lire le réalisme et le naturalisme*, Dunod, 1992.

Borie, Jean, *Zola et les mythes. De la nausée au salut*, Seuil, 1971.

______, *Mythologies de l'hérédité au XIXe siècle*, Galilée, 1981.

Cassirer, Ernest, *La philosophie des Lumières*, traduit par Pierre Quillet, Fayard, 1966.

Deleuze, Gilles, 〈Zola et la fêlure〉, *Logique du sens*, Minuit, 1969.

Delumeau, Jean, *La Peur en Occident*, Fayard, 1978.

Gaillard, Françoise, 〈Histoire de peur〉, *Littérature*, n° 64, décembre 1986.

Guermès, Sophie, *La religion de Zola: naturalisme et déchristianisation*, Honoré Champion, 2003.

Huysmans, Joris-Karl, *A Rebours*, présenté et annoté par Marc Fumaroli, Gallimard, 〈Folio〉, 1977.

Le Guennec, Jean, *Raison et déraison dans le récit fantastique au XIXe siècle*, L'Harmattan, 2003.

Legrand, Stéphane, 〈Portraits du dégénéré en fou, en primitif, en enfant et finalement en artiste〉, *Savoirs et Textes*, n° 3, Université de Lille 3, 2003.

Mitterand, Henri, *Le discours du roman*, PUF, 1980.

______, *Zola et le Naturalisme*, PUF, 1994.

Pagès, Alain, *Le Naturalisme*, PUF, coll. 〈Que sais-je?〉, 2e éd. revue, 1983.

______, *Emile Zola, Bilan critique*, Nathan, 1993.

Ripoll, Roger, *Réalité et mythe chez Zola*, Honoré Champion, 1981.

Serres, Michel, *Feux et signaux de brume, Zola*, Grasset, 1975.

Thorel-Cailletau, Sophie, *La pertinence réaliste: Zola*, Honoré Champion, 2001.

Toubin-Malinas, Catherine, 〈*Fécondité* d'Emile Zola〉, *Heures et malheurs de la femme aux 19e siècle*, Méridiens Klincksieck, 1986.

Van Buuren, Maarten, *〈Les Rougon-Macouart〉 d'Emile Zola, De la métaphore au mythe*, José Corti, 1986.

Weber, Eugen, *Fin de siècle. La France à la fin du XIXe siècle*, traduit de l'anglais par Philippe Delamare, Fayard, 1986.

제2부

번역의 양상

근대 문학의 장場과 번역자의 과제:
김억의 번역론*

김진희

1. 한국 근대 문학사와 김억 번역론의 위상

1910년대 이후 한국 근대 문학의 초창기에 외국 문학 작품과 이론의 번역자로서 김억金億, 1893-?은 중요한 역할을 했다. 그는 해외 문학의 수용 시기 번역의 중요성을 깨닫고, 당대의 다른 번역자들에 비해 다양한 나라의 많은 분량의 번역을 수행한 지식인으로 평가되고 있으며,[1] 이런 작업의 일환인 상징주의 시론과 시의 번역이 한국 서정시의 확립에 중요한 영향을 준 것으로 논의되고 있다. 특히 근대 문학사에서 김억만큼 번역에 관해 이론적 · 실제적으로 고민하고 심혈을 기울인 지식인은

* 이 글은 「김억의 번역론 연구: 근대 문학의 장場과 번역자의 과제」라는 제목으로 『한국시학연구』 28호(2010. 8.)에 실린 논문을 수정 · 보완한 것이다.

1 김억은 프랑스, 영국, 독일 등을 포함하여 8개국 이상의 국가 작품을 번역했으며, 외국 역시집만 해도 『오뇌의 무도』(1921), 『기탄자리』(1923), 『잃어진 진주』(1924), 『원정』(1924), 『신월』(1924) 등을 출간했다. 이는 동시대 다른 번역인에 비교할 때 그 분량이나 수준에서 주목할 만한 성과이다.

없었다고 할 수 있는데 그는 자의적인 번역, 내용 편중의 번역이 주류를 이루던 번역 문단을 내용과 외형 모두의 중요성을 자각하고, 번역 문단을 현대적으로 선도한 번역자였으며, '직접 본문으로부터 충실하게 번역해야 한다'는 『태서문예신보』 창간호의 원칙을 가장 충실하게 준수한 번역가였다(김병철, 1975: 401).

김억의 번역론과 번역 작품에 대해서는 당대나 혹은 이후 문학사 속에서 다양한 논의가 이루어져 왔는데, 기존 평가의 대부분은 번역 작품 자체에 관한 연구로 비교문학적 관점에서 원작과 번역작의 비교 연구에 집중해 있다. 이런 연구의 결과, 많은 논의에서 김억이 원작 시의 세계를 훼손시켰으며 원전을 이해하지 못했기에 일본 번역본을 참조하면서 그와 유사한 번역을 했다는 평가를 내린다. 그런데 김억에 관한 이런 평가는 그의 번역관을 좀 더 세심하게 고찰했을 때 재고할 수 있으리라 생각한다. 왜냐하면 그가 내세운 '창작적 의역'이라는 번역관이 이미 오역이나 의역, 또는 미숙한 이해에 대한 관용을 전제하는 것으로 이해되었기 때문이다. 따라서 김억의 번역 작품, 특히 그가 심혈을 기울여 번역한 상징주의 시작품들에 대한 평가는 원작과의 비교 평가를 포함하여 번역자의 번역관을 심도 있게 연구함으로써 가능할 것이라 생각한다. 왜냐하면 번역의 이론이란 실제 작업을 이끄는 중요한 원칙이며 번역 행위의 과정과 거기에 부과되는 조건 및 요인들을 통찰하게 해 줌으로써 번역본을 생산하기 위한 구체적인 지침과 관련된 포괄적인 이론이기 때문이다(Lefevere, 1992: 234).

즉, 번역된 작품의 의미를 생각할 때 단순히 원작과 번역물의 관계만을 보아서는 안 되고, 그 번역을 수행한 번역자의 태도를 충분히 고려해야만이 번역의 총체적 의미를 이해할 수 있을 터인데, 기존의 연구 성과를 보면 김억의 번역관에 대한 고려 없이 원전과 번역 작품의 비교 연구를 통해 드러나는 차이를 그대로 이해의 부족으로 평가하고 있다. 특히 김억은 당대에 번역의 이론과 실제 작업을 함께 병행했던 번역자라는 점에서 그의 번역론에 대한 이론적 접근은 필요하다. 김억의 번역관에 대한 이해는 개개의 번역 작업, 또 번역 작품의 실제를 이해하는 데 중요한 관건이 될 수 있다.

그런데 김억 연구를 포함하여 번역과 관련된 연구 전반을 보면 번역 작품이나 이론에 대한 이론적 연구보다는 작품 비교라는 실제 연구에 집중되어 온 경향이 있다. 김억의 경우 그는 자신의 번역에 임하는 태도를 지속적으로 발표하고 정리함으로써 자신의 실제 번역 작업의 과정과 결과물에 대한 이해를 돕도록 했다. 김억뿐만 아니라 1920년대 이후 문단에서는 번역 작업에 대한 번역자들의 나름대로의 이해와 입장이 발표되고, 논쟁이 일어나기도 했다. 그러나 이후의 문학사를 보면 번역과 관련한 이론적 모색이나 성찰이 활발하게 전개되지 못했으며, 최근 2000년대 이후 세계화의 과정 속에서 교차하고 혼종하는 문화적 텍스트의 문제가 대두되면서 번역의 문제가 학계에 부각되고 있는 상황이다. 현 21세기의 문화적 교차와 수용을 매개하는 번역 작업과 마찬가지로 20세기 초 한국 근대 문학의 장場 안에서도 번역은 문화 창조에서 중요한 역할을 했다. 특히 김억의 번역은 단순히 외국의 작품이 어떠한 것인가라는 전달을 넘어, 그것이 우리 문화 안에서 어떻게 수용되고 새롭게 이해되며, 새로운 문화로 자리매김되는가라는 창조적 번역의 사례를 보임으로써 21세기 문화 번역의 기원을 보여준다.

근대 문학의 초창기에 서양의 시문학 번역은 단순히 문자 텍스트를 넘어 이질적인 문화의 수용이며 전달이며 새로운 문화 창조라는 의의가 있었을 것이다. 즉, 이국 문화와 자국 문화의 교차 속에서 생성되는 번역은 문화 수용의 창조성을 보여준다. 따라서 타문화의 이질성 혹은 순수성을 함축적으로 담고 있는 시 장르의 난해한 번역 앞에 놓였던 김억의 번역 수행을 통해 문화적 매개자와 창조자로서의 역할에 주목하고 그 성과를 고찰하는 것은 의미 있는 일이라 생각한다. 이것은 번역의 의미가 단순히 텍스트와 텍스트의 번역이 아니라 실제로 텍스트가 속한 문화와 문화의 교차이며 대화임이 적극적으로 실천되던 20세기 초의 근대 문학의 장場을 이해하는 한 방법이기도 하다. 이런 의미에서 이 연구는 근대 문학사의 번역론에 대한 토대로서 김억의 번역론이 갖는 문학사적 의미를 고찰함으로써 실제 번역 작품의 의미를 좀 더 풍성하게 이해하는 데 기여하고자 한다. 구체적으로는 김억에게 이런 번역관이 탄생하게 되는 이론적 고찰을 토대로 창조적 번역의 양상, 그리고 번역 주체로서의 실천성 연구를 통해 근대 문학의 장 안에서의 김억 번역론이 차지하는 위상을 논의하고자 한다.

2. '창조적 의역'과 상징주의

김억의 번역론에서 가장 획기적이며 논란이 되어 온 핵심은 '창작적 의역'이라는 방법론이다.

> 시가의 역문에는 축자逐字, 직역보다도 의역意譯 또는 창작적 무드를 가지고 할 수밖에 없다는 것이 역자의 가난한 생각의 주장입니다.[2]

> 시의 번역이라는 것은 번역이 아닙니다. 창작입니다. 나는 창작보다도 더

2 김억, 『오뇌의 무도』, 서문, 광익서관, 1921.

> 한 정력이 드는 일이라 합니다. 시가는 옮길 수 있는 것이 아니라 하면 시가의 번역은 더욱 창작 이상의 힘드는 일이라 하지 아니할 수가 없습니다. 이것은 다른 까닭이 아니요 불가능성의 것을 가능성의 것으로 만드는 노력이며 또한 역자의 솜씨에 가장 큰 관계가 있습니다. 이에는 매개되는 역자의 개성이 가장 큰 중심 의미를 가지게 되어 시가의 번역처럼 큰 개성적인 의미를 가진 것은 없다고 단정하려 합니다.[3]

예문을 통해 보면 김억이 시 장르에 대한 철저한 이해와 고민을 통해 창작적 의역이라는 번역 방식을 택했음을 알 수 있다. 그에게는 "늘 번역이라는 것이 시문에서처럼 어려운 것은 없는 것"[4]으로 창작 이상의 힘을 요구하는 일로 인식되는데, 그 이유는 시의 번역이 불가능한 일이라는 전제가 놓여 있다. 그렇다면 왜 시의 번역은 불가능한가, 전통적으로 번역은 의미를 전달하는 것을 원칙으로 해 왔다. 그러나 김억은 「역시론譯詩論」에서 시가의 말할 수 없는 묘미는 언어미의 어의語意, 어음語音, 어향語響이라는 점을 강조하면서 의미만을 가져오면 그것이 원시의 뜻은 전했을지 모르지만 시로서의 가치가 없는 것이라고 설명한다. 그러면서 번역자가 원시의 의미를 가져와 자기 식의 음역音譯을 해야 온전한 시의 번역이 이루어진다고 한다.[5] 이처럼 김억은 시의 번역에서 문제삼아야 할 것은 시의 의미가 아니라 원작에서 발견한 감동을 토대로, 시상을 잡아 창작하는 것이 바로 번역자가 해야 할 일임을 강조한다.

김억이 시의 번역이 갖는 이런 특수성을 강조하는 근저에는 시 장르의 본질에 대한 이해가 놓여 있으며, 특히 상징주의 시 수용자로서 김억이

3 김억, 『잃어진 진주』, 서문, 평문관, 1924.
4 김억, 『기탄자리』, 서문, 이문당, 1924.
5 김억, 「譯詩論」, 『대조』, 6호, 1930. 9.

갖는 특수성이 번역론에 반영되고 있음에 주목할 필요가 있다. 즉, 시와 언어에 대한 상징주의의 원리는 이국의 '언어'로 된 시를 번역하는 과정에도 동일하게 적용되고 있기 때문이다.

① 찰나 속에서 영구상永久相을 보며 영구상에서 찰나를 본다 하는 이것입니다. 이것이 정명定命을 절대화시키며, 유한을 무한화시키는 것입니다. 예술은 인생의 표현입니다. 한데 찰나찰나의 전아全我의 생명의 표현은 찰나찰나의 정조情調입니다. 이 무한 부정不定의 정조를 표현하려고 함에는 모든 표현에서 뛰어나는 상징의 길을 밟지 아니하고는 별수가 없습니다. (중략) 시라는 것은 이지理智의 산물이어서는 아니 됩니다. 정조의 산물이라야 합니다.

② 이 삼볼리스트의 지위는 소설에 대한 자연주의의 반항적 운동인 비물질적, 비기계적주의와 같습니다. 신로맨티시즘과 같습니다. 사물의 내면에 숨어 있는 불가해적 신비를 찾아내려고 하는 것입니다. 이것을 찾아냄에는 직접으로 사실적 방법을 가지어서는 아니 되겠다 합니다. (중략) 상징시의 특색은 음악적이며 시미적詩美的임에 있습니다. 그리고 찰나찰나의 정조를 자유로운 시형으로 잡아두는 것입니다.[6]

③ 원문에서 나온 사상思想의 본질에다가 역자譯者되는 사람의 언어며 풍속이며 인정이며 모든 것에 마초아서 표현하지 아니하면 아니 될 것이니 번역을 창작이라 한 의미는 이에 지나지 아니한다.[7]

6 김억, 『잃어진 진주』, 서문, 평문관, 1924.
7 김억, 「이식문제에 대한 관견(2)」, 『동아일보』, 1927. 6. 29.

④ 직역하여도 될 것은 직역하고 직역으로는 아무 뜻도 아니되는 것이면 의역하고 말았습니다. 그러나 무드만은 어찌하던지 허물어내이지 아니하려고 온 맘을 다했습니다.[8]

⑤ 역시譯詩에 이르러서 그것을 의의意義만에 만족할까 또는 음조音調를 따고 말 것인가 하는 것은 여간만의 어려운 문제가 아니외다. 의미만을 따면 그것이 원시의 뜻은 전했을 망정 시가로서의 가치가 없고 보니 그렇게 할 수는 없는 것이외다.[9]

인용문 ①과 ②는 상징주의와 관련된 김억의 예술론이라 할 수 있다. 찰나에서 영구상永久相을 보고, 영구상을 통해 찰나를 본다는 것은 상징주의에서 상징의 언어를 통해 존재의 추상적 본질이 암시되고, 또 불가해한 존재의 본질이 사실적 방법이 아닌 상징을 가능케 한다는 의미이다. 상징으로 보면 순간적으로 내비치는 존재의 본질은 감춤과 드러냄의 사이에서 끊임없이 움직이고 있는데, 김억은 이를 '무한한 부정不定의 정조情調'라고 표현한다. 즉, 그는 상징시에서 사물의 본질 문제와 음악성의 문제를 중요하게 인식했으며, 이런 이해가 시에서 사상思想과 리듬, 혹은 '의의意義'와 '음조音調'가 결합한 정조를 제안하게 한다. 이런 생각은 ④와 ⑤에 드러나듯 번역의 태도에도 반영되어 번역의 어려움 속에서도 정조, 즉 '무드'를 지키려 노력했으며, 의미만을 번역하지 않고 의의와 음조, 즉 정조를 번역하기 위해 고민했음을 토로한다. 시에서 중요한 것이 의미가 아니라 정조이기 때문에 시 번역 역시 쉽지 않은 것이며, 의미 전달에 치중했던 전통적인 번역을 생각한다면 김억에게 시란

8 김억, 『잃어진 진주』, 서문, 평문관, 1924.
9 김억, 「역시론」, 『대조』, 6호, 1930.9.

애초에 번역을 해서는 안 되는 작업이었을 것이고, 이런 난제를 해결해 주는 방안이 정조까지 고려하여 번역하는 '창작적 의역'이었다.

언급했듯 김억의 번역 작업은 프랑스 상징주의 시와 시론을 중심으로 시작되었으며, 특히 베를렌Paul Verlaine의 작품에 집중되어 왔다. 이는 번역관과 시 장르에 대한 인식이 상징주의를 통해 형성되었음을 의미하기도 한다. 앞의 인용문은 김억이 이해하고 있는 상징주의의 특성과 이를 토대로 형성된 시 장르의 본질, 그리고 나아가 번역에 대한 태도까지 이어지는 '정조' 중심의 시관을 볼 수 있다. 김억에게 이해된 상징주의의 중요한 특성은 정조, 즉 '무드'라는 개념으로 정초되고 있으며, 이것은 그의 시학은 물론 번역관에까지 영향을 미치는 중요한 개념으로 자리 잡았음을 알 수 있다.

이처럼 상징주의의 영향을 짐작케 하는 김억의 번역관은 비슷한 시기 보들레르Charles Pierre Baudelaire의 시 「파리의 풍경」을 독일어로 번역한 벤야민Walter Benjamin이 시집 앞에 서문 대신 쓴 「번역가의 과제」(1923)라는 글에서 강조한 번역의 태도와 유사성을 보인다. 이런 유사성을 통해 두 번역자가 서로 영향을 주고받은 관계는 아니지만 두 번역자 모두 상징주의 시를 번역하면서 시 번역의 과제에 대해 고민한 내용의 유사성을 보인다는 점에서 흥미롭다.

> ① 시에서 본질적인 것은 전달Mitteilung이나 진술Aussage이 아니다. 그럼에도 매개(전달)하고자 하는 번역은 전달 이외의 아무것도 매개하지 못할지 모른다. 그러니까 비본질적인 것만 전달할지 모른다. 그렇지 않아도 이것이 바로 열악한 번역들을 알아보게 하는 한 표지이다. 하지만 한 편의 시에 전달 이외에 들어 있는 것 — 그리고 열악한 번역자도 그것이 본질적이라는 것을 인정한다. — 그것은 일반적으로 파악할 수 없는 것, 비밀스러운 것, '시적

인 것'으로 여겨지지 않는가? 그러니까 번역자 역시 시작詩作을 함으로써 재현wiedergeben할 수 있는 것이 아닐까? (중략) ② 모든 언어와 그 언어의 형상물들에는 전달 가능한 것 이외에 전달 불가능한 어떤 것, 그것을 만날 수 있는 그때그때의 맥락에 따라 상징하는 것과 상징되는 것이 있다. 유한한 언어적 형상물들에서는 상징하는 것일 뿐인 그것은 언어들의 생성 과정 자체 속에서는 상징된 것으로 나타난다. 언어들의 생성 과정에서 재현되려고 하고 실제로 만들어지려고 하는 이것이야말로 순수 언어의 핵 자체이다. (중략) ③ 번역의 자유는 전달되어야 하는 의미를 통해 그 정당성을 획득하는 것이 아니다. 이러한 전달의 의미로부터 해방되는 것이 바로 충실성의 과제이다. 오히려 번역의 자유는 순수 언어를 위해 번역자의 언어에서 실증되어야 한다(벤야민, 2008).

벤야민은 우선 ②에서 모든 언어가 다 전달 가능성을 가진 것은 아님을 말한다. 그는 전달 가능한 언어와 그렇지 않은 것을 구분하면서, 상징은 문맥에 의해 상징하는 것과 상징되는 것이 있는데, 이때 상징된 것으로 재현되는 것이 바로 '순수 언어'라고 한다. 벤야민은 원작 속에 가능태로 잠재해 있는 것을 현실화하는 것, 즉 원작에서 "상징하는 것을 상징된 것으로 만드는 일"이 번역자의 과제라고 한다. 이때 상징된 것인 순수 언어는 표현될 수 없기 때문에 번역과 해석의 대상이 된다. 따라서 번역자는 이 순수 언어를 언어화해야 한다(최성만, 2008). 시 번역에서 번역자가 드러내야 할 것은 시의 이해에 비본질적인 의미가 아니라, 일반적으로 파악할 수 없는, 비밀스러운 것, 즉 진정으로 시적인 것이어야 한다는 의미이다. 벤야민은 글 안에서 순수 언어(die reine Sprache, the pure language)의 개념을 명확히 설명하지 않는다. "표현할 수 없는 말, 창조적인 말로서 모든 언어 속에 의도된 것"을 의미하기도 하며, 모든 개별적인 언어들이 그 의도 속에서 서로 보완하며 공존이 가능한 언어이기도 하다. 순수 언어는 의미와 형식이 결합된 총체적인 작품의 의도로 이해할 수 있을 것이다. 벤야민이 이야기하는, 한 텍스트의 의미와 형식을 통해 의도된 어떤 총체적 '순수 언어'와 '사상과 음악이 결합된 정조'를 찾고자 하는 두 문학자의 번역 태도는 상징이 환기하는 시와 언어의 본질과 맞닿아 있다.

> 현상, 즉 상징이 자신 안에 깊숙이 숨기고 있는 의미, 본질, 관념은 구체적으로 무엇이며 어떠한 것인가. 현상 세계 속에 숨겨진 세계는 당연히 추상 세계이고, 관념 세계이다. 그리고 그 추상적 관념이 가상, 혹은 상징으로서의 현상을 참된 내용이 실려 있는 존재이게끔 해주는 본질이어야 함도 너무나 당연하다. 현상 속에 은폐되어 있는 본질로서의 추상적 관념은 존재로서의 현상의 존재성을 확립시키는 원인이어야 하고, 원리여야 한다. 모든 현상이 시간성 속에서 변하거나 사라져 버릴 때에도 아랑곳없이 그 추상적 관념은 불변하고 영원한 것으로 남아 있어서 생멸하는 개체 대상의 원형이 되어야 한다(김기봉, 2000: 144).

위의 인용문은 상징이 본질로서의 추상적 관념을 내재하고 있으며, 그것은 다시 상징이라는 존재를 가능케 한다고 한다. 모든 언어는 본질적인 관념을 은폐하고 있으므로 상징하고 있는 것을 통해 우리는 상징된 것이 무엇인지 깨달아야 한다. 그러나 상징된 것의 본질은 쉽게 자신을 드러내지 않는다. 상징주의 시에서 그 존재는 다만 암시와 소리와 여운을 통해 불변하는 자신의 존재를 내비칠 뿐이다. 번역자인 김억에게나 벤야민에게 외국어로 쓰였더라도 그것이 시 작품인 한 그것은 상징된, 어떤 존재의 본질을 지향하는 언어 텍스트이다. 따라서 번역 역시 원 텍스트의 언어가 내비치는, 혹은 암시하는 '부정不定한 정조', 혹은 '순수 언어'를 해석하고 번역해야 한다.

이와 같은 상징주의적 번역관은 번역자의 심오한 이해와 해석의 중요함을 일깨운다. 이는 견자見者이길 자처했던 상징주의 시인들과 마찬가지의 소명이 번역자에게도 있음을 의미한다. 상징주의에서, 견자인 시인이란 현상, 즉 상징으로서의 현상계의 상징 체계가 유추적으로 암시하는, 숨겨진 본의를 바르고 명료하게 풀어낸 다음 그 본질로서의 관념을 밝히는 해독자요, 이를테면 입법자였다(김기봉, 2000: 148). 사물의 언어를 읽는 시인이나 원작의 언어를 읽는 번역자 모두 언어가 감춘 본질을 읽어내는 작업은 동일하다.

이와같이 상징주의의 영향은 김억에게 번역자의 책임과 역할이 시인과 마찬가지임을 인식하게 함으로써 창조적 번역자의 주체성으로 확장된다는 점에 주목할 필요가 있다. 김억의 창의적 번역은 프랑스 상징주의 시를 중심으로 계발되어, 영 · 미시나 한시漢詩 번역에까지 활용되었다. 이것은 상징주의 시에 대한 이해가 시 전반에 대한 이해로 확장되었으며, 번역 과정 역시 동일한 인식 과정을 밟았음을 의미한다. 이런 인식은 창작적 번역 작업을 통해 1920년대 근대적인 시어詩語를 확장시키고 모국어를 풍부하게 하는 동인으로 작용할 수 있었다.

3. 번역자의 창조적 주체성과 근대시의 발전

자신의 글을 수많은 다른 언어로 번역하는 과정은 자신의 모국어를 가장 잘 이해하게 만드는 과정이기도 하다. 모국어는 번역을 통해 낯선 것과의 관계 맺음을 통해 자신과 낯선 언어와의 차이를 만들어 간다. 즉,

모국어는 자기 아닌 것, 낯선 것과의 관계를 통해 그 자신의 정체성을 찾게 된다(윤성우, 2010). 김억은 지속적인 번역 작업과 번역의 개작 과정을 통해 모국어의 현실을 인식하게 되고, 새로운 모국어를 모색, 발전시켜 나간다. 이것은 자신이 번역하는 외국 텍스트가 가진 본질적인 사상 혹은 정조를 가장 잘 재현하기 위해서이기도 한데, 김억은 외국 시가 드러내는 궁극적인 정조가 무엇인지를 이해하고 그것을 가장 잘 드러낼 수 있는 표현, 즉 시어를 찾고자 노력했다. 이런 노력이 결과적으로 근대 시어에 대한 탐구와 개발 그리고 확장을 가져온 것으로 이해할 수 있다.

> 역문은 직역을 줄기로 잡고 했습니다만은 너무 직역만으로는 뜻의 불명不明과 또는 너무 서양식이 되기 때문에 의역한 곳도 적지 아니합니다. 어찌했으나 번역이라는 것은 시문에서처럼 어려운 것은 없다는 것을 곰곰이 느꼈습니다.[10]

> 원문의 미음옥운美音玉韻은 고사하고 다치면 쓰러질 듯도 하고 바람에 풍기며 고운 노래를 짓는 고운 말—그 말을 그려내일 문자가 내게는 하나도 없음에 놀래었습니다. 퍽도 괴로웠습니다. 이렇게 말을 하면 조선어학자에게 적지 아니한 꾸지람을 받겠습니다. 만은 조선말처럼 단순한 것은 없습니다. 형용사와 부사가 여如만 부족이 아닙니다. 물론 첫째에 모든 어려움보다 딱한 것은 형용사와 부사였습니다.[11]

김억은 번역작이 직역에 의해 의미가 명확하지 않거나 적절하게 번역할 단어가 없어 원작의 묘미를 잘 살릴 수 없음을 고민하면서 상황에 맞

10 김억, 『기탄자리』, 서문, 이문당, 1923.
11 김억, 『잃어진 진주』, 서문, 평문관, 1924.

게 번역의 방법을 조정했던 것으로 보인다. 특히 우리의 형용사와 부사가 없다는 말은 양의 문제가 아니라 서구의 감정과 정서를 표현하는 데에 적절한 시어를 찾는 것이 문제였음을 의미한다. 김억은 서구 시의 번역을 통해 당대 조선에는 없던 단어들, 인간 관계를 지칭하는 용어들, 부정적인 표현들, 시간이나 감정을 나타내는 말 등을 사용했다고 한다. 벤야민은 「번역자의 과제」에서 판비츠Rudolf Pannwitz의 말을 인용하여 자신의 언어와 아주 동떨어진 언어를 번역할 때 번역가는 언어 그 자체의 원초적인 요소로 되돌아가 작품, 이미지, 그리고 어조가 합쳐지는 지점까지 꿰뚫어보아야 하며, 외국어라는 수단을 통해 자신의 언어를 확장하고 심화해야 한다고 설명한다. 이런 점에서 보면 김억은 외국 작품에 대한 깊이 있는 이해, 그리고 완성도 있는 번역을 하려는 기도企圖 속에서 모국어에 대한 깊이 있는 통찰에 이른다. 따라서 해외문학파의 번역이 김억의 작품보다 떨어지는 이유는 모국어에 대한 감각이 떨어지기 때문이라는 평가(김병철, 1975: 506)는 번역과 모국어의 관계의 긴밀성을 강조해 준다. 즉, 김억과 달리 해외문학파의 경우 이론직으로는 전문적인 연구를 보여주었지만 실제 번역 작업의 경험이 김억보다 많지 않았기 때문이다. 김억에게는 외국의 텍스트와 자국어가 만나는 창작적 번역 과정에서 시의 정조를 재현할 수 있는 언어를 고르고, 만들어 낼 창조적인 경험의 시간이 그만큼 많았다.

베르만Antoine Berman은 번역 작품이 원전보다 더 생생한 번역이 나오는 경우를 원문이 가진 형식(운문성 및 산문성)의 재생까지 염두에 두며 번역이 원문을 진정한 방식으로 닮으려고 노력할 때 가능하다고 한다. 이때 번역이 원문을 닮으려는 방식은 원문의 저자가 자신의 모국어와 맺고 있는 내밀한 관계, 말하자면 저자가 자신의 사적 언어를 공동의 공적 언어로 집중하여 변모시키는 영역 속으로 번역자가 침투함으로써 이루어지는 모방의 방식이라고 한다(윤성우, 2010). 말하자면 번역자는 저자가 자신의 공동의 언어, 즉 문화와 맺는 관계를 파악해야 하며, 그도 역시 번역되는 텍스트와 자신의 모국어가 기반한 공동의 문화적 기반에 대한 이해가 있어야 함을 의미한다. 따라서 번역자가 외국어로 된 텍스트를 번역하는 것은 원문의 저자가 속한 문화에 대한 이해를 전제로 하며, 또한 자국의 문화와 원문의 문화와의 접촉을 의미한다. 김억 역시 이런 이해를 전제로 하고 있다. 그는 외국의 시를 자국화해 버리는 일방성을 보이지 않는다.

> 나의 의견으로 보아서는 원시를 씹을 대로 씹어 잘 소화하여 조선식 사상을 만든 뒤에 조선 옷을 입히는 것이 어떨까 합니다. 다시 말하여 역자가 창작 무드를 가지고 창작하여 버리는 것이 가장 좋은 일이 아닐까 합니다. 물론 이에는 원작자의 개성과 역자의 개성이 근사한 점에서 비로소 가능한 것입니다.[12]

김억은 외국 원작에 대한 충분한 이해를 통해 시가 재현하는 사상을 이해하고, 그것을 다시 자신의 입장에서 원시의 정조를 최대한 살리는 방향으로 번역하려 한다. 조선식 사상이나 조선 옷에 대한 언급이 마치 자국화의 번역이라는 인상도 주지만, 김억은 마지막 문장에서 원작자의 개성과 역자의 개성이 근사해야 한다고 설명한다. 이는 바로 원작의 정조와 개성을 번역작에서 최대한 존중해야 함을 의미한다. 또한 조선식 사상과 조선 옷은 원작의 번역 문제에 분명 문화적인 기반에 대한 고려가 존중되어야 하고, 번역이 이에 대한 이해를 담고 있음을 환기한다. 김

12 김억, 「현시단」, 『동아일보』, 1926. 1.14.

억이 반복적으로 수행했던 번역작의 개작 과정은 바로 원작에 좀 더 가까이 갔음을 의미하는 한편, 그 원작의 세계를 재현할 언어에 대한 사유가 깊어짐을 의미하는 것이기도 하다는 점에서 번역 작업은 20세기 초 근대 시어를 풍성하게 해 주는 동인이기도 했다. 예를 들어 김억은 베를렌의 「가을의 노래」 재번역을 통해 초기 번역에서 '긴 오열'을 '느린 오열'로, '사뇌思腦'를 '애닯음' 등으로 표현했으며, 감정 상태를 조절하는 '설어라' 등의 시어를 덧붙이거나 '날아 흣터지는'을 '갈 길도 모르는'이라고 전환시켰다. 이런 번역은 베를렌 시의 정조와 우수를 적극적으로 표현하고자 하는 노력의 일환이었을 뿐만 아니라 나아가 감정과 정서를 적절하게 드러내는 시어의 고안이기도 했다(김준현, 2009: 275).

김억은 원작이 담고 있는 정조를 잘 드러내기 위해 문체에도 많은 관심을 갖고 또 실험을 했다.

> 역출譯出할 때에 딱한 것은 문체文體였습니다. 어떠한 문체를 취할까 하는 것이 지금도 의심으로 있습니다.[13]

> 이번에도 문체에 대하여 적지 않게 괴로워했습니다. 만은 기탄자리의 문체에 구어체를 쓴 것보다도 훨씬 이 역고의 원고가 나은 줄로 믿습니다. 그것은 얼마큼 이 『원정園丁』은 구어체로 옮기는 것이 원문에 가까운 듯한 까닭입니다. 하고 될 수 있는 대로 축자역체로 잡았습니다. 만은 어찌할 수 없는 경우에는 의역 또는 자유역도 했습니다.
>
> 언제나 나는 같은 말을 합니다. 만은 번역이란 어떠한 것을 말할 것 없이 거의 창작과 같이 보려고 하는 것이 나의 주장이며 또한 의견입니다.[14]

13 김억, 『기탄자리』, 서문, 이문당, 1923.
14 김억, 『원정』, 서문, 애동서관, 1924.

시에서 문체와 어조는 시의 분위기나 시인의 의도, 주제 의식과 밀접하게 관련되어 있다. 어조는 의미, 감정, 의도와 더불어 시의 총체적 의미를 형성하는 요소이다. 김억은 타고르Rabindranāth Tagore의 시를 번역하면서, 타고르 시가 가진 영적靈的 특성을 드러내도록 노력했으며, 인도적이며 동양적인 분위기를 살려야 하는데, 만약 직역에 의존한다면 시미詩美가 사라지는 것이므로 시의 분위기를 살릴 수 있는 방법이 무엇인지 고민했다. 이런 과정 속에서 그는 『기탄자리』나 『원정』을 번역하면서 문체의 변화에 집중했다. 김억은 '가련미가 있고, 신비적 색채와 말할 수 없는 고움'을 간직한 『원정』의 세계를 재현하고자 구어체를 사용하고 있는데, 스스로도 이 문체를 쓰는 것이 원문에 가까워서 좋다고 했다. 김억이 번역한 『기탄자리』의 몇 구절을 보면, "주께서 저를 무한케 하셨습니다. 이러하심이야말로 주의 즐거움입니다. 주께서는 이 연약한 그릇을 다시금 비게 하시고는 항상 신선한 생명을 다시금 가득케 하여 주십니다." 또 『원정』에서 "아아 시인이여, 저녁이 가깝었습니다. 그대의 머리는 회백색이 되려고 합니다. 그대는 고적한 명상 속에서 미래의 기별을 듣습니까?" 등의 번역을 볼 수 있다. 이와 같은 김억의 타고르 번역은 1920년대 문단에서 주제로나 여성 화자의 사용에 대한 문체적인 면을 확장시켰으며, 타고르의 대화체를 번역하려는 노력 속에서 구어체의 발달을 가져왔다. 이런 성과는 한용운 시에 많은 영향을 주어 철학적 특성, 여성 화자, 구어체 사용 등으로 나타났다(Hyun, 1992: 67).

그는 번역을 통해 근대 시어와 형식, 문체 등에 대한 다양한 실험을 했으며, 이것이 다양한 시 형식의 탐구이기도 했다. 김억은 여러 번에 걸친 개작을 통해 일종의 규칙성을 확보하고자 애쓰면서 원시의 문학성을 살리고자 했다. 또한 외국 시뿐만 아니라 한자로 쓰인 한시를 번역함으로써[15] 전통과 현대 간의 번역 역시 실천하고 있는데, 이런 작업은 서구 시 번역과 함께 결과적으로 근대 시어 혹은 근대 서정에 대한 탐구의 일환이었던 것으로 이해할 수 있다.

> 이 역시집에는 더구나 같은 시 하나를 두 가지 형식으로까지 만들어 놓았으매 한가한 사람의 부질없는 짓이라고 할지는 모를망정, 나딴은 첫 번역에서는 될 수 있는 대로 원시를 그대로 옮기려 했고, 둘째인 시조에서는 가장 자유로운 태도를 취하자는 의사에서외다.[16]

김억이 보여준 번역에서의 자유로운 태도는 정통적으로 인정되어 왔던 번역 원작의 권위로부터 자유롭다는 사실을 환기시킨다. 일반적으로 번역 작업은 원작의 우등함과 번역작의 열등함 혹은 존재론적 서열이 문제시되는 것에 비해 원작으로부터 자유로운 번역의 창작적 태도는 벤야민이 강조하듯 그 원작의 생명을 더욱 빛나게 만드는 작업이라는 점에서 새로운 텍스트, 또 하나의 원작이 생기는 문화적인 창조의 작업이라고 확장시켜 말할 수 있다.

김억은 창조적인 번역을 만들기 위해 창작할 때와 마찬가지로 '어떠한 것을 그 원시에서 발견했는가, 또는 어떠한 평가를 내렸으며, 믿을 만한 감동을 얻었는가' 등을 중심으로 시상을 고안했다. 김억은 단순히 자신의 관점이나 감동을 고집한 것이 아니라 원작에 대한 충실한 이해를 전제로 번역자의 창조성을 강조했다. 벤야민은 원작의 번역 가능성Übersetzbarkeit을 위해 번역자가 원작으로 끊임없이 되돌아가야 함을 강조했는데 김억 역시 원작의 시상에 대한 이해를 통해 새로운 텍스트로 번역작을 만들려 했다. 따라서 "원시原詩에 충실을 다 하는 동시에 역자

15 김억은 『망우초』(1934), 『동심초』(1943), 『꽃다발』(1944) 등 한시 역시집을 출간한다.
16 김억, 『꽃다발』, 권두사, 박문서관, 1944.

그 자신의 개성에도 충실하여 시로서의 독립성이 없어서는 아니 될 것처럼 어려운 일은 없는 것이외다"라면서 원시의 이해와 창조성 두 가지를 요구한다. 따라서 만약 이때 역자가 표현 능력이 낮은 사람이라면 평범한 상으로 평범한 시를 만들고 말 것이라면서 번역의 창작성을 강조한다. "역자가 원시의 여운을 옮겨 오려고 하여도 역시 역시譯詩는 역자 그 사람의 예술 작품이 되고 맙니다. 그러기에 역시에 대하여 평가를 하려고 하면 역시를 일개의 창작품으로 보고 하지 않으면 안 된다고 합니다"라며 김억은 번역=창작을 지속적으로 강조한다.[17] 이런 태도는 문학 작품의 번역이 단순히 전달의 작업이 아니라 원시의 문학성을 창작하는 행위임을 의미한다는 점에서 중요하다.

한편 개성적이고 독립적인, 새로운 창작을 요구하는 번역 작업에서 번역자의 주체성은 강조된다. 그가 무엇을 느꼈고, 무엇을 중요하게 인식하고 있는가가 번역이 탄생하는 데 중요한 요소가 되는 것이다. 따라서 역자가 반드시 베를렌의 시에서 19세기 말의 저주받은 시인 의식이나 데카당스 의식을 읽어야 할 필요는 없다. 원시의 주제와 똑같은 주제를 요구하는 것은 서로 다른 언어와 문화가 환기시키는 의식의 차이와 다양성을 간과하는 것이고, 원문과 번역문 사이에 놓인 번역자의 주체성과 창조성을 간과하는 것은 아닌가 생각해 볼 필요가 있다.

김억이 강조하는 번역의 창조성은 문학 작품의 번역이 단순히 텍스트의 언어와 언어 사이의 번역이 아니라 그 언어를 포괄하는 의미 체계, 즉 문화나 의식을 환기시킨다는 문화 번역의 특성을 보여준다. 또한 그의 번역관은 정통적인 번역에 대한 관점을 넘어선다는 의미에서 문제적이기보다는 새로운 관점을 요구한다. 그의 번역론의 근저에는 번역이 단지

17 김억, 『잃어진 진주』, 서문, 평문관, 1924.

이미 존재하는, 그러므로 정태적인 문화의 전달이 아니라 새로운 문화가 창조되고 생성되는 행위라는 의식이 놓여 있기 때문이다. 이런 태도는 당대 조선의 근대 문화가 단지 수용이요, 이식이라는 평가에 대한 다른 해석을 가능케 한다.

다양한 문화가 서로 만나고 섞이는 현실 속에서 한 나라의 텍스트를 번역하는 것 역시 단일한 직역에 의존해서는 텍스트의 풍부한 의미를 놓치게 된다. 번역 텍스트는 단순히 다른 문자를 친숙한 문자로 번역하는 것이 아니라 텍스트 안에 놓인 언어와 의미 등에 대한 총체적 이해를 필요로 하는데, 이는 텍스트가 탄생한 문화에 대한 이해는 물론 번역자가 속한 문화에 대한 연구 역시 필요하다. 왜냐하면 번역은 두 나라의 문화가 부딪히는 지점에서 탄생하기 때문이다. 김억은 20세기 초에 번역을 문자 텍스트 전달을 넘어선, 창조적인 문화 생산의 행위로 이해했다는 점에서 그 문학사적 의의에 주목할 필요가 있다.

4. 창조적 문화 번역과 번역자의 과제

번역이 문화 간의 교류와 교차를 의미하는 행위라는 점에서 번역자의 역할은 문화적 매개와 생성에 중요하다. 번역을 통해 문화는 단순히 전달되는 것이 아니라 새롭게 재구성되는 것이기 때문이다. 최근 여러 문화 사이의 번역은 그저 언어에 기초해서 서양이 동양을 번역한다든가 동양이 서양을 번역한다든가 하는 것만이 아니다. 문화 사이의 번역은 전통에서 근대로, 문학에서 시각성으로, 엘리트 학자문화에서 대중문화로, 토착적인 것에서 외국의 것으로, 외국의 것에서 토착적인 것으로 등등의 변화를 비롯해서 광범위한 행위 전체를 포함하며 확장되고 있다. 특히 현재 세계화의 맥락 속에서 번역 작업은 문화 연구와 밀접한 연관을 갖고 있으며, 문화 연구의 주요한 연구 영역으로 부상하고 있다(Wang, 2004).

김억의 번역론은 다양한 문화가 교차하고 혼종되는 21세기 탈근대문화의 문화 번역이 환기하는 번역 행위의 역동성을 20세기 동서 문화의 교섭 주체였던 번역자의 작업 속에서 읽게 함으로써 근대 문학사에서 번역이 갖는 문화 생성과 창조로서의 의의를 확인할 수 있게 한다. 번역을 통해 1920년대 이후 문단은 전통과 서구라는 타자와의 대화를 살펴봄으로써 근대 문학의 정체성을 자각할 수 있었으며, 새로운 문화 창조의 토대를 가질 수 있었다. 이러한 근대 문학의 장場 안에서 김억의 번역론은 자신을 포함하여 번역을 수행하는 주체들의 과제이자 지향점을 '창작적 의역', '창조적 번역'으로 제시함으로써 번역을 통한 문화적 실천의 한 국면을 뚜렷하게 보여주고 있다.

참고 문헌

1차 자료

김 억, 『오뇌의 무도』, 서문, 광익서관, 1921.

______, 『기탄자리』, 서문, 이문당, 1924.

______, 『잃어진 진주』, 서문, 평문관, 1924.

______, 「시단 산책: 『금성』 『폐허 이후』를 읽고」, 『개벽』, 1924.4.

______, 「현시단」, 『동아일보』, 1926.1.14.

______, 「이식문제에 대한 관견(2)」, 『동아일보』, 1927.6.29.

______, 「譯詩論」, 『대조』, 6호, 1930.9.

______, 권두사, 『꽃다발』, 박문서관, 1944.

양주동, 「근대불란서시초(1)」, 『금성』, 1호, 「『개벽』 4월호의 『금성』 평을 보고: 김안서에게」, 『금성』 3호, 금성사, 1923.11.

2차 자료

구인모, 「베를렌느, 김억, 그리고 가와지 류코: 김억의 베를렌느 시 원전 비교연구」, 『비교문학』 41호, 2007.

김교봉 · 설성경, 『근대 전환기 시가 연구』, 국학자료원, 1996.

김기봉, 『프랑스 상징주의와 시인들』, 소나무, 2000.

김병철, 『한국근대번역문학사연구』, 을유문화사, 1975.

김윤식, 『근대한국문학연구』, 일지사, 1973.

김은전, 『상징주의 수용 양상』, 서울대 박사학위 논문, 1984,

김준오, 『시론』, 문장, 1986.

김준현, 「해방 전 베를렌(Paul Verlaine)의 수용 및 번역」, 『프랑스어문교육』 제32집, 2009.

김진희, 「근대 문학의 장과 김억의 상징주의 수용」, 『한국문학이론과 비평』 22집, 2004. 3.

김현미, 『글로벌 시대의 문화번역』, 또 하나의 문화, 2005.

나오키, 사카이, 『번역과 주체』, 후지이 다케시 옮김, 이산, 2005.

박슬기, 「김억의 번역론, 조선적 운율의 정초 가능성」, 『한국현대문학연구』 30호, 2010. 4.

벤야민, 발터, 「번역자의 과제」, 『발터 벤야민 선집 6: 언어 일반과 인간의 언어에 대하여, 번역자의 과제 외』, 최성만 옮김, 도서출판 길, 2008.

윤성우, 「번역(飜譯, translation/traduction)에서의 trans-/tra-개념: 벤야민에서 베르만으로」, 한국기호학회 2010 춘계학술대회 "횡단의 기호학과 횡단의 세미

오시스," 2010. 4. 24.

이명호, 「문화번역의 정치성: 이국성의 해방과 혼성의 지대」, 이화여대 탈경계인문학연구단 2010 국내학술대회, "소통을 위한 인문적 상상," 2010. 4. 30.

초우, 레이, 『원시적 열정』, 정재서 옮김, 2004.

최경옥, 『번역과 일본의 근대』, 살림, 2005.

최성만, 「발터 벤야민 사상의 토대: 언어-번역-미메시스」, 발터 벤야민, 『발터 벤야민 선집 6: 언어 일반과 인간의 언어에 대하여, 번역자의 과제 외』, 최성만 옮김, 도서출판 길, 2008.

Hyun, Theresa, 『번역과 한국 근대문학』, 김순식 옮김, 시와 시학사, 1992.

Lefevere, Andre, *Trtanslating Literature: Practice and Theory in a Comparative Literature Context*, New York: Modern Language Association, 1992.

Wang, Ning, *Globalization and Cultural Translation*, Singapore: Marshall Cavendish Academic, 2004.

조선의 번역운동과 괴테의 '세계 문학' 개념 수용에 대한 고찰: 해외문학파를 중심으로*

김연수

1. 들어가는 말

'근내화'와 긴밀하게 맞물려 왔으나 마치 존재하지 않았거나 이루어지지 않았던 것처럼 오랫동안 주목하지 않던 '번역가' 혹은 '번역'의 문제가 쟁점이 되면서 한국 근대 문학 장場 주변부로 소외되어 온 '해외문학파'를 재조명하는 연구들이 발표되고 있다.[1] 이 글도 한국 근대 문학의

* 이 글은 2007년도 정부재원(교육과학기술부 학술연구조성사업비)으로 한국연구재단의 지원을 받아 연구되었으며(NRF-2007-361-AL0015), 이화인문과학원과 한국번역비평학회 공동 주최로 2011년 10월 15일에 열린 학술대회("문화와 번역의 쟁점: 탈식민주의와 젠더")에서 발표한 논문을 수정 · 보완한 것이다. 또한 「괴테연구」 제24집(2011)에 실린 논문을 보완했다.

1 서은주, 「번역과 문학 장의 내셔널리티: 해외문학파를 중심으로」, 『현대문학의 연구』 24(2004), 47-76쪽; 서은주, 「1930년 외국 문학 수용의 좌표」, 『민족문학사연구』(2005), 41-68쪽; 김욱동, 『번역과 한국의 근대』(2010), 소명출판; 여태천, 「1920년대 번역에 나타난 조선어 인식」, 『한국시학연구』 제30호(2011), 145-171쪽; 조재룡, 「프랑스와 한국의 번역이론 비교연구: 문학 텍스트의 특수성을 중심으로」, 『인문과학』 제39집(2007), 95-119쪽; 조재룡, 「'번역학'의 정치성에 관한 고찰: 직역과 의역의 이분법을 넘어서」, 『*Comparative Korean Studies*』, Vol. 17. No.1(2009), 109-143쪽; 김병옥, 「번역연구의 시각에서 본 괴테의 "세계문학"」, 『번역연구』 제9집(2001), 93-103쪽 등.

형성 과정에 외국 문학의 번역, 소개 및 연구가 일정 정도 기여하고 개입했을 것이라는 전제하에 해외문학파의 활동에 주목해 보고자 한다. 그들의 활동에 대한 문학사적 서술이나 그들이 발표한 신문 학예면의 기사들, 그들이 발행했던 잡지 『해외문학海外文學』을 보면 그들의 사상이나 논변에 상당 부분 독일 작가 괴테Johann Wolfgang von Goethe, 1749-1831의 영향, 특히 그의 '세계 문학' 개념의 영향이 눈에 띈다. 그러나 오늘날 한국에서 읽히는, 혹은 '세계 문학' 및 '정전'에 관한 논의에서 지속적으로 인용되고 거론되는 괴테의 개념과는 다소 달리 이해되고 있다. 따라서 해외문학파의 활동을 재조명하는 작업 과정에서 그들이 괴테를, 좀 더 구체적으로는 괴테의 '세계 문학' 개념과 구상을 어떻게 이해했는지의 문제에 초점을 맞추어 살펴보고자 한다. 그들의 사유 방식 및 논리와 괴테의 방식을 비교해 봄으로써 그들이 전개한 번역운동 및 문학운동이 일제하의 한국 문단이라는 맥락에서 어떤 의미를 지닐 수 있고, 또 어떠한 한계를 드러낼 수밖에 없었는지를 추적해 볼 수 있을 것이라고 본다. 우선 해외문학파의 의도나 번역운동 및 문학운동에 초점을 맞추어 그들의 행적을 더듬어보고 그들과 괴테의 번역론 및 세계문학론을 비교하면서 해외문학파에 좀 더 접근해 보고자 한다.

2. 조선의 번역운동과 해외문학파

주지하다시피 이미 강화도 불평등조약으로 시작된 1876년 조선의 개국, 1894년 일본의 각본에 따른 갑오경장을 거치면서 '문명 개화' 내지 '근대화'를 위해 서구를 번역할 필요성이 조선에도 대두되었다. 그러나 김억金億이 프랑스 시를 번역하면서 창작하던 시기 이전까지는 원어 텍스트 번역보다는 일어 중역이 주를 이루었다. 물론 이후에도 일어 중역이 사라진 것은 아니다. 그러나 원어 텍스트를 직접 읽고 '그 맛'을 조선어(한글)로 옮기고자 하는 번역 활동에 대한 욕구는 1926년 도쿄東京에서 외국 문학을 전공하는 유학생들인 '외국문학연구회' 회원들에 의해 명백하게 표현되었다.

이 그룹의 일원인 정인섭鄭寅燮, 1905-1983이 1927년 한글 운동의 일환으로 기념 행사를 갖게 된 '가갸날'의 의의를 외국 문학 연구와 더불어 논하는 글(정인섭, 1959: 25-45)에서 자신들의 외국 문학 연구와 번역 운동을 '제2기 르네상스' 시기로 명명하듯이, 이미 해외문학파 이전 시기, 즉 1927년에서 '십여 년 전' 시기를 '제1기 르네상스'로 보고 있다. 한국의 번역사 맥락에서 보면, 정인섭이 말하는 '제1기 르네상스'는 1918년 8월 26일 외국 문예물의 번역을 주된 목적으로 하여 창간된 순수 문예주간지인 『태서문예신보泰西文藝新報』의 번역 활동을 의미한다고 볼 수 있다. 19세기 말 강제로 개국된 이후 주로 역사 텍스트의 번역이 이루어지다가 1908년 『소년少年』 창간을 기점으로 문학, 순수문학을 번역하는 경향이 두드러졌고, 1918년 『태서문예신보』의 발간으로 그 절정에 이르렀다(김병철, 1980: 175 참조). 정인섭은 여기서 『해외문학』이 창간된 1927년에 한국 번역사에서 또 다른 획을 긋는다. 그는 애란愛蘭, 지금의 아일랜드의 문예부흥을 예로 들어 가갸날의 의의와 외국 문학 연구의 필요성을 논하면서, 애란문학은 영국 본토 문학과는 달리 향토적이고 민족적인 문학을 제창했고, 한 걸음 나아가 퇴조기로 접어든 빅토리아조 말엽에 오히려 영국 본토 문단에 생기와 광채를 부여했다(정인섭, 1959: 34)는 점에 주목하고 있다. 이에 당시 "'가갸날'의 운동과 문학 전체와의 관계, 외국 문학과 번역과의 관계, 그리고 '가갸날'과 우리 민족과의 관계"가 지니는 "중대한 의의를 충실히 생각해 볼 필요"(정인섭,

1959: 43)가 있음을 역설하고 있다. 정인섭의 이런 발언을 생각해 보면 소위 '해외문학파'의 번역운동은 한글의 운동, 일제하의 한국과 한국 문단의 상황 맥락과 '중대한' 관련이 있음을 암시한다.

식민 지배국인 일본의 '도쿄'에서 1926년에 '외국문학연구회'를 결성한 조선의 유학생들 "정인섭, 김진섭, 이하윤, 손우성, 이선근, 김명화, 김온"(이하윤, 1927: 143, 182)이 식민 피지배지인 조선의 '경성'에서 그들의 뜻을 피력하는 잡지 『해외문학』을 1927년 1월 17일에 창간한다. 이 잡지를 중심으로 그들의 활약을 살펴볼 수 있겠는데, 이 잡지는 재정상의 이유[2]로 7월에 2호를 발행하고 종간된다. 그 뒤 외국문학연구회 회원들이 유학 생활을 마치고 1930년에 전원 귀국하여 경성으로 돌아와, 1931년부터 본격적으로 활동하기 시작한다. 각기 주요 신문사의 학예면 기자나 편집인으로 혹은 창작자로 활동하면서 저널리즘을 장악하고 문단에서 영향력을 발휘하게 된다. 이때 '해외문학파'에 대한 논의가 다시 활발해지고 그들의 번역운동, 번역문학 수립, 세계 문학과 한국 문학 등의 논의와 논쟁들이 이어지게 된다. 그들의 번역운동과 외국 문학 연구 취지를 정인섭 스스로가 구분한 단계에 따라 1926~27년의 도쿄 시대와 30년대 귀국 이후의 경성 시대로 나누어 살펴볼 수가 있다.

도쿄 시대: 근대 문학운동으로서 번역운동

해외문학파의 도쿄 시대에 경성에서 발행된 『해외문학』 창간호의 권두사를 보면 그들은 다음과 같이 선언하고 있다.

2 이하윤은 「나와 〈해외문학〉 시대」라는 글에서 "창간호의 발행부터 재정난에 봉착하여 우리들의 속간 계획은 중단되고 말았다"고 회고하고 있다. 『이하윤 선집, 평론 수필(1906-1974)』, 184쪽 참조.

…… 우리가 外國文學을 硏究하는 것은 決코 外國文學硏究 그것만이 목적이 아니오 첫째에 우리 文學의 建設, 둘째로 世界文學의 互相範圍를 넓히는 데 있다. 즉, 우리는 가장 敬虔한 態度로 먼저 偉大한 外國의 作家를 대하여 作品을 硏究하여써 우리 文學을 위해 充實히 세워노며 그 光彩를 독거보자는 것이다. 이에 우리는 우리 新文學 建設에 압서 우리 荒蕪한 文壇에 外國文學을 밧어드리는 바이다.

그들은 '우리 문단'을 '황무지'와 다름없다고 진단하고, 이런 황폐한 조선의 문단에 외국 문학을 연구, 헌정함으로써 '우리 문학을 건설'하고, 나아가 '세계 문학의 상호 관계 범위를 넓히고자 한다'고 창간 의도를 밝힌다. 그들의 목적이 외국 문학 연구 자체에 있는 것이 아니라 궁극적으로 우리의 문학과 문단의 근대화를 꾀하고 이를 세계 문학의 반열에 들게 하려는 것이다. 이때 그들이 거론하는 '세계 문학'은 중국과 일본이 아닌, 서양을 의미한다. 『해외문학』 창간 직전 1926년에 정인섭이 그들의 정체성과 활동에 대해 「『해외문학』 창간」(1926)이라는 글에서 밝힌 바 있다. 자신들이 서양의 외국 문학을 소개, 번역, 연구한다고 "단순한 '코스모폴리턴'이 아니요, 또는 피상적皮相的인 서양숭배아西洋崇排兒가 아니며 우리의 정신을 천대賤待하는 그런 천박한 자아몰상식自我沒常識의 환자도 아니다"(정인섭, 1959: 17)라고 언명한다. 그들은 자국의 문학과 문화를 발전시키기 위해 타국의 문학과 문화를 연구하고 도입한 사례를 세계문학사의 차원에서 제시하면서 자신들의 외국 문학 연구 및 번역, 소개의 정당성과 필요성을 설명한다. 그들에게 조선의 문단을 새로이 일구어 보고자 하는 의지는 의심의 여지가 없고, 그 모델을 서구의 문학들에서 찾고자 하는 일종의 '문학운동'을 주도하는 것이다. 게다가 조선 지식인들의 번역 활동이 역사 텍스트에서 문학 텍스트로 옮겨진 현상이, 일제 식민 통치와 검열의 간섭을 피하고 표현의 자유를 찾기 위해 문학 텍스트를 주로 번역 대상으로 선택한 것이라고 한다면(조재룡, 2009: 131), 해외문학파도 식민 지배로부터의 자유를 위해 '문학'의 장에서 일종의 사회적인 운동을 전개한 것이라고 보아도 과언이 아닐 것이다. 왜냐하면 그들은 창간 권두사에서 자신들의 외국 문학 연구를 "이 시대의 필연적 사업"이라고 하면서 "주의主義나 파분波分을 초월한 광범한" 사업으로서 "일부인一部人의 발표를 위주로 하는 문예 잡지나 동인지同人誌"와도 변별력을 부여하고 있고, "우리 문단에 큰 파동을 일으키는 뜻있는 운동 전체의 기관"이라고 선언하고 있기 때문이다.

조선 문단의 근대화, 조선 신문학의 건설을 꾀하는 그들의 문학운동은 '번역운동'으로 첨예화되어 나타나고 한글운동의 일환인 '가갸날'의 의의와 더불어 표현된다. 물론 그들의 활동이 번역에 초점을 맞추어 논의하게 된 외적인 계기는 양주동梁柱東의 번역 시비에서 비롯된다.[3] 그러나 그러한 번역 문체의 시비가 왈가왈부 논쟁화되기 이전에 이미 그들 스스로가 자신들이 수행하는 외국 문학의 연구 및 번역 행위에서 가장 고통스럽게 생각하는 문제점으로 '우리말 문제'를 꼽고 있다. 「『해외문학』 창간」에서 정인섭은 '국어의 어휘 및 표현 부족', '정리되어 있지 않은 우리말'의 문제를 "해외 문학을 소개할 때 제일 먼저 고통을 느끼게 되는"(정인섭, 1959: 17) 문제라고 쓰고 있다. 아울러 7월에 발간된 『해외문학』 2호에서는 좌담회를 수록했는데, 이 좌담회의 주제가 "한글 사용에 대한 외국 문학 견지의 고찰"이다.

이 두 편의 글을 종합해 보면, 해외문학파는 "'문학'이 문화 전체에 큰

3 양주동이 『해외문학』 창간호에 실린 이하윤 역의 베를렌의 시 「가을노래」에 대해 '비어'를 운운하며 해석상의 차이를 논쟁점으로 삼았다. 이에 대해 이하윤은 「해외문학 독자 양주동 씨에게」(『동아일보』 1927. 3. 19)로, 김진섭은 「기이한 비평 현상: 양주동 씨에게」(『동아일보』 1927. 3. 29~4. 2)로 대응했다.

영향을 준다"고 믿어 의심하지 않으며, 문학과 "예술의 신운동新運動이 생활 양식에도 떠날 수 없는 관계를" 갖고 있다고 보기 때문에 조선 사회에서 "특히 경시하지 못할 것은 문학"이라며 "문학을 완성시키기 위해 외국 문학의 연구가 필요하다"(정인섭, 1959: 24)고 진단한다. 또한 외국 문학을 소개할 때 민중, 일반 독자가 "원어原語의 맛"을 모르고, 소개하는 글의 "개념적인 가치"만 전달하면 "원작 그 자체의 맛을 보지 못한 민중에게 하등 실질적 가치를 주지 못하므로"(정인섭, 1959: 21) 반드시 원작의 번역이 필요하다고 주장한다. 그래서 문학운동이 번역운동 양상으로 전개된다. 그들은 "번역 시기라는 1단계의 문학적 효과가 필요하다"(정인섭, 1959: 23)고 말하는 데서 짐작할 수 있듯이, 번역을 일종의 문학 행위로 본다. 이때 김억의 창의적 의역도, 양주동의 축자적 직역도 아닌 "충실한 작품 번역 태도"를 적극 요구한다. 아울러 일본의 근대화 과정에서 정부 지원으로 번역국이 설립되고 번역가와 번역 활동을 적극 지원, 추진했던 경우를 언급하면서 조선에서는 정부 차원의 지원까지 바랄 수는 없어도 "가장 충실한 작품의 소개를 달성할 수 있는 기관"이 필요한데, 그 기관이 바로 잡지 『해외문학』이라는 것이다. 번역운동은 "일종의 문학적 〈르네상스〉운동"으로서 "다른 어떤 것보다 사회교육이라는 중대한 효과를"(정인섭, 1959: 24) 준다고 본다. 번역이 번역하는 자와 번역된 작품을 읽는 독자 사이의 개인적인 차원에서만 그 효과를 생각하지 않고 사회적 차원에서의 교육을 운운하고 있다.

그들은 잡지 『해외문학』의 번역운동을 통해 "우리말의 발전"에 기여할 것을 기대한다. "한글 사용에 대한 외국 문학 견지의 고찰"이라는 테마로 개최된 좌담회에서 다시금 가갸날의 의의를 거론하며 이 또한 사회적인 차원에서 언급하고 있다. 특히 정인섭은 '가갸날'의 기념 행사를 "합동 정신"의 발로요, "민중의 집합 의식集合意識에서 용출湧出된 필연적인 자각 운동"이라고 보고 이 역시 "일종의 〈르네상스〉운동"이라는 것이다. "'언어言語'란 문화 형식의 중대한 소산의 하나로서 그 표현의 형식이 문자文字란 것은 곧 문학과 심각한 관계를 갖고" 있음을 재차 확인하면서 해외문학파의 문학운동의 특성으로 국민적 특유성과 세계적 보편성을 동시에 지향하는 바를 언급한다. 즉, 문학이란 "종적縱的 국민 요소와 횡적橫的 세계 요소가 교차하는 지점에 존재"하기 때문에 외국 문학의 영향 없이 자국 문학의 성장이 있을 수 없다고 보는 것이다(정인섭, 1959: 24-45). 따라서 그들이 추진하는 외국 문학 연구라는 문학운동은 가갸날과 번역의 상호 긴밀한 관계를 고려하지 않을 수 없다는 것이다. 즉, 외국 문학의 수입은 모어母語 연구를 동반할 수밖에 없고 한글의 조직적인 연구로 고어를 발굴하여 활용하거나 신어를 창조함으로써 국어 발달을 꾀할 수 있다는 것이다. 『해외문학』 2호에 실린 좌담회는 번역을 통해 한글에 대한 연구도 함께 이루어질 수밖에 없음을 구체적으로 보여주는 자리였다. 한글학자들의 국수주의적 편협한 자세를 비판하고 조선어 문법 통일의 의미에서 한글 사용을 권장하며, 국문의 가로쓰기 문제, 아래 아(□)자 폐용 여부, 외국어 중 자음 병기, 경음 처리 문제 등 실질적이고 구체적인 한글, 국문자 활용에 관해 논의했다. 이 좌담회에서 더욱 눈에 띄는 바는 "〈다이어레ㅋ트〉의 가치를 부인할 수 없다"는 정인섭의 입장이다.

> 그러니까 우리 立場은 單純한 文部省 教科書를 全的으로 尊仰할 것도 안이요, 骨董品 贊美에만 追從치 안코 우리 글의 〈알파베ㅅ트〉을 얼마라도 自由自在로운 妥當的 根據에서 聲音化할 것이며, 新語라도 創造해서 文化 輸入에 不足한 점을 補充해야 될가 합니다.

이는 일본 문부성만을 전적으로 따를 것도 아니고, 고어古語만 찬미하는 것도 반대하면서 사투리의 가치를 부인하지 않음으로써 일본에 대해 갖는 한글의 가치를 새롭게 인식하는 탈식민적 관점이 함축되어 있다고 볼 수 있다. 동시에 "우리글의 〈알파베ㅅ트〉"라는 표현에서 암시되고 있듯이 외래어 차용도 권하고, 부족한 표현과 어휘를 위해서는 신어 창조도 권하고 있다. 정인섭은 "신어 창조新語創造"를 "외부에 대한 자기의 철저한 해방이요, 협소狹少에 대한 탈출"(정인섭, 1959: 56)이라고 설명하면서 상당히 근대적인 언어관을 보여주고 있다. 제국의 언어인 일본어가 '국어'로 제도화되어 있는 상황 속에서 조선어(한글)로 번역하는 것의 중요성을 역설하고 한글의 발전을 도모하는 해외문학파들의 입장에서 언어 내셔널리즘을 엿볼 수 있다(여태천, 2011: 158). 그들은 외국문학의 번역을 통해 외국어에 상응하는 자국어를 발견하고 창조하는 가운데 번역이 곧 국어의 발달 수단임을 인식하게 될 뿐만 아니라, 문학적으로는 비교문학에 대한 의식과 동시에 민족문학의 자의식도 발견하게 됨을 경험적으로 체득한다. 그러나 『해외문학』 2호 발행이 곧 종간되어 버림으로써 해외문학파의 문학운동과 번역운동은 1930년대 경성에서 또 다른 국면으로 전개된다.

경성 시대 : 번역의 이상과 현실, 혹은 이율배반

일본에서의 학업을 마치고 경성으로 돌아온 해외문학파는 1931년부터 문단에 적지 않은 영향력을 끼치기 시작한다. 그러자 당시 문단의 주요 논객들과의 논쟁이 이어지게 된다. 김윤식의 『한국근대문예비평사연구』에 일목요연하게 정리되어 있듯이(김윤식, 1976: 141-163), 이데올로기적으로 대립한 논쟁은 송영, 임화, 백철 등 프로문학파와의 논쟁이고, 그

밖에 번역 문제나 외국 문학 연구와 관련한 논쟁 시비는 한때 동반자적 입장에 섰던 현민이나, 소위 해외문학파에는 속하지 않지만 외국 문학을 전공한 최재서, 김환태 등에 의해 야기된다. 해외문학파의 주요 일원인 정인섭은 「조선 문단에 호소함」(『조선일보』, 1931.1.3)이라는 글에서 당시 문단을 민족문학파, 프로문학파, 해외문학파로 나누고 민족문학파와 프로문학파 모두를 비판한다. 민족문학파에 대해서는 세계 흐름과 세계 문단의 동향에 개방적이지 않음을, 프로문학파에 대해서는 일본의 철저한 모방, 추수주의追隨主義적 경향을 비판하면서 1930년 문단에서 해외문학파의 활약이 컸다고 평가한다. 그러자 프로문학파 송영은 "해외문학파가 조선의 좌우익을 함께 비난했으나 실은 우익적인 데 입각해 있다"며 우파 이데올로기를 지향하는 문학 조직이라고 비판하고, 임화도 중산계급 이상의 소시민과 인텔리층을 겨냥한 "소小부르적 클럽"이라고 비난한다. 사실 '해외문학파'라는 칭호도 19세기 데카당이라는 이름처럼 외부에서, 즉 프로문학 측에서 폄하하여 부르기 시작한 이름이다(이하윤, 1982: 182). 그 밖에 현민은 「해외문학파의 재출현」(『동아일보』, 1933.10.5)이라는 글에서 지금까지 해외문학파가 번역 소개한 작품들은 거의 90%가 이미 오래전 일본어 번역으로 여러 차례 읽은 작품들로서 "문학의 ABC"에 해당하는 수준이고 그들의 글도 대학 졸업 논문 정도의 수준이라며, 진정 조선의 문학을 건설하기 위해서는 대중교육 차원의 조선어 번역운동이나 저널리즘적 글보다는 좀 더 전문적인 학자나 창작자의 면모를 보여주어야 한다며 비판한다. 비해외문학파이면서 영문학을 전공한 최재서는 「호적 없는 외국 문학 연구가」(『조선일보』, 1936.4.26)라는 글에서 해외문학파를 "무적자無籍者의 일군一群"이라 칭하며 그들은 외국의 저명한 작가가 죽었다고 보도되면 다음날 그의 상주가 되거나 서거 50년 혹은 100년 기듵가 되면 제주가 되어 송덕문을 낭송한다고 조롱하며 "6분의 불안과 4분의 자신을 가지고 몇 해 동안 고전 세계에서 소요하고 있다"고 말하면서 해외문학파를 서양 숭배의 딜레탕티즘으로 분석, 평가한다. 심지어 국어 번역 무용론이 제기되기도 한다.

이러한 논쟁의 대략적인 소개에서도 이미 드러나듯이 해외문학파가 본래 기획했던 번역운동의 현실은 의도만큼 진행되기 어려웠거나 혹은 '번역' 및 '계몽적인 조선어 번역'에 대한 평가절하적인 고정 관념이 없지 않았던 것으로 보인다. 김진섭은 「외국 문학 연구의 지장: 해외문학파의 일인一人으로서」(『동아일보』, 1933.11.5)에서 솔직히 외국 문학의 연구와 번역 작업의 어려움을 인정, 토로하고 있고, 함대훈의 「번역문학」(『조선일보』, 1938.12.15~16)에서는 번역문학 발달이 미흡한 원인 중에 출판업계의 번역가에 대한 부당한 대우도 거론되고 있다. 이러한 논쟁 과정에서 발표된 이하윤, 이헌구, 최규홍, 김진섭, 함대훈 등의 글들에서 보면, 자국의 문학을 건설하기 위해 외국 문학 연구와 번역문학의 수립은 절대 필요하다는 인식에는 변함이 없다. 또한 오늘날 번역 연구에서도 유의미할 수 있을 정도의 번역 문제와 관련한 깊이 있는 사유들을 접할 수 있다. 김진섭이 「번역과 문화」라는 기획 테마 아래 14편의 번역 관련 소주제를 다룬 글이 그러한 사례로 언급된다(김병철, 1980: 766; 조재룡, 2007a: 107). 그 밖에 이하윤의 「세계 문학과 조선의 번역운동」(『조선중앙일보』, 1933.1.1~3)과 「외국 문학 연구 서론: 우리는 왜 외국 문학에 관심해야 하나?」(『조선일보』, 1934.8.14~17), 이헌구의 「『해외문학』 창간 전후」, 「영양을 세계에 구하야」, 「새로운 영양의 운반자」(『조선일보』, 1933.9.29~10.1) 등도 중요한 자료로 읽혀야 하는 글들이다. 이 시기 번역 담론과 관련하여 주목하고자 하는 바는 두 가지 문제로, 혹은 동일한 문제를 두 가지 차원으로 집약할 수 있다. 하나는 '번역의 이율배반적 특성'이고, 또 다른 하나는 '세계문학론'이다.

우선 김진섭의 「번역과 문화」라는 기획 테마 아래 발표된 14편의 글[4]에서 보면, '번역'을 언어에서 언어로 옮기는 작업으로만 보지 않고 각 언어가 수반하는 문화까지 고려해야 한다는 일종의 '문화 번역'적 관점을 보여주고 있다(조재룡, 2007a: 107 참조). 게다가 당시에도 이미 생활이 국제화되고 외국 생산품이 일상에까지 파고드는 시기인데 물질적인 교역과는 달리 관세도 필요로 하지 않는 정신적인 사상이나 문화의 상호 교환은 더더욱 말할 필요도 없다고 본다. 그가 정신적 인류 문화의 교류를 촉구하는 근거는, "인간 지식의 총화總和" 내지 "인류의 모든 문화는 누구나 소유할 수 있는 신성한 공동 재산"이며, "이 지상의 모든 민족은 피차에 의존함이 없이는 도저히 살 수 없다"고 확신하고, "어떠한 예술, 어떠한 문학도 세계 예술 조류와 분리하여서는 절대로 존재할 수 없다"고 보기 때문이다(김진섭, 1955: 47, 48). 이때 '번역'이 문화사적으로 중요한 역할과 교량적 기능을 발휘한다는 것이다(여기까지 김진섭의 기본 논리는 그 자체로 괴테의 논리를 '번역한' 것이라고 할 수 있을 정도로 아주 흡사하다). 그는 프로문학파의 비판을 의식해서 그랬는지 번역이 이루어지지 않으면 "사회사상사社會思想史에 중대한 시기를 획한 〈맑쓰〉의 유물사관을 원서대로 미독味讀할 수" 없었을 것이라 첨언한다(김진섭, 1955: 55).

김진섭의 번역에 관한 사상적 특이성을 몇 마디 인용하자면, 번역이란 "세계가 가지고 있는 나라의 수와 같이 상이한 언어를 통일체로서의 세계 문화를 전달하려는 입장에서 자국어화自國語化"하는 것이고, 번역이란 "국제적 문화 교환交驩의 제일보"로서 "일국민의 문화적 전통과 타민족의 문화적 전통이 서로 접촉하는 기회를 제공"하여, "서로 다른 나라

4 조선중앙일보에 실린 14편의 시리즈 제목을 보면, 「생활의 국제성」, 「문화의 교환 상하」, 「세계문학의 개념」, 「번역의 문화사적 역할」, 「번역의 가치」, 「문화의 복사적輻射的 영향」, 「문화의 일대 집성」, 「번역가의 문화사적 사명」, 「번역의 한계」, 「번역문학론」, 「번역술」, 「조선과 번역문화 상하」이다. 이 글들은 김진섭의 『교양의 문학』(1955 진문사, 신세계문고8, 44–78쪽)에 재수록되어 있다.

와 민족 속에 문화의 '전생轉生'을 도모함으로 의하여 보다 넓고 보다 높은 세계를 가장 직접적으로 국민화하고 자기화하는 문화적 행동이며 또 그러한 세계를 원활하게 연결하는 심적 교량이다"(김진섭, 1955: 54)라고 설명하고 있다. 다시 말해 이는 "지리적 교통과 문화의 교환이 시작된 날부터 인류의 내적 요구에" 따라 번역이 이루어지는 것이고, "각 민족의 언어의 차이라는 대난국大難局을 완전히 배제해 주는 데에"(김진섭, 1955: 55) 번역의 문화사적 역할이 있다는 것이다.

요컨대 "통일체로서의 세계 문화"를 지구상의 나라 수만큼이나 상이한 언어로 전달해 주는 중간 위치에서 번역의 가치가 발휘된다는 것이다. 그런데 바로 이 지점에서 김진섭은 번역의 "이율배반二律背反"을 생각한다. 그는 "세계가 이제 오직 하나의 문명어文明語를 가지려고" 하고 있으면서도 "각국에서는 국어 순정國語純正에의 요구도 활발하다"고 말한 프랑스 언어학자 메이에Antoine Meillet를 인용하면서 번역의 이율배반적 현상을 거론한다. 즉, 국제적인 교류, 문화적인 교류가 활발하고 긴밀해지다 보니 세세는 "하나의 문명어"를 지향하지만, 동시에 정치적·언어적 국경이 확고해지는 근대 국가 시스템이 구축되면서 자국어의 근대화와 그로 인한 내셔널리티의 강화 현상도 나타남을 김진섭은 간파한 것이다(서은주, 2004: 62). 이 대목에서 김진섭이 생각하는 '번역'이란 번역자가 '통일적인 세계 문화'를 자문화 속에 전유하려는 동일화의 과정인데, "이율배반"적으로 "하나의 문명어"를 지향하는 "통일체로서의 세계 문화"는 지구상의 '나라 수만큼이나 상이한 언어'로 옮겨짐으로써 언어적 경계를 체계화하는 차이화의 과정이기도 한 것이다.[5] 김진섭과

5 번역이 타문화를 자문화 속에서 전유하려는 동일화 과정이면서 동시에 자국어의 언어적 경계를 체계화하는 이질화의 과정이라는 관점에 대해서는 조재룡의 책 『앙리 메쇼닉과 현대비평』(2007) 참조. 특히 237-261쪽.

그의 해외문학파 동료들은 '번역'이라는 행위를 통해 '세계적 문명어'를 조선어로 옮기면서 혹은 옮기기 위해 그 문명어와 등가等價를 이루는 조선어를 구축함으로써, "빈약"하고 "체계가 불안정한" 조선어를 근대적 문명어로, '국어'로 발전시킬 수 있고, 이는 세계 문화를 전유하기 위한 토대이자 "국민 문학 건설"을 통한 "세계 문학과의 상호 범위를 넓히고자" 한 그들의 본래 목적을 실현시킬 수 있는 길이라고 보았을 것이다. 이렇게 보면 해외문학파가 번역운동, 문학운동을 통한 조선의 근대화를, 일본 아래의 조선이 아니라 세계 속의 조선을 실현할 수 있을 듯이 보인다. 그러나 김진섭은 동시에 현실적으로 "세계 문화가 국경을 초월한 하나의 통일체로서 동일한 수평선 위를 걷고 있는 것은 결코 아니니 '문화의 민족적 평등'이란 드디어 한 개의 환상에 불과한 감이 없지 않았다"고 현실 인식을 드러내기도 한다. 그러면서 한 국가의 문화 수준이 낮으면 낮을수록 번역가의 문화사적 사명은 더더욱 중대함을 강조한다. 다시 말해 "자국 문화의 향상"을 위해 "이국異國의 〈칼로리〉를 가져오는데"(김진섭, 1955: 62) 번역가의 역할이 매우 중요하다고 보는 것이다.

이와 같은 김진섭 혹은 해외문학파의 번역론과 관련하여 아래의 질문들을 던지지 않을 수 없다. 첫째, "통일체로서의 세계 문화"는 구체적으로 무엇을 의미하는가? 그것이 인류의 보편성을 담보하는 것인가? "통일체로서의 세계 문화"가 "보다 넓고 보다 높은 세계"인가? 번역을 통해 다른 문화와의 교류와 접촉이 용이해지고 타문화 내지 타자와의 대화를 통해 자기 정체성을 자각하는 문화적 실천까지도 가능하며, 심지어 이 문화가 저 문화의 민족과 나라에서 '전생轉生', 즉 다시 새롭게 태어나 계속 더 유지될 수도 있는 듯하여 삶이 풍요로워질 것 같은데, 이때 이 문화와 저 문화 사이가 대칭적인 수평 관계가 아니라, 어느 하나가 더 높고 더 넓은 비대칭적인 수직 관계로 김진섭을 비롯한 해외문학파가 떠올렸다면, 왜 그들은 그렇게 상상을 해야만 했을까? 이는 조선과 "해외" 사이의 권력적 불균형 상태를 꿰뚫어본 것이었을까? 그렇다면 그가 생활의 국제화 현상을 관찰하면서 이 시대에 정신적으로도 배우고자 하는 '해외'의 문학을 통해 한국 문학의 국제화를 꾀하고자 하는 것이 곧 권력적 불균형을 극복할 수 있다고 보았던 것일까?[6] 둘째, 그 '보다 넓고 보다 높다'는 세계가 그들의 자국어, 즉 조선어로 옮겨지는 그들의 자문화, 즉 조선의 문화보다 넓고 높다는 근거 내지 기준은 무엇이고, 누가 그런 기준을 제시한 것인가? 그들이 번역을 하면서 외국어에 비해 조선어가 빈약하고 체계가 없다고 판단한 그들의 진단을 우리는 의심의 여지없이 그대로 받아들여도 좋을까? 이 대목에서 "상징적인 지배symbolic domination"의 일환으로 인도 벵골어 사전을 만들면서 벵골어의 "정착되지 않은" 정서법에 대해 불평을 해대거나, "미지"의 언어 문법을 편집하면서 유럽적 문법 규칙 적용이 어려웠음을 불만스럽게 서문에 써댔던 유럽의 식민 대리인 선교사나 언어학자들을 떠올린다면 지나친 상상일까?(Niranjana, 1992: 32) 셋째, 그들이 그리도 도달하고자 하던 "세계문학"은 구체적으로 무엇일까? "세계는 하나의 원활한 연속 속에 있어" 어떤 사람이 주목할 만한 연구 성과를 내거나 작품을 쓰면 민감한 번역자들의 활동에 의해 수개 국어로 번역, 소개, 비평되어서 전 인류에게 전달된다며, 그리고 문화예술 및 과학/학문은 전 인류의 공동 자산이라며 번역에 의해 "문화의 복사적輻射的 영향"을 김진섭은 말하고 있는데, 그렇다면 그의 사유 모델은, "근대성이 어느 한 곳(서구)에서 발원하여 다른 곳들로 넓게 퍼져가는 문화적 현상"(강내희, 2009: 5)이라고 설명하

6 문학의 국제화, 삶의 세계의 동일화, 문화권 사이의 (불)균등한 권력 관계에 대한 문제 제기는 Doris Bachmann-Medick의 논문 「Der Ganges fließt in Afrika. "Heinmatloser Internationalismus" und die postkoloniale Sicht von Weltliteratur und Übersetzung」 참조.

는 '근대의 서구발 확산 모델'과 유사한 것일까? "대문화국大文化國이 맺어놓은 신선新船한 과실果實을" 혹은 "이국異國의 〈칼로리〉를" 번역하여 자국 문화의 향상을 도모하는 문화사적 사명을 번역가에 부여하고 있음으로써 번역, 번역가에 대한 인식이 상당히 깊다. 하지만 번역가가 섭취해 와야 할 '대문화국의 신선한 과실', '이국의 칼로리'는 구체적으로 무엇인가? 김진섭은 "세계 문화의 중심 세력을 형성하고 있는 문화국"으로 영국, 독일, 프랑스, 이탈리아, 아메리카, 러시아를 꼽고 있는데, 그 나라들의 문학이 곧 세계 문학일까? 김진섭, 이하윤, 정인섭 모두 유사하게 '세계 문학' 개념을 규정하면서 괴테를 인용하고 있는데, 그들이 이해한 괴테의 '세계 문학'은 정말 '보다 넓고 보다 높은 세계'의 문화였을까? 노년의 괴테가 정말 그런 의미로 사용했을까?

3. 해외문학파와 괴테: 번역과 세계 문학

해외문학파의 번역운동, 특히 김진섭의 번역론을 살펴보는 과정에서 맞닥뜨리는 개념은 앞서 질문으로 던진 바와 같이 "세계 문학"이라는 개념이고, 이 개념과 번역과의 관계를 사유하는 그의 혹은 그들의 방식에서 맞닥뜨리게 되는 문제는 "낯선 것과 고유한 것의 관계", "일반적인 것/보편적인 것과 실체적인 것/특수한 것의 관계"를 어떻게 보고 있는가의 문제로 집약될 수 있다.

먼저 해외문학파들의 "세계 문학" 개념부터 보자. 김진섭은 기획 테마 「번역과 문화」 아래 「세계 문학의 개념」이라는 제목의 글을 발표하여 괴테의 세계 문학 개념을 세계 각국의 문학, 즉 "문학의 잡연雜然한 집합"을 의미하는 것이 아니라, "인류 전반의 통일적 생활이라 하는 이상理想

을 전제로 하고 이보다 큰 통일과 조화의 원리에 의해 결합되고 집합된 바 일속一束의 다채多彩한 문학"(김진섭, 1955: 51)이라고 소개하고 있고, 이를 뒷받침해 주는 의미에서 "심미적審美的, 도의적道義的 통일을 갖는 점에서 전 인류는 오직 한 사람에 불과하다"(즉 모든 사람은 같다)는 짐멜Georg Simmel의 말을 인용하고 있다. 해외문학파 중 김진섭 이외에 이하윤과 정인섭도 괴테를 거론하며 외국 문학 연구 및 번역의 필요성을 논한다. 이하윤은 「외국 문학 연구 서론: 우리는 왜 외국 문학에 관심해야 하나?」(『조선일보』, 1934.8.14)에서 세계 인류가 공유하고 세계 문학사를 장식하는 괴테를 우리 문학사에서는 왜 받아들일 수 없는가 반문하며 민족문학파의 폐쇄적인 태도를 암묵적으로 비판함과 동시에 외국 문학에 대해 개방적이되 결코 외국의 것만 숭상하는 데서 멈추지 않고 우리의 전통을 잊지 않은 채 조선사람답게 수용한다면서 암묵적으로 프로문학파를 비판하는 맥락에서 괴테 혹은 세계 문학을 언급하고 있다. 정인섭은 다소 뒤늦게 1940년에 「세계 문학과 한국 문학」이라는 글에서 광의의 '세계 문학'은 "세계의 문학"을 의미하고, 협의로는 괴테, 짐멜, 모울튼William G. Mouton의 개념을 아주 간략하게 소개하고 있다. 괴테의 개념으로는 "도의적 · 심미적 각 민족의 융합으로부터 발생하는 문학 예술"이라고 소개하고 있고, 짐멜의 개념으로는 "'인류 일반이 통일적 생활의 이상'을 말하는 문학"이라고 소개하고 있으며, 마지막으로 모울튼의 개념으로는 "'예술의 통일에 기인한 구주문학사歐洲文學史 중의 대표작이 의미하는 바 일종의 문학적 〈타이프〉"로 소개하고 있다(정인섭, 1959: 7). 불과 몇 마디 인용으로 사전적인 정의를 내리고 있어 구체적으로 접근하기는 용이하지 않다.

하지만 이들의 세계 문학 개념에 대한 자료 역할을 했을 법한 김진섭의 글이 한 편 더 있다. 『현대평론現代評論』 1권 4호(1927)에 실린 「세계 문학에의 전망」이다. 이 글은 11쪽에 달하는 제법 긴 논문 형식의 글이다. 여기에서도 역시 괴테와 짐멜이 인용되면서 "세계 문화"와 "세계 문학"이 설명되고 있는 점으로 미루어 보아 이후 정인섭 등 해외문학파 동료들에게 정보를 제공하는 글이었을 것으로 추정된다. 이 글에서 보면, "세계 문화", "세계 문학"이라는 용어가 당시에 화두가 되고 있고, "그러한 세계 의식은 차라리 자연스러운 심리학"이라고 말문을 열고는 사회학 이론들을 인용하고 있다. "국가적 개성이 세계 의지의 최고 종합의 밑에" 포용되어 "모든 문화 가치를 오늘의 문명인이 항상 세계적으로 고찰하며 세계적으로 평정評定하며 그뿐만 아니라 보담큰 문화 가치가 세계적으로 자기子器를 형성하며 있다는 것은 우리가 거부하지 못할 사회적 과정"(김진섭, 1927: 35-36)이라고 말하고 있다. 그 하나가 바로 "세계 문학"의 형태라는 것이다. 김진섭은 이 개념을 괴테의 개념으로 도입하기는 하지만 문학사적인 개념으로 설명한다. 즉, "괴테 이전의 문학"은 "국가적 요소에 시종終始하는 국민 문학"이었고, "괴테 이후의 문학"이 "일반적으로 세계적 요소를 가지고 국민적 특징보담 더욱 많이 세계적 공통성을 각국의 문학이 포장包藏함으로써 독특한 형식에 결합한 세계 문학을 구성한 것"(김진섭, 1927: 36)이라고 보고 있다. 그의 설명에 따르면, 괴테가 죽은 이후 비로소, 괴테 자신이 세계 문학의 시대가 도래할 것이라 예감한 대로, 더 이상 '국민 문학'이 문제가 아니라 이제는 세계 문학의 시대가 되었다는 것이다. 세계 문학은 "국민 문학이 근대적 의미로서의 세계적 요소를 갖춤으로써" 가능한 것이고, 여기서 "세계적인 요소"란 결국 "세계적으로 공통되고" 통용되는 "문학적 요소"와 "예술적 형식 의지"라고 말하고 있다(김진섭, 1927: 37). 예를 들어 불란서 낭만파는 독일적 형식 의지를 섭취하여 세계 문학의 원시 단계를 밟기 시작했고, 이렇게 외국의 문학 형식을 자국의 문학이 모방하면서 발전의 정점에 이른 것이 당시에 세계적으로 풍미하고 있던 '인상주의' 라고 설명한다.

김진섭의 이 글을 토대로 생각해 보면, 해외문학파가 외국 문학을 번역, 소개, 연구하여 우리 신문학을 건설하는 데에 기여하고 세계 문학의 상호 범위를 넓히고자 한 사상적 근거 내지 사유 방식을 엿볼 수 있다. 그들은 "국가적 개성" 혹은 '개별 국가'는 "세계 의지의 최고 종합" 혹은 '문명 세계의 모든 문화 가치'보다 하위에("밑에") 있고, 더 협소하며, 더 덜 세계적으로 공통적이라고 본다. 즉, 일반적인 것과 개별적인 것, 세계적인 것과 한 국가적인 것과 사이를 다소多小-광협廣狹-상하上下 위계 질서의 구조로 파악하고 있다. 또한 각 국가의 국민 문학이 세계 문학이 되려면 좀 더 세계적으로 공통되는 무언가를 갖추어야 하고 그것을 갖추기 위해서는 낯선 외국 문학 형식을 많이 모방하면서 발전을 도모할 수 있다는 것이다. 그것을 실질적으로 가능하게 하는 것이 바로 번역 행위인 것이다. 세계 문학의 기준이 오로지 자문화 바깥에 있으며 번역 행위를 통해 낯선 것을 안으로 들여오기는 하지만 그 구조가 다소-광협-상하 위계 질서의 구조이기에 안의 것이 바깥으로 동시적으로 순환할 수는 없는 구조이다. 김진섭을 비롯한 해외문학파가 세계를 향해 개방적인 자세를 취하고 적극 타문화와의 교섭을 통해 배우려는 자세는 긍정적이지만 사유 방식의 구조상 관계의 비대칭성을 전제로 하고 있다. 따라서 그들은 번역 행위를 통해 좀 더 세계적이고 좀 더 보편적인 원본을 옮겨옴으로써 자문화에 새로운 자극과 충돌과 배움을 수반할 수는 있는 반면, 김진섭이 "문화의 복사적 영향"을 말했듯이, 발원지에서 사방으로 퍼져나가는 방식의 번역론이다. 김진섭이 한 문화가 타문화 맥락에서 '전생' 하는 것을 이야기했지만 실질적으로 일방향적인 '전생'만이 가능한 구조이다.

그들이 사유의 근거로 도입해 온 괴테의 '세계 문학' 개념은 오늘날 '세계 문학' 논의에서 거의 언제나 인용되는 괴테의 세계 문학과는 다소 차이가 있다. 김진섭의 논문에서도 언급되어 있듯이 괴테가 이 개념을 1827년에 처음으로 잡지 『예술과 고대 그리스 · 로마*Kunst und Altertum*』에서 거론한다. 노년의 괴테는 1827년에서 1829년 사이에 쓴 글들 여기저기에서 언급을 했으나 이에 대한 이론적인 정리를 별도로 하지는 않았다. 그래서 다양한 논의 맥락에서 인용되고 연구되는 경향도 없지는 않다. 그러나 별도로 이론 정리를 하지 않았다고 해서 괴테의 콘셉트가 없었다고는 절대 말할 수 없다. 괴테의 이 개념은 주로 세 가지 방식으로 발화된다. 첫째는 민족 문학Nationalliteratur에 대한 반대 개념으로 '세계 문학'을 사용한다. 여기서 '민족 문학'이란 근대 이전 유럽의 지식인 문학 내지 후기 절대왕정 시기 유럽에 팽배한 프랑스어 중심의 궁정 문학을 의미한다. 둘째는 문학의 국제화 및 문화적인 상호 교류의 실질적인 과정이라는 의미이다. 셋째는 세계적으로 통용되는 언어 예술의 '규정적인 이념regulative Idee'으로, 한마디로 하자면 '열려 있고 지속적으로 새로이 쓰이는 정전ein offener und dauernd umzuschreibender Kanon'의 의미로 사용된다. '세계 문학'이라는 이 용어를 괴테가 처음 고안해 낸 것은 아니지만 세계 문학에 대한 담론의 토대를 마련해 준 것은 사실이다. 괴테의 이 개념과 관련하여 중요한, 그래서 자주 회자되는 구절을 인용하자면, 1827년 1월 31일에 괴테가 에커만Johann Peter Eckermann, 1792-1854과 나눈 대화이다.

> 시는 인류의 공동 자산이며 어디서든 어느 시대에든 수백 수천 명의 사람 가운데서 나온다는 것이 점점 더 확실하게 보인다. 어떤 이는 다른 사람보다 그것을 약간 더 잘 하고 어떤 이는 다른 이보다 약간 더 오래 헤맨다. 그것이

전부이다. [……] 그러나 물론 우리 독일인들 자신이 처해 있는 편협한 환경에서 벗어나 넓은 시야를 갖지 못한다면 설익은 자만에 빠지기 십상이다. 그래서 나는 즐겨 낯선 민족들에게서 둘러본다. 그리고 누구에게나 그렇게 하라고 충고한다. 민족 문학은 이제 별로 의미가 없다. 세계 문학의 때가 왔다. 이제 누구나 이 시기를 앞당기도록 해야 한다. 그렇다고 외국의 것을 존중해서 우리가 어떤 특수한 것에 집착하고 이것을 모범으로 삼으려고 해서도 안 된다.[7]

괴테가 거리를 두고자 하는 '민족 문학'은 시대적인 맥락에서 이해되어야 한다. 당시 나폴레옹 전쟁의 여파로 발흥하는 민족주의와 전후 유럽 질서의 보수적 복고 경향 및 제국주의적 팽창에 대한 괴테의 거리 두기를 간과할 수 없다. 또한 당시 물물 교역이 활발해지면서 자본주의적 근대화가 이루어지고 있는 유럽을 바라보면서 괴테는 물질적 교역 못지않게 정신적 교역이 필요함을 촉구한다. 문학사적으로는 당시 대두하고 있는 낭만주의와 중세 예술로 회귀하고자 하는 나자렛풍Nazarenertum에 대해 괴테는 강한 회의의 눈길을 보내면서 민족주의, 민족 숭배 예술에 거리를 둔다. 민족주의가 발효하는 분위기에서 바이에른의 장관인 니타메르Fricdrich J. Niethammer는 독일 청소년과 국민들에게 민족 의식을

7 J. P. Eckermann, *Gespräche mit Goethe*, Frankfurt a. M., 1981, S. 211.
"Ich sehe immer mehr", fuhr Goethe fort, „daß die Poesie ein Gemeingut der Menschheit ist und daß sie überall und zu allen Zeiten in Hunderten und aber Hunderten von Menschen hervortritt. Einer macht es ein wenig besser als der andere und schwimmt ein wenig länger oben als der adere, das ist alles. [……] Aber freilich, wenn wir Deutschen nicht aus dem engen Kreise unserer eigenen Umgebung hinausblicken, so kommen wir gar zu leicht in diesen pedantischen Dünkel. Ich sehe mich daher gerne bei fremden Nationen um und rate jedem, es auch seinerseits zu tun. Nationalliteratur will jetzt nicht viel sagen, die Epoche der Weltliteratur ist an der Zeit, und jeder muß jetzt dazu wirken, diese Epoche zu beschleunigen. Aber auch bei solcher Schätzung des Ausländischen dürfen wir nicht bie etwas Besonderem haftenbleiben und dieses für musterhaft ansehen wollen. [……]

고취하기 위해 위대한 독일 최고의 시 선집을 편집해 달라고 괴테에게 주문하지만 괴테는 결국 이 기획을 수락하지 않는다. 이 기획이 추구하는 "민족 교양Nationalbildung" 대신에 괴테는 "세계 교양Weltbildung"을 강조한다. 심지어 번역을 통해 독일인들의 내면에 수용된 외국의 시도 독일 시로 볼 필요가 있음을 주장하며 청소년들에게 일찍이 민족의 경계를 넘어 지평을 확장할 수 있도록 해야 한다고 권한다.[8]

물론 그는 외국 문화에 개방적인 자세를 취하고 둘러보기는 하지만, 위의 인용문에서도 읽을 수 있듯이, 특정한 어떤 민족 문학에 "집착하여 모범이라 여겨서도 안 된다"고 경고한다. 그는 당시 독일 사회의 봉건적 후진성, 당시 독일 문학의 후진성을 모르지 않았다. 그러나 그렇다고 해서 당시 소위 고전의 반열에 드는 "세계 문학"인 영국, 프랑스, 이태리의 문학에만 관심을 두지 않는다. 오히려 세르비아, 보스니아, 페르시아, 심지어 아시아 중국에 눈을 돌리고 특히 '민중시Volkslied'에 주목한다. 페르시아의 시인 하피즈Ḥāfiẓ의 시를 거의 번안하며 창작한 『서동시집 *West-östlicher Divan*』에 관한 메모에서는 "동양을 알고자 한다면, [……] 우리가 동양화되어야 한다[……]"[9]고 말하기도 한다. 그는 종종 '세계 문학'의 콘셉트와 관련하여 "세계 유통Weltumlauf" 혹은 "세계 교통Weltverkehr"이라는 용어를 종종 사용하기도 했듯이[10] 낯선 문화와의 만

8 Goethes Brief an Friedrich J. Niethammer: "Ist doch das fremde Gut unser Eigentum geworden. Mit dem rein Eigenen würde Angeordnetes, es wäre durch Übersetzung oder durch innigere Behandlung unser gewordenen, aufzunehmen seyn; ja müßte ausdrücklich auf Verdienste fremder Nationen hinüberweisen, weil man das Buch ja auch für Kinder bestimmt, die man besonders jetzt früh genug auf die Verdienste fremder Nationen aufmerksam zu machen hat." Vgl. Hans Joachim Schrimpf, *Goethes Begriff der Weltliteratur*, 1968, J. B. Stuttgart, *Metzlerische Verlagsbuchhandlung*, S. 30–35. Zit. n. S. 33.

9 Johann Wolgang von Goethe, *Werke, Hamburger Ausgabe*(이하 HA) Bd. 2, S. 181: "Wollen wir an diesen Produktionen der herrlichsten Geister teilnehmen, so müssen wir uns orientalisieren, der Orient wird nicht zu uns herüberkommen."

10 Hans Joachim Schrimpf, *Goethes Begriff der Weltliteratur*, S. 12.

남, 교류, 소통, 대화를 중요시한다. 그에게 '세계 문학'이란 '세계적 소통', '상호 교류', 나아가 여러 나라 작가들의 '연대'를 도모하는 콘셉트이다.[11] 그의 세계 문학 이념은 물물 교역처럼 정신적인 교역을 주장하는 것이다. 즉, 괴테가 말하는 세계 문학은 '세계 각국 명작들의 보고寶庫, Schatzkammer der Meisterwerke'를 의미하는 것이 아니라—김진섭도 세계 각국 문학의 잡연한 집합이 아니라고 보기는 한다—문인들의 국제적인 연대를 위한 네트워크 형성 내지 세계적 소통을 의미한다고 볼 수 있다. 오늘날 세계화 시대 세계 문학 논의에서도 괴테의 세계 문학 이념과 콘셉트가 자주 인용되고, 국내에서 소위 "괴테적 · 마르크스적 세계 문학 기획"의 담론이 형성 · 공유될 수 있는 근거도 바로 괴테의 세계 문학이 가지는 이러한 특성 때문이다.[12]

이와 같은 괴테의 '세계 문학' 개념을 이론적 측면에서 정리해 보자면, 우선 보편적 · 세계적인 것이 특수한 것, 개별적인 것보다 우위에 있지 않다. 괴테는 중심과 주변의 위계적 질서를 적어도 자신의 문학 세계에서는 유지하지 않는다. 그리고 위의 인용문에서 알 수 있듯이, "인류의 공동 자산"이라는 인류 보편의 문학 "시"는, "어디서든 어느 시대에든

11 Goethe, HA, Bd. 12, S. 363: "Nein! hier ist vielmehr davon die Rede, daß die lebendigen und strebenden Literatoren einander kennen lernen und durch Neigung und Gemeinsinn sich veranlaßt finden, gesellschaftlich zu wirken."

12 괴테와 마르크스를 연결할 수 있는 근거는 마르크스와 엥겔스가 발표한 『공산당 선언*Der manifest der kommunistischen Partei*』에서 다음과 같이 쓰고 있기 때문이다: "An die Stelle der alten lokalen und nationalen Selbstgenügsamkeit und Abgeschlossenheit tritt ein allseitiger Verkehr, eine allseitige Abhängigkeit der Nationen voneinander. Und wie in der materiellen, so auch in der geistigen Produktion. Die geistigen Ergebnisse der einzelnen Nationen werden Gemeingut. Die nationale Einseitigkeit und Beschränkheit wird mehr und mehr unmöglich, und aus den vielen nationalen und lokalen Literaturen bildet sich eine Weltliteratur." (Marx u. Engels: Ausgewählte Schriften Bd.I. 1989 Berlin, S. 42.) 괴테적 · 마르크스적 세계 문학 기획의 담론을 주도하는 글로는 다음과 같은 자료를 참조. 백낙청: 지구화 시대의 민족과 문학, 『내일을 여는 작가』 1997년 1 · 2월호; 백낙청: 세계화와 문학. 세계문학, 국민/민족문학, 지역문학, 『안과 밖』 29집(2010); 윤지관, 임홍배 대담: 세계문학의 이념은 살아 있다. 『창작과 비평』 2007 겨울호; 임홍배: 괴테의 세계문학론과 서구적 근대의 모험, 『창작과 비평』 2000년 봄호; 한기욱: 지구화 시대의 세계문학, 『창작과 비평』 1999년 가을호.

수백 수천 명의 사람 가운데서 나온다"고 보고 있다. 그는 "보편적인 것이 바로 특수한 것에서 번뜩인다"[13]고 말한 바 있다. 항상 그는 개별 현상의 세밀한 관찰, 즉 특수한 것에서 출발한다. 그 특수한 것의 개별 진술은 결코 고립된 채로 머무르지 않는다. 그 모든 것이 보편적인 세계 이해의 문학적 표현들인 것이다. 괴테는 항상 특수한 어떤 것을 새로이 발견하면 이미 기존에 인정된 보편적인 것을 확장하거나 교정할 준비가 되어 있다(Schrimpf, 1968: 17 참조). 다시 말해, 자문화 바깥 어딘가에서 보편적인 것으로 정해져 있는 것이 아래로 물 흐르듯 개별적인 것으로 흘러 내려오는 것이 아니라, 수많은 개별적인 것에서 대화와 소통을 통해 보편적인 것이 확인되면서 구성되는 원리이고, 이때 차이를 지워버리지 않으면서 혹은 차이를 차이로 인정하면서 교류를 통해 보편적인 것을 찾아가는 논리이다. 괴테는 다양한 민족이 동일하게 사유하고 느끼는 것을 비현실적으로 본다. 그는 오히려 자연의 식물과 모든 종의 다양성처럼 정신의 세계도 다양해서 보편적인 동일성이 강요되면 그 풍요로움과 아름다움을 상실한다고 보기 때문이다. 상이한 민족이 "서로를 인지하고 파악하고 서로 사랑하지 못한다면 최소한 서로를 인내할 줄을 배워야 한다"[14]고 말한다. 세계 문학으로 민족 간의 상이성을 인내할 줄 알게 될 뿐만 아니라 모든 민족의 문학에서 인간의 보편적인 핵을 발전시키는 것

13 Goethe, HA, Bd. 12, S. 352: "Offenbar ist das Bestreben der besten Dichter und ästhetischen Schriftsteller aller Nationen schon seit geraumer Zeit auf das allgemein Menschliche gerichtet. In jedem Besondern, es sei nun historisch, mythologisch, fabelhaft, mehr oder weniger willkürlich ersonnen, wird man durch Nationalität und Persönlichkeit hin jenes Allgemeine immer mehr durchleuchten und durchscheinen sehen."

14 Goethe, HA, Bd. 12, S. 362–363: "Diese Zeitschrift, [……] werden zu einer gehofften allgemeinen Weltliteratur auf das wirksamste beitragen; nur wiederholen wir, daß nicht die Rede sein könne, die Nationen sollen überein denken, sondern sie sollen nur einander gewahr werden, sich begreifen und, wenn sie sich wechselseitig nicht lieben mögen, sich einander wenigstens dulden lernen."

이라고 본다(Strich, 1957: 25–26 참조). 그렇기 때문에 괴테의 세계 문학 콘셉트는 후진적인 독일 문학이 무조건 선진적인 문학을 일방향적으로 배워오는 방식이 아니라 자문화 안에서도 바깥의 타문화와 공통적인 것을 찾아낼 수 있고, 거꾸로 타문화에서 번역을 통해 들어온 것도 자문화 안에서 '전생'하여 자문화의 대표적인 시로 거듭나는 순환적인 구조를 보여준다. 따라서 그의 세계 문학 개념은 '번역'과 긴밀한 관계를 가진다.

위와 같이 괴테를 읽는다면, 괴테를 인용하고 근거로 삼는 해외문학파의 번역론 및 세계 문학 개념과는 사유 방식에서 차이를 보여준다. 본고의 분석을 뒷받침해 주는 글이 있다. 베르만Antoine Berman, 1942–1991의 괴테 번역론이 그것이다. 베르만은 괴테의 세계 문학 연구가인 슈트리히Fritz Strich의 괴테 이해를 바탕으로 괴테의 세계 문학 콘셉트에서 괴테의 번역론을 설득력 있게 이끌어 내고 있다. '번역'을 '낯선 것'과의 충돌을 통해 비로소 열리게 되는 타자와의 진정한 만남(조재룡, 2007a: 107)으로 보는 베르만은 괴테의 '번역'을 '교양, 교육, 도야'라는 의미인 Bildung이라는 개념과 연결짓는다. 즉, "불모의 자기 폐쇄 상태에서 생동감 있는 상호 작용으로 점진적으로 이동함으로써 자기와의 관계와 낯선 것과의 관계 사이의 균형을 찾아가는 것이 Bildung인데", 바로 이 Bildung의 과정이 번역 행위와 맞아떨어진다는 것이다(베르만, 2009: 117–118). 번역을 통해 낯선 것을 접하고 그로 인해 일방적으로 낯선 것을 모방, 배워 오는 것이 아니라, 낯선 것과의 관계에서 어떤 특정하게 규정된 차이를 찾게 되고, 역으로 '나' 역시 수많은 다른 자아에게 낯선 존재로서 관계를 맺으며 서로에게서 배우고 가르쳐 주는 구조이다. 번역하는 자가 번역된 자가 될 수도 있는 것이다. 그래서 번역하기는 이제 서로 다른 언어가 서로 번역하고 번역되는 커다란 순환 속에서 이해된다

(베르만, 2009: 129). 이러한 번역의 순환성 원리는 해외문학파의 번역론이 보여준, 번역을 통해 원본 문화가 복사적 · 방사적으로 확산된다는 원리와는 다른 사유 방식이다.

4. 나오는 말

김진섭을 비롯한 해외문학파는 세계를 향해 열린 자세를 취함으로써 황무지와 같은 한국의 문단 상황에서 벗어나는 탈출구를 찾고자 했다. 그들은 근대 문학운동의 일환으로, 일역 텍스트에서 중역하지 않고 서구의 원어 텍스트에서 조선어(한글)로 직접 번역함으로써 번역 문학과 더불어 한국 근대 문학의 수립이 필요함을 강조하고 실천하고자 했다. 이때 그들의 문학운동과 번역운동에 근간이 된 사상은 바로 괴테의 '세계문학'론이다. 이 글에서는 그들이 발행한 『해외문학』 및 다수의 논쟁에 대한 그들의 대응 텍스트를 연구 대상으로 삼아, 그들의 세계 문학 개념과 번역론을 살펴보면서 그들이 기반을 두고 있는 괴테의 경우와 비교해 보았다. 이 글에서는 그들 논의의 사유 방식에 초점을 맞추어 살펴보았다. 그러나 사실 그들의 많은 텍스트는 당시 민족문학파 및 프로문학파와의 관계, 일본의 강점하에 있는 식민지 조선이라는 역사적 맥락, 그리고 식민지 조선인이지만 일본의 중심에서 유학하며 세계와 소통하려는 지식인 내면에 대한 이해, 또한 그 시기를 바라보는 오늘날의 관점 등 좀 더 복합적인 요소를 함께 고려하며 이해할 필요가 있다.

이러한 관점에서 시도된 신광현의 「"일속一束의 다채多彩한 문학": 김진섭의 〈번역과 문화〉와 세계문학론」[15]에서는 김진섭의 〈번역과 문화〉만을 분석 대상으로 삼아 그에 대한 섬세한 이해와 정치한 분석을 토대로 최근 전 세계적으로 쟁점화되고 있는 세계 문학 담론의 맥락에서 김진섭의 세계문학론을 설명하고 있다. 김진섭의 글을 "탈식민주의적 문제 의식으로 사고한 끝에 나온 글"로 보면서 그 사유의 깊이나 문제 의식이 오늘날 세계 문학 논의에 비해 결코 부족함이 없을 뿐만 아니라 그가 처해 있던 역사적 상황과 이에 대응하는 그의 실천적 사고가 여전히 유효하다고 보고 있다. 즉, "김진섭의 세계문학론은 민족/국민/국가의 경계를 넘어서려는 유토피아적 시각 위에 서 있지만, 그것이 당대의 역사적 상황에 대한 온전한 대응이었고 현재의 상황에 대해서도 의지할 만한 통찰을 안고 있다"고 본다. 그러나 신광현은 그의 논의를 오늘날 현재에서도 받아들이기 위해서는 세계문학론의 핵심 질문들을 제기하며 재고해 보는 작업도 잊지 않는다. "김진섭이 내세우는 '세계심世界心의 정신'이 혹 전체주의적인 파시즘과 연결되어 있는 것은 아닌가? 그가 말하는 '민족적 교정'이 혹시 식민주의의 이데올로기를 미화한 것은 아닌가? 그가 민족 간에 나누는 문화 교류의 기쁨과 환희, 즉 '문화의 교환交驩'을 얘기하는 중에 민족/국민/국가의 역사적 현실을 은폐하고 결과적으로 그의 세계문학론은 제국주의의 이념적 도구 역할을 하고 있는 것은 아닌가? 그가 자본주의의 지구적 팽창에 따라 세계 시장이 형성되는 과정을 세계심의 정신이 구현되는 것으로 착각한 것은 아닌가? 혹은 그의 세계문학론은 과연 전 지구적 시장이 형성되며 그 안에서 문학이 상품화되는 현실을 조금이라도 알고는 있는 것일까?" 등의 질문을 던지며 신광현은 김진섭의 세계문학론을 재점검한다. 그러나 신광현이 확인하듯, 김진섭의 유토피아적 세계문학론이 "역사적 현실을 망각하기 위한 몽상이 아니라 역사적 상황에 대응하기 위한 사고"였음은 부인할 수 없다.

15 신광현, 「"일속一束의 다채多彩한 문학": 김진섭의 〈번역과 문화〉와 세계문학론」(미발표 유고). 고인의 옥고를 읽을 수 있도록 도와주신 조재룡 교수께 이 자리를 빌려 깊은 감사의 마음을 표한다.

탈식민적 문제 의식으로 당시 역사적인 상황에 대응하기 위한 사유이자 실천이었던 김진섭을 비롯한 해외문학파의 문학운동과 번역운동에는 어쩌면 가랑비에 젖는 줄 모르고 젖은 옷처럼 제국주의적 논리가 부지불식간에 침윤된 얼룩이 없지 않은 것처럼 보일지도 모르겠다. 이 글에서 밝혀 본 해외문학파의 번역론과 세계문학론의 특성, 즉 그들이 영향을 받은 괴테의 대화적 · 순환적 사유 방식과는 달리 '더 넓고 더 많고 더 큰 세계 문화와 세계 문학' 대 '더욱 배워야 하는 조선의 문학'을 대비시키는 일방향적, 비대칭적 사유 구조가 혹 그러한 얼룩의 인상을 남기는지도 모르겠다. 그러나 그것이 김진섭이라는 한 개인 혹은 해외문학파라는 한 그룹의 현상으로 환원시킬 수 있겠는가? 이에 대해서는 당시 문단 전반, 지식인 사회의 문화와 의식, 일본의 식민 정책 등 시대적 · 문화사적 거시 맥락에서 재조명되며 촘촘히 고찰해 볼 필요가 있다. 이에 대해서는 앞으로의 과제로 열어두고자 한다.

참고 문헌

강내희, 「근대성과 번역」, 『비평과 이론』 제4권 1호, 5-27, 2009 봄/여름.

김병옥, 「번역 연구의 시각에서 본 괴테의 "세계문학"」, 『번역연구』 제9집, 93-103, 2001.

김병철, 『 한국근대서양문학이입사연구』, 서울: 을유문화사, 1980.

김욱동, 『번역과 한국의 근대』, 서울: 소명출판, 2010.

김윤식, 『한국근대문예비평사연구』, 서울: 일지사, 1976[1973].

김진섭, 「기이한 비평 현상: 양주동 씨에게」, 『동아일보』, 1927.3.29~4.2.

______, 「세계문학에의 전망」, 『현대평론』 1권, 35-45, 1927.

______, 「외국 문학연구의 지장: 해외문학파의 일인으로서」, 『동아일보』, 1933.11.5.
______, 『교양의 문학』, 서울: 진문사, 1955.
백낙청, 「지구화시대의 민족과 문학」, 『내일을 여는 작가』, 1997년 1 · 2월호.
______, 「세계화와 문학. 세계문학, 국민/민족문학, 지역문학」, 『안과 밖』 29집, 2010.
베르만, 앙트완, 『낯선 곳으로부터 오는 시련』, 윤성우 옮김, 철학과현실사, 2009.
서은주, 「번역과 문학 장의 내셔널리티 — 해외문학파를 중심으로」, 『현대문학의 연구』 24, 47-76, 2004.
______, 「1930년 외국 문학 수용의 좌표」, 『민족문학사연구』, 41-68, 2005.
신광현, 「"일속一束의 다채多彩한 문학": 김진섭의 〈번역과 문화〉와 세계문학론」 (미발표 유고).
여태천, 「1920년대 번역에 나타난 조선어 인식」, 『한국시학연구』 제30호, 145-171, 2011.
윤지관, 임홍배 대담: 「세계문학의 이념은 살아 있다」, 『창작과 비평』, 2007 겨울호.
이하윤, 「 해외문학 독자 양주동 씨에게」, 『동아일보』, 1927.3.19.
______, 『이하윤선집, 평론 · 수필(1906-1974)』, 서울: 한샘, 1982.
이헌구, 「해외문학」 창간 전후, 營養을 세계에 구하야, 새로운 營養의 운반자」, 『조선일보』, 1933.9.29~10.1.
임홍배, 「괴테의 세계문학론과 서구적 근대의 모험」, 『창작과 비평』 2000년 봄호.
정인섭, 『한국문단논고』, 신흥출판사, 1959.
조재룡, 「프랑스와 한국의 번역이론 비교연구: 문학 텍스트의 특수성을 중심으로」, 『인문과학』 제39집, 95-119, 2007a.
_____, 『 앙리 메쇼닉과 현대비평. 시학 · 번역 · 주체』, 서울: 길, 2007b.

_____, 「'번역학'의 정치성에 관한 고찰: 직역과 의역의 이분법을 넘어서」, 『*Comparative Korean Studies*』, Vol. 17. No. 1, 109-143, 2009.

최재서, 「호적 없는 외국 문학연구가」, 『조선일보』, 1936.4.26.

한기욱, 「지구화시대의 세계문학」, 『창작과 비평』, 1999년 가을호.

함대훈, 「번역문학」, 『조선일보』, 1938.12.15~16.

현민, 「해외문학파의 재출현」, 『동아일보』, 1933.10.5.

Bachmann-Medik, Doris, Der Gang fließt in Afrika. "Heimatloser Internationalismus" und die postkoloniale sicht von Weltliteratur und Übersetzung, in: *Blickwinkel. Kulturelle Optik und interkulturelle Gegenstandskondition. Akten des 3. Internationalen Kongress der Gesellscahft für Interkulturelle Germanistik Düsseldorf*, 1994. (Hg.) A. Wierlacher u. G. Stözel, München, 1996.

Eckermann, Johann Peter, *Gespräche mit Goethe*, Frankfurt a. M., 1981.

Goethe, Johann W. von, *Hamburger Ausgabe*, Bd. 12. u. Bd. 2.

Marx, Karl und Friedrich Engels, *Der Manifest der kommunistischen Partei*, in: dies. Ausgewählte Schriften, Bd. I, Berlin, 1989.

Niranjana, Tenaswini, *Siting Translation: History, Post-Struckturalism, and the Colonial Context*, California, 1992.

Schrimpf, Hans Joachim, *Goethes Begriff der Weltliteratur*, Stuttgart: J. B. Metzlerische Verlagsbuchhandlung, 1968.

Strich, Fritz, *Goethe und die Weltliteratur*, Bern, 1957[1946].

『매일신보』에 연재된 『홍루몽』 번역과 서사의 근대성*

정선경

1. 한국 근대 문학과 중국 고전

근대 시기 조선의 지식인들은 서구와 일본의 문학 작품을 번역하고 소개함으로써 계몽을 일깨우며 잃어버린 주권을 회복하고자 했다. 저물어 가는 제국 중국에 대한 실망은 떠오르는 일본에 대한 기대로 옮아갔으며, 일본 문학의 번역은 선진화된 문명의 수용으로 인식되었다. 일본 문물의 유입이 곧 서구 문명화에 대한 지름길로 인식되었기에, 지식인들은 서둘러 일본 문학을 번역하며 국내에 소개하고자 했다. 그러나, 이 시기에 오히려 중국 문학을 널리 소개하고 배우려 했던 지식인 양건식梁建植, 1889-1938, 호는 白華 · 菊如을 주목할 수 있다. 그는 오랫동안 중국 문학의 영향을 받아온 우리 문학의 정체성을 파악했고, 쇄도하듯 수입되던 외국 문학

* 이 글은 『中國語文學誌』 제36집(2011. 8)에 실린 논문을 수정 · 보완한 것이다.

과의 조화를 강조했다.

이 글은 양건식의 중국 고전소설 번역을 통해 격동하던 조선[1]의 정치 사회는 어떻게 근대화를 향해 나아갔는지, 과거의 제국 중국은 어떤 모습으로 조선에 형상화되었는지, 외국 소설의 번역은 한국 근대 서사 문학에 어떠한 영향을 주었는지 살피고자 한다. 특히 1910년대 신문에 연재된 『홍루몽紅樓夢』 번역과 근대성에 대한 고찰은 그동안 간과되어 온 중국 고전과 한국 근대 문학의 영향 관계를 탐색하는 데 도움이 될 것이다. 조선총독부의 기관지였던 『매일신보』를 중심으로 한 논의는 피식민지의 저항 담론을 살피는 기회도 제공할 것이다.

근대 문학에 대한 기존의 연구 성과는 풍성하다. 그에 비해, 중국 고전 문학과 교류 및 영향 관계를 논의한 고찰은 아직 부족한 실정이다. 이것은 근대 문학에 대한 연구가 일본 및 서구의 작품 번역에 편향되어 온 학계의 정황과 관련되어 있다. 근대 시기 번역 문학을 다룬 전문 학술서도 구미 혹은 일본 문학의 번역에 주의를 기울였고(金秉喆, 1975), 연구의 성과는 일본 문학의 수입 및 번역과 그것이 조선에 미친 영향에 편중되어 있기 때문이다. 문화 번역을 통해 고전을 재조명하려는 시도가 빈번한 현 시점에서, 소외되어 온 중국 소설 번역에 대해 살펴보는 것은 한국 근대 문학의 연구 성과를 풍성하게 보완하는 데 일조할 것이다.

일제의 강제 병합 이후 유일한 한글 신문이라고 할 수 있는 『매일신보』에는 1910년대 전 기간에 걸쳐 30편 이상의 장편소설과 70편 이상의 단편소설이 게재되었다(연세대 근대한국학연구소 기초학문연구팀, 2005: 240). 외국 번안 및 번역 소설의 대부분이 『매일신보』를 통해 발표되었으므로 이 시기 소설 인식의 변화와 근대적 양상을 살피는 데 필

1 이 글에서 1910년대 한국을 '조선'이라는 용어로도 사용한 것은 사회문화적으로 전통의 단절이 아닌, 과도기적인 근대성을 강조하고자 했던 것임을 밝힌다.

수적인 매체라고 할 수 있다. 식민 지배를 위한 일본의 언론 정책이 투영되어 있기에 한국의 근대화 과정을 고찰하는 데 중요한 자료이며, 근대소설의 정착 및 발전의 굴곡을 보여주는 코드가 된다.

이 글에서는 1918년 3월 23일부터 1918년 10월 4일까지 총 138회로 원작의 제28회까지 번역 연재된 『홍루몽』을 연구 대상으로 한다. 중국 고전 문학의 가치를 고양시키려 했던 양건식의 『홍루몽』 번역을 통해 서사의 근대성을 탐색하고자 하며,[2] 조선 후기에 번역된 낙선재본樂善齋本 『홍루몽』과의 비교적 고찰을 시도하고자 한다.

2. 『매일신보』와 1910년대 조선

민족을 문명화된 세계로 이끄는 핵심적 매체는 신문이었고, 근대 신지식인들은 신문이라는 미디어를 통해 비로소 자신의 언어를 대중적으로 표현할 공간을 얻게 된다. 아직 대중의 개념 자체가 불확실하던 시대에 신문은 교육과 오락의 동시적 실천 공간이었다(슈미드, 2007: 12).

미디어의 힘을 지각했던 일본 정부는 1898년부터 신문에 실린 정치 사안 및 반일적 움직임에 관해 한국 정부에 기사의 정정을 요구하거나 공식적인 언론 통제를 시작했다. 『제국신문』·『황성신문』을 정간시키고, 1907년 7월 24일에 사전 검열과 사후 통제를 가능케 하는 신문지법을 공포함으로써 사실상 민족 언론을 말살하는 언론독점권을 확보했다. 각종 정책과 관련하여 일제 식민 통치의 합법성과 근대성을 강조하고 조선

2 양건식의 중국 문학 소개 및 번역을 다루는 기존의 논문으로는 이석호, 박재연, 최용철, 고재석, 홍상훈의 연구가 있으며, 그 중 『홍루몽』에 관한 전문적인 논의는 고재석과 최용철의 연구를 꼽을 수 있다. 특히 최용철은 한국에서의 『홍루몽』 전파와 번역의 문제뿐 아니라 『홍루몽』 속서까지 논구한 연구서를 출판했다(『홍루몽의 전파와 번역』, 신서원, 2007).

인들의 우매함과 미개함을 의도적으로 강조하면서 '열등한' 조선을 '우월한' 일본이 선도한다는 친일화 정책을 선전하고 있었다.

이러한 사회적 배경 속에서, 『매일신보』는 1910년 8월 30일부터 35년간 일본의 식민주의 정책과 지배 논리를 충실히 수행한 관제 언론이었다. 『매일신보』의 전신은 1904년에 창간된 『대한매일신보大韓每日申報』이다. 영국인 베델Ernest Thomas Bethell과 양기탁梁起鐸에 의해 발행된 『대한매일신보』는 1909년 5월 1일자로 영국인 만함Alfred Weekley Marnham에게 넘어갔고, 다시 1910년 6월 9일 이장훈李章薰에게 팔리게 된다. 만함이 영국으로 돌아가고 양기탁도 신문의 발행에서 손을 떼자, 『대한매일신보』는 더 이상 민족지로서의 역할을 할 수 없었고 '대한'이라는 글자를 삭제한 뒤 1945년 일제의 패망까지 조선총독부의 기관지로서 식민 지배를 위한 언론 통제를 담당했다.

초창기에 『매일신보』는 『대한매일신보』의 판본을 이어받아 국한문판과 한글판을 동시에 발행했으나 1912년 3월 1일부터 한글판을 폐지하고 국한문판과 병합하여 나오게 된다. 제1면은 논설, 제2면은 정치와 외보外報, 제3면은 사회 전반, 제4면은 광고와 소설로 개편된다. 『매일신보』의 순한글판은 판매 부수를 확장함으로써 민심 수습과 식민 정책의 안정화에 도움을 주려는 의도에서 보급됐지만 결과적으로 근대 소설의 문체적 특성을 안정시키는 데에 큰 역할을 했다. 일제의 강압적 식민 정책과 언론 통폐합 정책인 신문지법은 모든 정책과 지침을 『매일신보』를 통해 공포하게 했고 언론의 자유를 차단시켰다. 조선의 식민화 정책이 차츰 자리를 잡아가자, 일본은 강압적이던 태도를 유연하고 탄력적으로 운영한다. 1910년대 번역 소설의 번성은 『매일신보』의 식민지 안정화 정책과 대중화 전략의 연장선상에 있다. 통속적인 외국 가정소설의 번역을 적극적으로 도입하면서 대중의 관심을 끌어들인다. 1900년대의 신문이 계몽을 일깨우고자 했다면, 상대적으로 1910년대 신문은 피폐해진 민심을 달래기 위해 대중성과 통속성을 강조했다. 이러한 경향은 1910년대 후반으로 갈수록 뚜렷해지는데, 일본 가정소설의 선정적이고 자극적인 내용이 『매일신보』라는 일제 기관지를 통해 전략적으로 나타난다(전은경, 2009: 39). 『매일신보』 발행진들이 소설가에게 기대했던 것은 강력한 친일 의지가 아니라 대중의 시선을 사로잡을 오락이었다. 이념이나 체제의 홍보가 아니라 대중적 흥미였다(김영민, 2005: 153). 이것은 신문 판매 부수의 확장이라는 시대적 안건을 성공시키기 위한 과정이었고, 식민지 정책을 안정시키기 위한 효과적인 방책이었다. 조선총독부의 정책을 널리 알리고 보급해야 했기에 기관지 『매일신보』의 판매 부수는 확장되어야 했다.

결과적으로 1910년대 『매일신보』는 계몽성과 대중성을 동시에 지니고 있었다. 조선의 친일적 감정을 북돋우기 위해, 그리고 신문사의 경제력을 충당하기 위해 대중적 호응도가 높은 외국 소설을 번역해서 친일 동화 정책을 우회적으로 표출했다.

1919년 3 · 1운동이 일어나자, 일본은 각종 사설이나 기사에 3 · 1운동을 매일 상세히 보도하면서 불법적인 시위와 폭행으로 매도한다. 3 · 1운동에 참여한 민중과 기독교 선교사들의 정치적 태도를 비판하고 식민체제의 안정을 위해 다시 『매일신보』의 지면을 적극적으로 활용한다. 3 · 1운동의 영향으로 소위 '문화 통치'를 내세워 1920년대 민간 신문의 창간이 허용되자 독점적 지위를 행사해 왔던 『매일신보』는 새로운 상황에 직면하게 된다.

3.『홍루몽』 번역과 서사의 근대성

『홍루몽』과 번역가 양건식

『홍루몽』은 청淸 건륭乾隆 연간 조설근曹雪芹이 명문 귀족의 몰락을 통해 18세기 중엽 중국의 정치 · 사회 · 경제 · 문화 등의 사회상을 반영한 장편의 자서전적 백화소설白話小說이다. 1905년 왕궈웨이王國維는 『홍루몽평론紅樓夢評論』에서 "우주의 대저술"이라고 했고, 루쉰魯迅도 "실로 중국 소설 중에 찾아보기 힘든 작품"이라며 극찬을 했다. 전통적인 사고와 기법을 뛰어넘는 훌륭한 작품이라고 했으니, 『홍루몽』에 대한 평가가 어느 정도인지 짐작할 수 있다. 현재까지도 중국인들에게 가장 사랑받는 소설 중 하나로서, 드라마나 영화 · 연극의 형태로 다양하게 재현되고 있다.

홍학紅學이라는 단어가 생겨날 정도로 널리 유행했던 『홍루몽』이 우리나라에 처음 소개된 것은 조선 시대 1800년대 초기로 짐작된다. 현재까지 발견된 『홍루몽』에 관한 기록은 1830년대로 추정되는 이규경李圭景의 『오주연문장전산고五洲衍文長箋散稿』에 그 이름이 처음 보이고, 1855년 조재삼趙在三의 『송남잡지松南雜識』에 『홍루부몽紅樓浮夢』이라는 명칭이 보인다.

『홍루몽』에 대한 세계 최초의 완역본은 조선 시대 낙선재본 『홍루몽』이라고 할 수 있다. 번역가와 번역 연대 등을 정확히 고증할 수 없지만 고종高宗 연간인 1884년 전후 이종태李種泰 등이 120회본 『홍루몽』을 완역했던 것으로 추정된다. 낙선재본 『홍루몽』은 원문 전체가 수록되어 있고 번역문과 중국어 발음까지 병기되어 있으며, 『홍루몽』뿐 아니라 5종의 속서까지 포함하고 있어서 한국에서의 홍학 연구에 상당히 중요한 자료이다(최용철, 2007: 21, 34-35).

세계 최초의 『홍루몽』에 대한 번역본이 조선 시대에 등장한 이후, 일제 시기에 와서야 양건식에 의해 현대어로 번역되었다. 여기에서 현대어란 1910년대에 사용되던 당시의 언어를 말하며, 양건식은 조선 후기와 다른 새로운 문체로 『홍루몽』을 번역했다. 또 중국에서 신홍학新紅學의 붐이 일기도 전에 이미 『홍루몽』 텍스트에 내재된 반봉건성과 현실 투쟁의식을 조선에 알려야 할 필요성을 간파했다. 『매일신보』에 기재된 『홍루몽』 예고문[3]과 「홍루몽에 취ᄒᆞ여」[4]를 보면, 『홍루몽』의 가치와 문학성에 대해 높은 평가를 내리고 있었음을 알 수 있다.

양건식은 단편소설의 창작을 통해 문단에 등단했으며, 국여菊如, 백화白華, 백화생白華生 등의 호를 자주 사용했다. 불교에 심취해 있었기에 1917년 5월 『조선불교총보』에 「소설 서유기에 취ᄒᆞ야」라는 평론문을 실으면서 중국 문학을 국내에 소개하기 시작했다. 『매일신보』에 1917년 11월 6일에서 9일까지 「지나의 소설과 희곡에 취ᄒᆞ야」를 발표하여 중국 문학을 이해해야 하는 당위성을 역설하고 있다.

> 大抵 外國文學을 硏究ᄒᆞᄂᆞᆫ 目的은 自國文學의 發達에 資코저 홈이니, 저 支那文學은 朝鮮에 輸入된 지 三千餘年 以來에 大ᄒᆞᆫ 影響을 及ᄒᆞ야 深ᄒᆞᆫ 根底를 有ᄒᆞᆫ 故로 支那文學을 不解ᄒᆞ면 我文學의 一半을 解키 不能ᄒᆞ다 ᄒᆞ야도

3 "春園生의 開拓者ᄂᆞᆫ 滿天下 愛讀者 諸氏의 歡迎喝采裡에 가장 意味잇게 이미 終了ᄒᆞᆫ 바 二三日 後에 또 連載할 小說은 저 支那 清朝 曹雪芹先生의 大傑作이오 大名作인 曠前絕後한 小說 紅樓夢으로……" (1918년 3월 19일)

4 ……人이 若 清朝 三百年間 許多ᄒᆞᆫ 小說中에 推ᄒᆞ야 第一노 薦ᄒᆞᆫ 것이 何오 ᄒᆞ면 本 譯者ᄂᆞᆫ 曹雪芹이 作한 紅樓夢을 擧ᄒᆞ야 此에 應코자 ᄒᆞ노니 紅樓夢은 明代에 著作된 金瓶梅의 系統에 屬한 人情小說노 元代의 水滸傳과 共히 上下 四千載를 通ᄒᆞ야 比流가 無ᄒᆞᆫ 傑作이나 儒敎를 專尙ᄒᆞ고 小說 戲曲을 賤視ᄒᆞᄂᆞᆫ 支那에셔 金陵 十二美人의 佳話를 描寫ᄒᆞ야 織巧를 極ᄒᆞ고 二百三十五人의 男子와 二百十三人의 女子를 配ᄒᆞ야 風流幽艷의 筆노 一百二十回나 編ᄒᆞᆫ 것은 寧히 文壇의 一 奇蹟이라 可謂ᄒᆞ리로다.……" (1918년 3월 21일)

不可치 안케 되얏거던 況 支那文學은 一種의 特性을 備ᄒᆞ야 世界의 文壇에 異彩를 放홈이리오(『매일신보』, 1917년 11월 6일).

지나의 문학은 동양 문화의 원천이며, 일본에까지 영향을 미쳤다고 강조하면서 중국 문학 번역의 필요성을 주장했다. 글의 말미에 우리나라에 미친 영향과 공헌을 언급하면서 『홍길동전』이나 『동상기』 등 조선의 평민 문학과 번역 문학을 촉진시켰다고 했다. 수입되는 서구 문학과의 조화를 강조한 그의 주장은 일본 문학과 문물을 맹종했던 당시의 정황에 비추어보면 상당히 이례적이다. 희곡과 소설의 발달 과정을 언급하면서 장자나 우언, 한위육조의 소설부터 들고 있는데, 동양 전통의 문화보다는 서구 문명을 배우는 것이 국가 발전의 기초라고 여겼던 당시의 전반적인 사회 분위기에서 비켜나 있었다. 그는 1910년 이전 중국 고전의 번역이 지식인들 사이에서 주목받았던 점을 강조하면서 전통과 신학문의 조화가 식민지 조선이 나아갈 바라고 깨닫고 있었다.

『홍루몽』 제73회 번역문을 보면 학문의 중요성을 역설하고 있다. 그것은 지식인 계층을 일깨우기 위함이고, 나아가 일반 대중의 계몽을 선도하고픈 양건식 자신의 의도가 투영된 부분이다.

……그게 무슨 말슴이오! 工夫라는 것은 죠흔 것이라오 그러치 안이ᄒᆞ면 那終에는 쓸데업는 사름 되고 말어요. 그런ᄃᆡ ᄂᆡ 한 가지 말슴ᄒᆞ올게스리 져 글 읽으실 쎡에는 그져 글만 읽으시고 글을 읽으실 쎡에는 그져 집만 ᄉᆡᆼ각ᄒᆞ야 주시우 그리고 다른 이와 함씌 작란 마시우…… (『매일신보』, 1918년 6월 30일).

조선이 나아갈 길은 서구 및 일본 문화의 맹목적인 유입이 아니라 우리나라에 수천 년 영향을 미쳐온 지나의 문학을 이해한 바탕 위에 신문화를 받아들여야 한다고 했다. 표층화된 시대적 요구와 '다른' 방식으로 근대화를 추진했다.

양건식은 『홍루몽』에 대한 두 편의 번역문과 세 편의 평론문을 발표했다. 1926년 7월 20일부터 9월 28일까지 『동아일보』에 「홍루몽 시비紅樓夢是非 — 중국의 문제 소설」을 발표하고, 1930년 5월 25일부터 6월 25일까지 『조선일보』에 「중국의 명작 소설 — 홍루몽의 고증」을 실으면서, 조선 사회에 『홍루몽』에 대한 번역의 필요성과 시급함을 강조했다.

당시의 문단에서 크게 주목받지 못했으나(최용철, 1993: 268), 이광수李光洙가 "조선 유일의 중화극 연구가요 번역가"(남윤수 외, 『양백화문집』 3, 1995: 351)라고 평가한 것처럼, 중국 문학을 적극적으로 소개하고 연구했던 양건식은 우리 근대 문학 번역사에 중요한 이정표를 제시했을 뿐 아니라 근대적 서사의 특징을 제시하는 데 큰 공헌을 했다.

『홍루몽』 번역과 서사의 근대성

국한문 혼용체와 언문일치

신문의 발간은 한국 근대 문학의 새로운 출발과 정착을 위한 중요한 문화적 토대이다(김영민, 2005: 68). 근대적 미디어에서 서술 문체의 변화는 근대성을 판가름하는 지표가 되며, 순한글 소설의 대중화는 근대화의 성숙도를 저울질할 근거가 된다.

최초의 국한문 혼용체 신문은 1886년 1월 25일 발간된 『한성주보』였다. 그러나 국한문 혼용 기사의 비율이 높지 않았기에 근대 계몽기 국한문 혼용의 대표적 매체는 대체적으로 『황성신문』을 꼽는다. 『황성신문』은 국문체 신문인 『경성신문』과 『대한황성신문』을 인수하여 제작한 것으로 당시 관료층 및 지식인층을 대상으로 창간된 신문이다(정선태, 1999: 121). 『황성신문』은 1898년 9월 5일 창간호 「사설」란에 갑오경장 당시 황제가 공사문첩에 국한문을 혼용하라는 칙서를 내린 바를 인용하면서 국한문 혼용체를 정식 문체로 삼았다.[5] 당시의 유림 사대부 계층은 여전히 한문체를 고수했기에, 국한문체는 실제적으로 일반 대중까지 염두에 둔 신문이라고 볼 수 있다.

『매일신보』는 총 4면으로 발행되었는데 신지식인이나 중견 작가들의 작품은 1, 4면에 기재됐다. 당시 양건식과 이상협李相協, 1893-1957은 모두 중견 작가에 해당되는데, 양건식의 『홍루몽』이 제1면에서 국한문체 혼용으로 연재되고 있을 무렵, 이상협의 『무궁화』는 제4면에서 순한글로 연재되고 있었다. 동일 시기 같은 신문 안에서 문체가 혼용됨을 보여주는 대표적인 사례라고 할 수 있으며, 이를 통해 당시 『매일신보』 편집진의 문체 수용 방안이 통일되지 않았음을 짐작할 수 있다.

근대 서사의 문체는 순한문체 · 한문현토체 · 국한문 혼용체 · 순국문체 등으로 나눌 수 있다. 유길준兪吉濬과 이광수가 국한문체 사용을 권장하고 국한문체의 유용함을 각기 세 가지씩 들었던 주장 속에는, 우리 글이 아닌 중국의 글 한문의 사용을 지양하고 말과 글이 일치하는 아문我文을 창안하려는 노력과 고민이 드러나 있다. 순한글을 채택했던 『독립신문』 · 『매일신보』 · 『제국신문』의 활약에도 불구하고, 『황성신문』 · 『대한매일신보』 등에서 국한문 혼용체를 계속 사용하고 있었고 심지어 한문현토체까지 사용하고 있었다(정선태, 2006: 44-45). 1908년 11월

5 "……自主獨立ᄒᆞ시ᄂᆞᆫ 基礎ᄅᆞᆯ 確定ᄒᆞ시고 一新更張ᄒᆞ시ᄂᆞᆫ 政令을 頒布ᄒᆞ실ᄉᆡ 特 이 箕聖의 遺傳ᄒᆞ신 文字와 先王의 創造ᄒᆞ신 文字로 竝行코져 ᄒᆞ샤 公私文牒을 國漢文으로 混用ᄒᆞ라신 勅敎ᄅᆞᆯ 下ᄒᆞ시니 百揆가 職을 率ᄒᆞ야 奔走奉行ᄒᆞ니 近日에 官報와 各府郡의 訓令指令과 各郡의 請願書報告書가 是라 現今에 本社에셔도 新聞을 擴張ᄒᆞᄂᆞᆫᄃᆡ 몬져 國漢文을 交用ᄒᆞᄂᆞᆫ 거ᄉᆞᆫ 專혀 大皇帝陛下의 聖勅을 式遵ᄒᆞᄂᆞᆫ 本意오 其次ᄂᆞᆫ 古文과 今文을 并傳코져 홈이오 其次ᄂᆞᆫ 僉君子의 供覽ᄒᆞ시ᄂᆞᆫᄃᆡ 便易홈을 取홈이로라."

발간된 최초의 근대 잡지 『소년』에서는 일관되게 국한문체가 사용되었고, 1917년 이광수의 「무정」이 『매일신보』에 순국문체로 발표됨으로써 근대 소설의 문체는 점차 안정되는 듯했다. 그러나, 뒤이어 『홍루몽』이 국한문 혼용체로 발표됨으로써 여전히 과도기적 상태임을 보여주었다.

1910년대 소설에서 국한문 혼용체가 득세했던 것은 일본 지식인의 서구 문물 추종과도 관련 있다. 일상어와 격이 다른 모호한 한자의 조어造語로 표현하고자 한 것은 번역어인 한자 숙어가 많아질수록 서구적으로 문명 개화했다는 증거였기 때문이다. 일본에서 메이지明治 시대 새롭게 만들어진 한자 숙어를 대량으로 사용한 문체를 구문직역체歐文直譯體라 불렀다(코모리 요이치, 2003: 140). 일본의 영향을 받은 조선의 문단에서 국한문 혼용체는 지식인들의 지식을 과시하는 수단이기도 했다. 가라타니 고진柄谷行人의 지적대로 언문일치는 새로운 언言=문文의 창출이라서, 종래의 '글'도 '말'도 억압하는 것이었다(가라타니 고진, 2002: 99). 표면상으로 문자어와 구어를 일치시키는 것이었지만 실제로는 기존의 문어를 대신한 새로운 문어를 창조한 셈이었다. 대중과는 유리된 지식인 계층을 위한 신문언체, 새로운 에크리튀르의 등장이라는 평가로 『홍루몽』 번역의 문체를 균질화하기엔 한계가 있다.

백화체白話體로 쓰였던 『홍루몽』을 조선의 언문일치체로 번역하고자 노력했던 점은 다음의 문장에서도 알 수 있다.

> 東湖生에게
>
> 貴下의 校示狀은 보왓ᄉᆞᄂᆡ다. 그러ᄂᆞ 다만 遺憾으로 ᄉᆡᆼ각ᄒᆞ옵는 바는 그 時期가 조곰 느짐이오 ᄯᅩᄂᆞᆫ 支那의 小說은 大小作을 勿論ᄒᆞ고 그 文體가 원ᄅᆡ되기를 現今의 쓰는 바 所謂 言文一致体로 되얏슨즉 이를 飜譯ᄒᆞᆷ에는 不可不時文의 言文一致体 譯出ᄒᆞᄂᆞᆫ 것이 適當ᄒᆞᆯ 줄노 ᄉᆡᆼ각ᄒᆞᆷ이외다. 그리고 이ᄅᆞᆯ

豫告ᄒᆞᆫ 바와갓치 現代語로 飜譯ᄒᆞᆷ에ᄂᆞᆫ 原文에 科擧, 壯元, 小姐, 老爺라 ᄒᆞᄂᆞᆫ 것보다 文官試驗, 及第, 아가씨, 大監이라 意譯ᄒᆞᄂᆞᆫ 것이 어느 意味로ᄂᆞᆫ 나흘 듯 ᄒᆞ기에 이를 取ᄒᆞᆷ이오 ᄯᅩᄂᆞᆫ 在來의 支那小說의 飜譯例套를 ᄒᆞᆫ번 打破ᄒᆡ보자ᄂᆞᆫ 愚見에서 나온 것이올시다. 貴下의 厚意ᄂᆞᆫ 大端히 感謝ᄒᆞ옵ᄂᆞᆫ ᄇᆡ올시다. 그만(『매일신보』, 1918년 4월 23일).

국한문 혼용체는 독자에 대한 교육과 계몽에 효과적이었다. 이것은 앞서 언급한 유길준과 이광수의 주장에서도 살필 수 있다. 양건식은 이광수 소설에 대한 비평에서 시작해서 베이징北京의 구어가 가득한 『홍루몽』을 번역했는데, 귀족 가문의 흥망성쇠 속에서 전통적인 구습에 매몰된 인간, 봉건 질서의 부패를 묘사했던 작가 조설근의 현실 비판 의식을 식민지 조선 사회에 고취하고 싶었다. 비록 그 시작은 지식인 계몽에서 출발했다 할지라도 그가 염두에 둔 독자의 범주는 일반 대중까지 포함되어 있었다. 소설 연재는 지식인뿐 아니라 언문밖에 모르는 일반 대중까지 회유하기 위한 것이었기에 다양한 독자층을 포괄하는 국한문 혼용의 문체를 시도했다. 낙선재본 『홍루몽』과 『매일신보』에 연재된 『홍루몽』 제1회 동일한 첫 대목을 예시해 본다.

이ᄂᆞᆫ ᄎᆡᆨ을 펴면 뎨 일회라. 짓ᄂᆞᆫ 재 스ᄉᆞ로 니ᄅᆞᄃᆡ, "일즉 ᄒᆞᆫ 번 ᄭᅮᆷᄭᅮ고 환토ᄒᆞ믈 지낸 후의 진짓 참 일을 숨겨 바리고 통령通靈ᄒᆞ믈 비러이 셕두긔石頭記 ᄒᆞᆫ 글을 말ᄉᆞᆷᄒᆞ미라. 그런고로 진ᄉᆞ은甄士隱이라 닐너시ᄃᆡ 다만 이 글의 긔 쇽ᄒᆞᆫ ᄇᆡ 무ᄉᆞᆷ 일이며 엇던 사ᄅᆞᆷ인고?" ᄌᆞ긔自己가 ᄯᅩ 니ᄅᆞᄃᆡ "이졔 풍진의 碌碌ᄒᆞ여 ᄒᆞᆫ 가지 일도셩취ᄒᆞᆫ ᄇᆡ 업다가 당이르이 잇던 바 녀ᄌᆞ의게 ᄉᆡᆼ각이 밋쳐 낫낫치 ᄌᆞ셰히 비교ᄒᆞ여 보ᄆᆡ 그 ᄒᆡᆼ동거지와 의견과 지식이 다 ᄂᆡ 우희 나ᄂᆞᆫ 쥴 ᄭᆡ다를지라. 나ᄂᆞᆫ 당당ᄒᆞᆫ 슈염과 눈셥으로 진실노 져의 치마 입고 빈혀 ᄉᆡ지니만 ᄀᆞᆺ지 못ᄒᆞ니ᄂᆡ 실노 붓그럽기ᄂᆞᆫ 유여有餘ᄒᆞ나 뉘웃치미 ᄯᅩ 무익ᄒᆞ니 크게 엇지ᄒᆞᆯ 슈 업ᄂᆞᆫ 날이라(낙선재본『홍루몽』 권1).

江湖의 讀者야 이 小說의 첫머리ᄂᆞᆫ 이러ᄒᆞ다. 作者ᄂᆞᆫ 말ᄒᆞ지 내! 일즉이 한번 夢幻境을 단이여온 일이 잇셧다.(ᄭᅮᆷ을 ᄭᅮ엇노라.) 그리고 짐짓 眞正ᄒᆞᆫ 事實은 숨기고(眞事隱去) 通靈을 빌어가지고 말ᄒᆞᆫ다. 이것이 이 石頭記의 小說이라ᄂᆞᆫ 것이다. 그 ᄭᆞ닭에 진사은(甄音진 士隱은 진사은과 音이 서로 갓흠으로)이라 흠이다. 그러면 이 小說의 內容이 엇더케 된 것이냐? 作者ᄂᆞᆫ ᄯᅩ 말ᄒᆞᆯ란다 내! 風塵에 碌碌ᄒᆞ야 이ᄯᅥ것 한가지도 일은 일이 업다. 그런ᄃᆡ 忽然 當日에만 ᄂᆞ보든 그 女子들을 ᄉᆡᆼ각ᄒᆞ고 가히 헤아리니 그 行動과 識見이 모다 나보다 나흘을 ᄭᆡ닷겟다 내! 當當ᄒᆞᆫ 丈夫가 되야 그 女子들만 갓지 못ᄒᆞ니 眞實노 붓그럽기 그지업다. 그러나 後悔ᄒᆞ야도 無益ᄒᆞᆫ 일이라 참엇지 ᄒᆞᆯ수 업ᄂᆞᆫ ᄯᅢ를 當當얏다 ᄒᆞᆯ 수 잇다(『매일신보』, 1918년 3월 23일).

『홍루몽』이 청대 인정소설의 대표작으로 백화체를 성공적으로 운용했다고 하지만, 텍스트에 뿌리 깊게 남아 있던 문언체가 완전히 사라진 것은 아니었다(최용철 · 고민희 · 김지선, 2009: 206). 국한문 혼용체 번역은 문화적 이질감을 완화시키면서 원전의 의도를 최대한 변질시키지 않을 수 있었다. 루쉰魯迅, 1881-1936이 언급했던 경역硬譯, 즉 낯섬을 낯섬 자체로 번역하는, 외국 문학의 이질감이 그대로 전달되지만 출발어가 도착어로 옮겨지면서 생략될 수 있는, 혹은 사라질 수 있는 부분을 최소화할 수 있는 것이다(조재룡, 2009: 11-14). 중국과 한국, 일본은 한자문화권이라는 동일한 문자 체계에 속해 있기에, 국한문체 번역은 텍스트 내적 혹은 외적인 문제가 모두 연관되어 있다. 당시 전통적 지식인 계층에선 한자의 조합 없이 지적인 의사 소통이 불가능했고, 순한글에 대한 폄하는 공공연한 사실이었다. 전통적 지식인과 일반 대중을 계몽하기 위해 시대가 요구하는 정당성이 강조된 채, 중국과 한국이라는 공간적 특수성, 고전 텍스트의 현대화라는 통시적通時的 특수성이 간과되어 왔던 점을 재고해야 한다. 즉, 『홍루몽』의 국한문 혼용체 번역은 전통에서 근대로의 시대적 전환뿐 아니라, 중국 고전의 근대 한국어 번역이라는 통시적이고 공시적인 문화적 전환 가운데에 존재하고 있다.

종결어미와 서술자의 거리

종결어미의 변화는 서술자의 시점이 어떻게 재현되는지 보여주는 지표가 된다. 양건식 스스로가 밝힌 것처럼, 조선 후기의 번역어 투에서 벗어나 당시의 현실적 감각에 맞게 번역하고자 노력했다. 먼저 낙선재본 『홍루몽』을 살펴보면 다음과 같다.

> 림ᄃᆡ옥이 문난간 우희 셔셔 입의 슈건을 믈고 웃거ᄂᆞᆯ 보채 니ᄅᆞᄃᆡ, "너ᄂᆞᆫ ᄯᅩ바ᄅᆞᆷ 부ᄂᆞᆫ 거ᄉᆞᆯ 견ᄃᆡ지 못ᄒᆞᄂᆞᆫᄃᆡ 엇지ᄒᆞ여 ᄯᅩ 그런 바ᄅᆞᆷ바지의 셧ᄂᆞᆫ고?" 림ᄃᆡ옥이 웃고 니ᄅᆞᄃᆡ, "언졔 방즁의 잇지 아니ᄒᆞ여시랴마ᄂᆞᆫ 다만 텽샹廳上의셔 한 쇼ᄅᆡ 부ᄅᆞ믈 듯고 나와보니 원ᄅᆡ 이ᄂᆞᆫ ᄋᆡ안獃雁(기러기)이러라." 보채 니ᄅᆞᄃᆡ, "내가 막 나오니 그거시 곳 공교히 한 쇼ᄅᆡ 지ᄅᆞ고 나라가더라." 입으로 말ᄉᆞᆷᄒᆞ며 슈즁의 슈건을 한 번 둘너 보옥의 면샹을 향ᄒᆞ여 두ᄅᆞ니 보옥은 아지 못ᄒᆞ고 졍히 눈이 마진지라. 한 쇼ᄅᆡ ᄋᆡ야ᄒᆞ니 진뎍ᄒᆞ믈 알녀 ᄒᆞ거든 챠텽하회분ᄒᆡ하라(낙선재본 『홍루몽』 권28).

'~니ᄅᆞᄃᆡ' · '~ᄂᆞᆫ고' · '~러라' · '~더라' · '~지라' · '~하라' 등의 어미가 사용됨을 확인할 수 있다. 낙선재본 『홍루몽』에는 대체적으로 '~라' · '~ᄅᆞᄃᆡ' · '~인고' · '~지라' · '~이라' 등의 연결 및 종결어미가 사용되고 있다. 이것은 '~ᄒᆞ야'·'~ᄒᆞ고'·'~ᄒᆞ니'·'~ᄒᆞ며'·'~ᄅᆞᄃᆡ' 등의 어미를 반복시켜서 장문의 만연체로 썼던 중세 시기 산문체의 특징을 보여주는 표본이 된다(박갑수, 1994: 367-369).

반면에 『매일신보』에 연재된 『홍루몽』에서는 '~라'체의 어미는 사라지고, '~ㄴ다'의 현재형 종결어미와 '~엇/앗다'의 과거형 종결어미가 많이 등장하고 있다. 위의 낙선재본 예시문과 동일한 대목인 138회 연재 마지막 단락을 실어본다.

> 黛玉이가 門턱에 서서 手巾을 씹으면서 다만 이 便을 노려보고 잇다. "웨 黛玉아 너는 거긔 셧늬" "하늘에셔 무슨 소ᄅᆡ가 나기에 나와 보왓지 기럭이야." "어ᄃᆡ 잇늬." "놀ᄂᆡ셔 달아낫지!" ᄒᆞ면셔 手巾을 뭉쳐 寶釵의 얼골에 던진다(『매일신보』, 1918년 10월 4일).

낙선재본에서 보았던 '~더라'·'~이라'·'~지라'의 종결어미는 『매일신보』에 연재된 『홍루몽』에서 거의 살필 수 없다. 위 예시문의 '잇다'·'보왓지'·'던진다'처럼, '~ㅅ다' 혹은 '~ㄴ다'의 어미가 사용됨을 확인할 수 있다. 앞 장에서 예시한 제1회에서도 '~ᄒᆞ다'·'잇셧다'·'말ᄒᆞᆫ다'·'~이다'·'말ᄒᆞᆯ란다'·'~업다'·'ᄭᆡ닷겟다'·'그지업다'·'ᄒᆞᆯ 수 잇다' 등의 어미를 살필 수 있는데 종결어미는 'ᄒᆞ다'·'~ㅅ다'·'~ㄴ다'·'~다'·'~ㅂ다'로 정리될 수 있다.

종결어미 '~더라'체가 사라지는 대신 현재형 '~ㄴ다'와 과거형 '~ㅅ다'체 사용이 증가했다는 것은 서술 시점의 변화를 의미한다. 서술자와 사건 사이에 공간적 거리가 발생해서 객관적 묘사가 가능하게 된 것이다.

'~더라'체에서 서술자는 모든 일을 알고 있는 상태에서 발언함으로써 초월적 서술자, 집합적 화자, 집단적 경험의 축적을 기반으로 하는 설화적 세계의 존재가 된다(권보드래, 2000: 237). 서술자는 모든 시 · 공간에 속해 있으면서 시 · 공간적 제약을 받지 않는다. 그러나 '~더라'체가 사라지고 현재형 · 과거형 어미가 확대되면서 서술자는 등장인물들과 동일 시 · 공간에 존재하며 사건을 관찰하게 된다. '~더라'체의 소멸은 서술자의 시점을 전환시키고 공간적 거리를 확보한다.

1910년대 『매일신보』 연재소설에서 상반기와 하반기의 종결어미가 대비적으로 변화하고 있다.[6] 초반에는 '~더라' · '~이라' 식의 고소설적 종결어미가 많이 사용되었으나, 후반으로 갈수록 '~ㄴ다' · '~앗/엇다'의 어미 사용이 확연히 증가하고 있다. 또 '~다'의 어미는 초반에 적게 쓰이다가 중반으로 갈수록 사용량이 확대되고 다시 후반으로 갈수록 적어진다. 이것은 한국 근대 소설의 종결어미가 전지적 '~더라'(~이라/~하라)체 → 현재형 'ㄴ다' → 과거형 '~ㅅ다'로 변모하고 있음을 증명해 준다.

과거형 종결어미 '~ㅅ다'는 이야기의 진행을 특정한 시점에서 회고하는 듯한 원근법적 시간성을 가능하게 만든다(가라타니 고진, 2010: 89). 서술자와 사건의 객관적 거리를 발생시킴으로써 냉정한 관찰자로서 역할한다. 사건을 객관적으로 응시, 내부자적인 시선에서 벗어나 제3자적 위치에서 기술하므로 화자를 중성화시킨다(가라타니 고진, 2002: 100). 근대 소설의 화자는 초월적 서술자가 아니며, 등장인물과 객관적 거리를 유지하는 존재이다. 서술자의 전지적 능력이 삭제됨으로써 텍스트 내외에서 중립을 유지하고 작품에 대한 감상과 평가를 독자에게 돌려준다. '~ㅅ다' 어미를 통해 화자의 중성화가 실현되고 주인공과 공간적 거리

6 1910년대 『매일신보』 연재소설의 종결어미 유형에 관해서는 이희정, 『한국 근대소설의 형성과 매일신보』, 소명출판, 2008 참조.

가 유지됨으로써 등장인물의 심리 상태를 객관적으로 묘사할 수 있다. 또, 심리 묘사에 대한 평가를 독자에게 남겨줌으로써 독자의 자발적인 참여를 이끌어 내기도 한다. 어미의 전환은 서술의 객관화와 독자의 참여를 실현시켰다.

'~ㅅ다'의 사용이 대폭 확장되었다 하더라도, 1918년 3월 23일 연재문처럼[7] '~더라'·'~이라' 식의 목소리는 여전히 혼재되어 있었다. 그러나 더 이상 고소설에서 존재했던 전지적 서술자가 아니라 현재의 상황을 독자와 함께 관찰하는 위치, 설명하는 보조적인 역할로 자리함으로써 과거의 용례에서 벗어난다(한기형 외, 2006: 211). 1910년대 후반 인간의 내면 심리를 그려내는 서사는 어미의 변화와 서술자의 거리가 확보된 이후에 실현될 수 있었다.

근대적 독자의 탄생

신문에 장기간 번역·연재되는 소설은 독자들의 관심과 지지가 절대적인 요건이다. 독자들의 참여도는 독자 투고란에 실리는 평가를 통해 살필 수 있고, 신문 판매 부수의 추이를 통해 확인할 수 있다. 편집자 혹은 번역가와 독자의 자연스러운 소통은 신문에 번역된 작품을 하나의 대상물로 간주할 때 주체와 객체의 상호 교감 과정이다. 이런 의미에서 주체와 객체의 교섭 과정은 근대화를 향한 또 다른 지표가 된다.

1910년대 신문 판매 부수의 확장은 근대적 독자의 탄생과 직결된 문제였다. 초창기 3천 부 찍던 『매일신보』가 시간당 2만 부를 생산하고 있음을 밝히고 있는데[8] 당시는 조중환趙重桓·조일재趙一齋·이상협 등의

7 "그러나 後悔ᄒᆞ야도 無益ᄒᆞᆫ 일이라 참엇지 ᄒᆞᆯ수 업ᄂᆞᆫ ᄯᅵ를 當當얏다 ᄒᆞᆯ 수 잇다." (『매일신보』, 1918년 3월 23일)

8 "每日申報ᄂᆞᆫ 近來 當ᄒᆞᆫ 急務로 逐日發展되야 一時間 二万枚의 刷出力이 有ᄒᆞᆫ 貳臺의 輪轉機의 晝夜 轟轟의 聲이 不止ᄒᆞ야도 오히려 不足의 遺恨이 不無ᄒᆞ니 本報의 如斯히 發展됨은 讀者諸君의

번안소설이 연재되면서 한창 인기를 끌던 시기였다.

한일합방 초기에 일본은 식민 지배 체제를 다지기 위해 새로운 시정에 맞는 행동을 취하라는 권고성 사설을 집중적으로 게재한다. '미개한' 조선의 상황을 고발하고, '우월한' 일본의 문물적 혜택을 강조했다. 강요된 정당성과 합리화 덕분에 식민 지배 체제가 어느 정도 안정기에 접어들자 1915년부터 다른 각도에서의 친일 정책이 시도되었음은 앞에서 밝힌 바와 같다.

1910년대 후반으로 갈수록 계몽에 대한 직접적인 표명은 사라진다. 일본 정부는 식민지 안정화 정책을 위해 대중적이고 통속적인 외국 소설을 번역해서 신문에 연재하고자 했다. 합방 이후, 신문의 독자 수 확보 및 증가는 시급한 문제였고, 인기 있는 외국 소설의 번역 연재는 총독부 기관지라는 불리한 입장을 완화시키는 효과적인 방책이었다. 신문 연재소설이 인기를 얻을수록 독자들이 증가하게 되고, 독자들이 증가할수록 많은 조선인에게 식민 정책을 선전할 수 있기 때문이다. 독자 수를 확보해서 신문사의 경제력을 충당하고 일본 정부의 대외적 정책을 선전해야 했다. 이러한 이데올로기가 애국과 계몽이라는 무거운 주제에서 벗어나려던 대중의 요구와 부합하면서 번역 소설은 차츰 뿌리를 내릴 수 있었다.

『매일신보』는 최초의 근대적 양식의 독자 투고란을 만들었다.[9] 1912년부터 만들어져 독자들의 공감대가 형성되자 신문의 판매 부수는 급격히 증가하게 된다. 독자는 잘 모르는 타인과 인적 네트워크를 형성하고, 기사화된 사건에 대한 평가와 비판의 주체로서 부상하게 된다.

愛護에 職 由喜이 實로 多大한 바이라." (『매일신보』, 1913년 7월 23일)

9 독자 투고란의 성립과 그 사회적 의미에 관해서는 전은경, 『근대 계몽기 문학과 독자의 발견』, 역락, 2009, 47-65쪽 참조.

『매일신보』에서 독자 투고란은 사회의 사고나 소소한 이야기를 순한글체로 썼던 제3면에 위치했기에 한문에 익숙하지 않은 여성에게도 큰 인기를 끌었다. 독자 투고란은 이들의 참여를 유도하면서 판매 부수 확장을 위한 수단이기도 했고,[10] 답신을 게재하면서 식민 정책을 옹호하고 변명하는 창구이기도 했다. 독자 투고란의 참여율은 1915년부터 현저하게 높아진다. 의식 있는 독자층이 형성되면서 그들의 관심은 소설에 대한 흥미에서 벗어나 정치 · 사회 등 시사적인 문제로 옮아가게 된다. 자율적인 비판이 이어지고 사회의 세태나 편집 의도에 대한 비난이 쏟아지자 더 이상 독자의 불만을 달래면서 식민 방침을 전달하는 역할이 불가능하게 되었다. 따라서 독자 투고란은 1916년 2월 16일부터 3년 4개월간 잠정적으로 폐쇄하게 된다.

『홍루몽』 제19회 연재 뒤에 실린 독자와의 소통 한 단락을 살펴본다.

> 〈譯者言〉 여러 讀者諸氏에게 한마듸 말삼ᄒᆞ겟슴니다. 달음안이라 요ᄉᆞ이 本小說은 아마 諸氏가 滋味가 업서ᄒᆞ실 줄 아옵니다. 勿論 譯者도 滋味업서ᄒᆞᄂᆞᆫ 비인즉 그럿치 안ᄉᆞ오릿가 그러ᄂᆞ 前日 豫告ᄒᆞ온 바와 ᄀᆞᆺ치 이 小說은 원체 大作인 ᄯᅢ문에 아즉 滋味가 업ᄂᆞᆫ 것은 왼 일이냐 ᄒᆞ면 只今은 그 局面에 伏線을 놋ᄂᆞᆫ 것이니 이러ᄒᆞ고야 비로소 小說이 되ᄂᆞᆫ ᄭᅡ닭이로니 諸氏ᄂᆞᆫ 아즉 그 意味를 모르실지라도 連續ᄒᆞ여 잘 記憶ᄒᆞ여 주시면 那終에 비로쇼 理會ᄒᆞ실 날이잇셔 무릅치실 날이 잇스리다. 비록 譯文은 잘 되지 못ᄒᆞ얏슬지라도…… (『매일신보』, 1918년 4월 18일).

10 사은품 등을 배포함으로써 독자들의 참여를 유도하기도 했는데 다음의 구절을 통해 알 수 있다. "이번에, 본인은, 긔샤 ᄉᆞ등샹품을 타셔, 감샤ᄒᆞᆫ 일이 만습니다, 이후브터ᄂᆞᆫ 한공일에 한번식, 현샹을 ᄒᆞ신다지오, 본인은 한번도 ᄲᅡ지지 안겟슴니다." (『매일신보』, 1913년 7월 27일 '독쟈구락부')

120회 장편의 중국 통속소설 번역에서 원문 한 회의 분량은 신문에 7, 8회로 나누어 연재되었다. 더욱이 『홍루몽』 제5회까지는 많은 인물이 등장만 하고 전체 소설의 내용이 복선처럼 진행되기 때문에 단조롭고 지루하게 이어진다. 이러한 내용에 대해 독자들에게 인내하고 기다려달라는 협조문을 공지하고 있다. 양건식은 독자들의 반응을 염두에 두면서 소설을 연재했다. 독자들의 평가를 의식했음은 독자에게 온 편지에 답하는 글(앞 예시문 1918년 4월 23일 기사)을 게시하여 번역의 원칙과 태도를 천명하는 데에서도 살필 수 있다.

'독자구락부'라는 형식적인 공간이 없어도, 양건식은 번역문 말미에 독자와의 직접적인 대화를 시도하곤 했다. 번역 태도를 변경한 이유를 1918년 7월 14일 「역자로부터 독자에게」라는 글에 게재했다. 서술한 내용이 주로 오역, 당부, 번역 태도의 천명 등으로 한정되긴 했으나, 신문은 근대적 독자가 탄생하고 그들과 소통하는 새로운 매개체로 자리했음을 보여주고 있다. 일반 대중은 기자가 아닌 독자의 신분으로 대중매체에 글을 싣고 반론을 제기하며 사회의 구성원으로 참여했다. 모르는 사람과 의견을 주고받으며 초보적인 여론을 형성하는 방식을 통해 근대의 독자층은 형성되고 있었다. 1910년대 신문의 독자들은 자신의 목소리를 불특정 다수 앞에 내놓으면서 '소통'과 '문화 형성'의 과정을 밟아가고 있었다(이영아, 2007 : 77). 일간지에 번역 연재된 『홍루몽』은 이런 방식으로 독자와 소통하고 있었다.

4. 미디어, 소설 번역, 근대적 글쓰기

신문은 대표적인 근대 미디어로서 식민지 주민을 계몽시키는 데 효과적인 역할을 했다(李孝德, 2002: 249-250). 발간과 수용이라는 측면에서, 『매일신보』는 식민지배자인 총독부의 정책을 식민지인에게 수렴시키는 역할과, 피식민자의 의견을 반영해야 하는 쌍방의 조건을 모두 만족시켜야 했다. 피식민자의 저항의 논리와 침략국의 동화同化의 논리가 동시에 수용되어야 하는 양면성을 지녔다(김경미 외, 2005: 226). 이러한 아이러니는 식민 논리가 고스란히 투영된 논설란과 이데올로기에서 좀 더 자유로웠던 연재소설란이 동시에 운영되는 기초가 되었고, 저항과 동화의 틈새에서 『홍루몽』이 번역 연재되었다.

『매일신보』의 행간에는 모방과 반복을 통해 침략국과 식민지의 문명이 끊임없이 교섭한다. 식민지 지식인들의 글쓰기는 식민 문화의 단순한 이식이 아니라 식민지 문명과 교섭하고 혼성화되는 역동성 속에서 저항의 목소리를 발화시키는 과정이었다(바바, 2002: 15-17).

1910년대 초반에 『매일신보』 서사의 주기능이 계몽이었다면 후반에는 계몽과 통속화가 동시에 진행되고 있었다. 독자들의 호응을 끌어내기 위해 오락과 통속성을 고려했던 편집자들은 사랑과 연애를 주제로 한 가정소설이 신문 연재에 적합하다고 판단했다. 현대적 소재, 구어화된 문체, 통속화된 순수한 조선 문자의 사용을 강조하면서 독자들을 회유했다.[11] 1910년대 후반 통속적 대중소설과 지식인 포섭의 계몽소설이 동시에 연재될 수 있었던 것은 제1차 세계대전 후, 식민 지배 체제를 더욱 공고히 하려던 정치적 목적과 연결된다. 통속소설의 연재를 통해 일반 대중 집단을 포섭하고 계몽소설을 허용함으로써 지식인 집단을 회유하고자 했

11 一. 小說의 種類ᄂᆞᆫ 新聞連載에 適當ᄒᆞᆫ 家庭小說, 一回一行二十字式 一百二十行內外, 總回數一百回로 完結ᄒᆞᆯ 것임을 要ᄒᆞᆷ. 一. 材料ᄂᆞᆫ 總히 現代에 置ᄒᆞ되 創作을 爲貴요 但飜案이라도 朝鮮의 現代에 矛盾되지 안이ᄒᆞ면 無妨ᄒᆞᆷ. 飜譯은 此를 取치 안이ᄒᆞᆷ. 用語ᄂᆞᆫ 可成口語體를 使用ᄒᆞ며 漢文을 未修ᄒᆞᆫ 人이라도 충분히 了解ᄒᆞ도록 可成漢文의 難解ᄒᆞᆫ 熟語를 避ᄒᆞ고 가장 通俗的의 純朝鮮語로 作稿ᄒᆞᆷ을 要ᄒᆞᆷ(『매일신보』, 「懸賞小說募集」, 1919년 6월 3일).

다. 계몽과 통속이라는 양면적 역할은 번역 서사라는 틀 속에서 근대 소설의 발달을 가속화했다. 장회소설 『홍루몽』 번역은 계몽과 통속성이 혼재된 양식 속에서 불합리한 사회 제도와 구질서에 대항하는 현실 인식을 보여주었다.

1910년대 번역 서사는 주체성 상실에 대한 절망과 일본 문물에 대한 경이로움 사이를 메꿔주는 틈새이며, 구습에 대한 비판과 신문명에 대한 동경을 타협시키는 통로였다. 현실과 이상의 경계에 감춰진 자아를 표출하는 방법이기도 했다. 미디어 매체를 통해 지식인들의 현실 인식과 고뇌, 미래를 향한 모색을 전달하고, 오락성을 가미하여 대중과 호흡했다. 전통적인 개념이 파괴되고 새로운 패러다임이 제시되면서, 혼재된 시대의 글쓰기 방식은 국가적 불안과 위기를 계몽과 통합으로 이끄는 발판이기도 했다.

이상, 1910년대 미디어 매체를 통한 『홍루몽』 번역과 근대성을 살펴보았다. 언문일치에 대한 노력은 국한문 혼용의 서사 방식으로 자리했고, 현재형과 과거형 종결어미의 사용은 서술자의 위치를 객관화시키면서 독자들의 주체성을 확보했으며, 근대적 독자는 새로운 매체의 형성과 더불어 탄생하고 있었음을 살필 수 있었다.

외국 소설의 번역은 서구 것에 대한 맹종도, 일제의 식민사관도 아닌 우리 고유의 것과 외래 문화의 혼종을 통해 표출된 글쓰기였다. 중국 소설의 번역은 전통과 혁신을 조화시키고픈 피식민자의 문학적 저항 방식이기도 했다. 지식인의 현실적 고민을 담아내는 통로였으며 계몽적 실천 의지를 표현하는 방식이었다. 『홍루몽』 번역은 구질서에 대한 투쟁, 국가적 위기를 극복하기 위한 모색인 동시에 암담한 현실에 맞서는 저항 담론으로 읽을 수 있다. 이러한 점에서, 텍스트 중심의 언어와 문학 번역을 넘어 새로운 매체로의 번역을 제안하고 문화 번역이란 서로 다른 사회집단 사이의 공시적인 교환과 투쟁으로 재고해야 한다는 레이 초우 Rey Chow의 견해를 상기할 수 있다(초우, 2010: 292). 120회 장편에 대한 번역의 어려움, 『매일신보』가 지향했던 식민화 정책과의 상충 등으로 미완성 작품이 되었지만, 『홍루몽』 연재는 근대 시기 중국 고전 소설을 번역하고 정착시키는 데에 중요한 이정표가 되었다.

참고 문헌

원전류

魯迅, 『中國小說史略』, 趙寬熙 譯注, 살림, 1998.

『魯迅全集』, 人民文學出版社, 1987.

『每日申報』(영인본), 景仁文化社, 1984.

조선시대 번역고소설 총서 17, 『홍루몽』 상 · 하권, 선문대학교 중한번역문헌연구소, 권도경 · 박재연 · 김영 校註, 이회문화사, 2004.

曹雪芹 撰, 中國古典名著 『紅樓夢』, 饒彬 校訂, 三民書局印行, 1982.

曹雪芹 · 高顎, 『홍루몽』 1–6, 최용철 · 고민희 옮김, 나남출판사, 2009.

연구서 및 논문류

가라타니 고진, 『일본 근대 문학의 기원』, 박유하 옮김, 도서출판b, 2010.

가라타니 고진 외, 『근대 일본의 비평』, 송태욱 옮김, 소명출판, 2002.

권보드래, 『한국 근대소설의 기원』, 소명출판, 2000.

김경미 외, 『1910년대 문학과 근대』, 월인, 2005.

金秉喆, 『韓國近代飜譯文學史硏究』, 을유문화사, 1975.

김영민, 『한국 근대소설의 형성 과정』, 소명출판, 2005.

김현미, 『글로벌 시대의 문화번역』, 또 하나의 문화, 2005.
남윤수 · 박재연 · 김영복 편, 『양백화문집』 1, 2, 3, 강원대학교출판부, 1995.
리우, 리디아, 『언어횡단적 실천』, 소명출판, 2005.
바바, 호미, 『문화의 위치: 탈식민주의 문화이론』, 나병철 옮김, 소명출판, 2002.
박갑수 편저, 『국어문체론』, 대한교과서(주), 1994.
벤야민, 발터, 「번역가의 과제」, 『언어일반과 인간의 언어에 대하여』, 최성만 옮김, 길, 2008.
사에구사 도시카쓰 외, 『한국 근대문학과 일본』, 소명출판, 2003.
謝維揚 · 房鑫亮 主編, 『王國維全集』, 浙江教育出版社, 2009.
사카이 나오키, 『번역과 주체』, 후지이 다케시 옮김, 이산, 2005.
수요역사연구회 편, 『식민지 조선과 매일신보』, 신서원, 2003.
슈미드, 앙드레, 『제국, 그 사이의 한국』, 휴머니스트, 2007.
연세대 근대한국학연구소 기초학문연구팀, 『한국 근대 서사 양식의 발생 및 전개와 매체의 역할』, 소명출판, 2005.
이영아, 「1910년대 『매일신보』 연재소설의 대중성 획득 과정 연구」, 『한국현대문학연구』 제23집, 2007.12.
李孝德, 『표상공간의 근대』, 박성관 옮김, 소명출판, 2002.
이희정, 『한국 근대소설의 형성과 매일신보』, 소명출판, 2008.
전은경, 『근대 계몽기 문학과 독자의 발견』, 역락, 2009.
정선태, 『개화기 신문 논설의 서사 수용 양상』, 소명출판, 1999.
______, 『근대의 어둠을 응시하는 고양이의 시선: 번역 · 문학 · 사상』, 소명출판, 2006.
조재룡, 「동서양의 문화번역론 비교연구: 루쉰과 베르만, 베르만과 루쉰」, 『비교문학』 제48집, 2009.6.
창비, 『창작과 비평』 제39권 제1호 통권 151호, 2011 봄.

초우, 레이, 『원시적 열정』, 정재서 옮김, 이산, 2010.

崔溶澈, 「梁建植의 紅樓夢 評論과 飜譯文 분석」, 『中國語文論叢』, 1993.

______, 『홍루몽의 전파와 번역』, 신서원, 2007.

최용철 · 고민희 · 김지선, 『붉은 누각의 꿈: 홍루몽 바로보기』, 나남출판사, 2009.

코모리 요이치, 『일본어의 근대』, 정선태 옮김, 소명출판, 2003.

한기형 외, 『근대어 · 근대매체 · 근대 문학』, 성균관대학교 대동문화연구원, 2006.

한원영, 『한국 신문연재소설의 사적 연구』, 푸른사상, 2010.

한혜경, 「문화 현상으로 바라본 清代의 『紅樓夢』 열풍」, 『中國小說論叢』 第30輯, 2009.

황호덕, 『근대 네이션과 그 표상들』, 소명출판, 2005.

제3부

교섭의 양상

동서 교섭의 관점에서 본 대종교의 몸과 마음 이해*

차옥숭

1. 들어가는 말

"마음을 가지고 와라, 편안하게 해주마將心來與汝安"라는 보리달마의 말에 제자 혜가는 "마음을 찾아도 얻을 수가 없습니다覓心了不可得"라고 대답했다는데, 과연 마음은 어디서 찾아야 하는 것일까?

사람은 몸과 마음으로 이루어졌다고 한다. 몸은 눈에 보이지만, 마음은 볼 수도 형상화할 수도 없다. 이는 우리가 이론적으로 접근하고 있는 마음이라는 것이 결코 우리가 경험하는 마음과 만나지 못했기 때문일 것이다. 철학자의 사고 안에서 이론적으로 구성되는 마음은 살아 있는 마음이 아니다. 우리는 마음을 체험하고 있는 것이지, 이해하고 있는 것이 아니기 때문이다. 그렇기에 인간이 경험하는 체험된 마음을 간과한 채

* 이 글은 한국종교학회, 『종교연구』 제67집(2012년 여름)에 실린 논문을 수정 · 보완한 것이다.

마음의 이론적 의미를 찾으려는 것은 무의미하다.

많은 사람은 우리가 마음으로 생각한다고 믿는다. 흔히 서양에서 철학은 이성의 활동이고, 이성의 활동은 생각이며, 생각의 주체는 마음이라고 간주해 온 것도 아마 같은 이유에서일 것이다. 과연 우리는 일상적인 의미에서, 혹은 실제 삶에서, 마음을 어떠한 방식으로 이해하고 있을까? 동서양의 마음 이해는 같을까? 동양의 '마음'과 서양의 'mind'는 동의적일까? 두 단어를 동의적으로 해석하는 데 문제는 없을까?

초월론적 실재관에 근거한 유대교, 기독교, 이슬람교와 같은 초월론적 서양 종교 전통들, 그리고 합리주의, 형이상학 같은 전통에서 보이는 서양 철학의 논리주의는 마음과 몸의 관계를 이분법적으로 나누어 생각하는 경향이 있다. 세계는 현상이고 현상의 피안에 실재가 있다고 믿는 사람들은 현상으로부터 그 너머의 실재로 나아가기를 추구하지 않을 수 없을 것이다. 그들은 종교와 이성이 모두 몸보다는 마음의 기능이고, 몸은 실재계보다 현상계에 종속되어 있다고 믿는다. 이처럼 마음과 몸의 이분법은 데카르트René Descartes의 분석적 논변 이전에 존재론적 논변의 전통에 기초하고 있다.

이와 달리, 마음과 몸의 관계에 대한 동양적 전통의 이해는 내재적 실재론에 기초한다. 실재는 이 세계 외에는 알려진 것이 없다는 것이다. 이는 현상계로서의 세계와 실재계로서의 초월계의 구분 없이 시작하는 존재론이다(정대현, 2000 : 206). 따라서 무한한 궁극적 실재를, 무한한 절대를 유한한 개별자의 마음에서 찾고, 발견하고, 만나고, 하나가 되는 것, 바로 여기에 동양의 마음 이해가 서양의 마음 이해와 구분되는 차별성이 놓여 있다.

서양의 마음 담론은 결국 나의 정체성을 찾아가는 탐색이다. 반면 동양은 몸을 조종하는 중심으로서 마음을 파악하고, 마음을 곧 하늘과 통하는 원리로 중요하게 여겼다. 경계 없이 텅 빈 마음, 큰 한마음, 나를 넘어 하나 되는 마음이 바로 수운水雲 崔濟愚이 만난 동학의 한울님, 대종교大倧敎의 한얼님, 그리고 원불교에서 말하는 우주 만유의 본원이요 일체 중생의 본성인 일원상一圓相 진리이다. 무한의 관점에서 본다는 것은 사물을 우주적 연대성의 관점에서 본다는 것이다.

동학혁명에서 대종교의 독립전쟁, 무정부주의 항일운동에 이르기까지 역사 사회의 변형과 인격의 고결성을 결합하는 문제는 가장 핵심적인 문제로 작용했다. 중요한 것은 행동하는 개인의 내면성과 객관적 현실을 어떻게 하나의 통일된 전체로 형성하는가의 문제였다. 이런 의미에서 마음에 대한 형이상학적이고도 인성론적인 탐구 및 객관적 역사에 대한 이해와 변형의 문제를 한국 대종교 전통에서 탐구해 보는 것은 의미 있는 일이라고 생각한다. 독립운동에 참여했던 지식인들은 대종교와 직·간접으로 연관이 있었으며, 대종교는 한국이 이전과는 다른 세계 질서에 편입되어 서양 철학이 산발적으로 유입되는 기간에 독립운동의 사상적 기초를 이루었다. 대종교의 영향으로 민족혼을 되살리기 위해 우리의 말과 글을 지키려고 꾸준히 노력했던 주시경, 지석영, 김두봉, 이극로, 최현배, 그리고 민족주의 사학으로 대표되는 김교헌, 박은식, 신채호, 유근, 정인보, 안재홍, 이상룡 등, 그리고 신규식, 이동녕, 이시영, 박찬익, 조성환 등의 활동으로 조성되는 정치 외교적 항쟁, 그리고 나운규, 이회영, 박일병, 권오설, 홍명희 등의 문화 사상 투쟁의 토대에는 대종교라는 정신적 배경이 있었다(이규성, 2012: 184).

이처럼 구한말부터 1940년대까지의 시대적 상황 속에서 당대의 지식인들은 어떻게 자기 자신을 이해하고 세계를 인식하여 자기와 세계를 변형할 것인가에 대한 물음을 가질 수밖에 없었다. 이러한 물음에 대한 해답은 자기와 세계의 변형이라는 실천적 지평 안에서 이루어졌다.

이러한 문제 의식에 따라, 이 글에서는 우선 논의의 토대로서 동서양의 몸과 마음 이해를 비교하며 살펴본 뒤에, 이어서 동서 교섭의 관점에서 대종교의 초기 주요 인물인 나철羅喆(호는 弘巖, 1863-1916)과 서일徐一(호는 白圃, 1881-1921)을 중심으로 그들의 삶을 조명하면서 구체적으로 마음의 깨달음이 몸의 변화와 사회 변화에 어떠한 영향을 미칠 수 있었는지를 살피고, 또 대종교의 주요 경전인 『천부경』과 『삼일신고』, 『참전계경』, 『회삼경』 등에 나타난 몸과 마음 이해를 분석한 뒤에, 끝으로 마음과 몸을 중심으로 한 동서 교섭의 소통 가능성을 살펴보도록 하겠다.

2. 동서양의 몸과 마음 이해

서구인의 'self'는 개인의 개별성을 전제로 한 독립성을 지니는 반면, 동양인의 '자아'는 조화와 사회성을 전제로 한 상호 의존적 자아라는 것이 밝혀져 기존의 서구 심리학 이론 체계에서의 'self'가 동양인에게 적합하지 않다는 것이 증명되고 있다. 또한 서양인에게는 자아와 행동 간의 일관성이 한국인에게서보다 더 강조되는 반면, 한국인에게는 행위 자체보다 행위 이면에 있는 마음이 인간 관계적 맥락 상황 차원에서 행위적절성 판단에 중요한 자원으로 관여된다고 한다(유권종 · 최상진, 2003: 133).

또한 서양의 'mind'와 동양의 '마음'이 내포하는 뜻을 동류적이거나 동질적인 것으로 보기는 어렵다. 한국어에 나타난 몸과 마음은 서양어의 심신mind-body 이원적 대립 관계에 있지 않기 때문이다. 몸은 마음에 못지않은 생각하기의 단위이고 주체이다. 몸은 마음보다 오히려 생각하기의 기준이고 사회언어적 함축을 갖는다(정대현, 2000: 198). 언어분석 연구에 따르면 서양의 'mind'는 마음의 이성적 영역과 정서, 의지적 영역을 모두 총괄하는 것으로 의미지어져 있다. 대체적으로 의미가 축소되어 'mind'는 의식이나 생각을 뜻하는 것으로 주로 사용된다.

한국의 경우 마음에는 겉으로 드러나지 않은 본래의 생각, 즉 '본심'을 뜻하는 의미가 정착되어 있다. 또한 '옳고 그름에 대한 판단에 관여되는 정신적 활동'이라는 것이 마음의 한 속성으로 포함되어 있다. 서양의 경우 동양에 비해 행동을 마음보다 우선시하고 오히려 마음은 행동을 유발하는 선행 인자因子 정도로 파악하는 경향이 있다. 그러나 동양의 심학心學에서의 마음 구성체는 사물을 대상으로 하여 이루어지는 지각知覺이나 의식 및 사고에 가까운 개념이라기보다 욕구, 의지, 도덕적 판단, 자기 억제 등을 포함하는 심적 지향성에 해당하는 개념이다. 즉, 한국인의 마음 개념은 사물 대상적 인식보다는 마음 지향과 마음 경험에 기울어져 있다는 것이다(유권종 · 최상진, 2003: 134-147).

서양의 지성사가 종교나 이성을 통해 현상 세계로부터 진리 세계에로의 전환을 목표로 했던 것과 비교하면, 한국이나 동아시아의 몸 닦기에 담긴 목표는 이와 현저하게 대조된다. 서양이 초월론적 세계관에 의해 지배되고 가치관이 그에 의해 구성되었다면, 동양은 내재론적 세계관에 의해 구성된 역사를 갖는다. 서양이 현상 세계를 가변적으로 생각하고 초월적 세계를 진정한 실재로 파악했을 때, 그 실재는 인간의 몸으로는 접근할 수 없고 종교나 이성에 의해서만 추구될 수 있는 것으로 보았다. 그러나 동양은 현실 세계만이 실재라고 믿고, 이 실제에서의 중요한 것은 인간성의 완성, 곧 윤리성이라고 보았던 것이다. 그리고 윤리성은 마음이나 관념에 의해서가 아니라 몸가짐에 의해 이루어지는 것으로 파악했다고 보인다. 여기서 주목해야 할 것은 윤리적 그물망의 평가의 단위가 마음이 아니라 몸이라는 사실이다. 마음은 사적이고 내적인 경험이기 때문일 것이다. 또한 반대로 몸은 공적이고 언어 구조를 가지며, 사고나 평가의 단위로 인식되었기 때문일 것이다(정대현, 2000: 201-202).

정대현은 한국어의 '마음'과 '몸'이 나타내는 단서에서 논리적 음양론에 의해 마음과 몸의 관계를 파악한다. 즉, 특정한 시간과의 관계에서, 몸은 마음의 화육신化肉身이고, 마음은 몸의 화의심化意心이라 할 수 있다는 것이다. 이를 일반화하면, 몸은 없고 화육신만 있는 것이고, 마음은 없고 화의심만 있는 것이다. 마음을 떠난 몸이 없고, 몸을 떠난 마음이 없는 것이다. 마음과 몸의 관계를 논리적 음양 관계로 볼 수 있다면 이것은 좀 더 일반화될 수 있을 것이다. 모든 사물이 안과 밖의 논리적 관계를 갖는다는 가설이 그것이다. 모든 사물이 음양의 기능적 관계를 갖지만 또한 그 기능적 관계가 확정된 것이 아니라는 것이다. 그 기능적 관계는 특정한 시간 제시의 문맥에서만 의미가 있다(정대현, 2000: 205).

그동안 데카르트의 이원론적 입장이 서구 사상사에서 지배적인 입장으로 그대로 유지되어 왔다. 데카르트에 의하면, 마음은 사고하는 실체 res cogitans이고, 몸은 공간에서 기하학적으로 규정될 수 있는 외연 extension을 지닌 실체res extensa이다. 또한 몸은 무한히 쪼갤 수 있으나, 마음은 그 다양한 능력과 기능, 그리고 심적 작용에도 불구하고 분할 불가한 단일의 통일적 실체였다(이정모, 2007: 3).[1]

의심하려야 의심할 수 없는, 확실한, 절대적 이성의 체계를 추구했던 데카르트는 『방법서설』에서 "나는 모든 본질이나 본성이 사유 속에서 성립하는 그런 실체라고, 그리고 존재하기 위해 어떤 장소도 필요로 하지

1 서구의 마음 개념의 연원을 따지자면 희랍의 호메로스Homeros의 작품들에서 나타난 '숨'의 개념으로부터 시작되었다고 할 수 있다. 서구의 이러한 '마음' 개념은 희랍의 여러 학자와 중세의 기독교 및 이슬람, 그 이후의 철학자, 그리고 자연과학자들의 체계적 생각에 의해 가다듬어져 왔다.

않고, 어떤 물질적인 것에도 의존하지 않는 그런 실체라고 결론짓는다. 따라서 이 나는, 즉 마음은 본질적인 자아로서, 신체와는 전적으로 다른 것이고, 신체보다 더 쉽게 알려지며, 게다가 비록 신체가 존재하지 않더라도, 계속해서 존재할 것이다"고 했다(프리스트, 1995: 39). "나는 몸 없는 나를 상상할 수 있지만 생각 없는 나를 상상할 수 없다"는 것이다. 육체는 나의 우연성이지만 생각은 나의 필연성이라고 한 것이다. 그러한 생각의 주체로서 나는 몸의 나일 수 없고, 생각의 나, 영혼의 나이어야 한다. 실체적 정신의 기초인 것이다. 물론 데카르트의 상상력 논리는 서구의 특정한 형이상학에 의존한 논리이다(정대현, 2011: 340).

데카르트는 심적인 것과 물리적인 것, 두 종류의 실체가 있다고 생각한다. 마음이나 영혼은 심적 실체이다. 신은 자신의 존재를 위해 어느 것에도 의존하지 않는다는 의미에서 유일한 실체이다. 마음과 물리적 대상은 자신들의 존재를 위해 신에 의존한다. 왜냐하면 신이 그것들 모두를 만들었고, 원리상 신은 그것들 모두를 전멸시킬 수도 있기 때문이다. 따라서 마음과 물리적 대상은 신을 제외하고, 자신들의 존재를 위해 어느 것에도 의존하지 않는다는 의미에서 실체이다. 사람이 비물리적 실체라는 데카르트의 논변은 그가 신체의 존재를 의심할 수 있다는 사실, 그리고 그가 스스로를 위치짓는다고 정상적으로 생각하는 모든 물리적 세계의 존재를 의심할 수 있다는 사실에서 성립한다(프리스트, 1995: 40-41).[2]

2 18세기 영국 철학자 흄David Hume은, 마음이라는 것은 지각의 집합 이상도 이하도 아니라고 할 수 있다고 보았다. 물질은 물리적인 대상의 동일성을 설명하기 위해 상정되는 하나의 단순한 허구일 뿐이다. 흄에게 마음과 물리적 대상이라는 것은 이론적인 존재이지, 데카르트적 실체가 아니다. 마음과 물리적인 대상은 시간의 흐름 속에서 동일성을 유지한다. 그러나 이것은 실체적인 동일성이 아니다. 시간적으로 지속되는 마음과 물리적인 대상의 동일성은 마음과 물리적인 대상에 그것의 통일성과 일관성을 부여하는 감각 내용간의 관계로 구성된다. 이러한 관계는 상상되는 것이고 경험적인 지식을 가능하게 해 주는 기능을 하는 것이다(프리스트, 1995: 213).

한편, 칸트Immanuel Kant는 마음의 두 가지 인식 원천으로 지성과 직관이라는 두 가지 능력을 말한다. 직관은 수용성을 특성으로 하고, 지성은 사유의 자발성을 기능적 특성으로 삼는다. 칸트는 직관이라는 순수 경험에 개념이라는 순수 오성을 적용하여 선험적 종합 판단이라는 필연성의 인식에 도달할 수 있다고 생각한다. 그가 말하는 마음은 주어진 잡다한 자료를 결합하여 하나의 표상으로 만들고 여러 표상을 모아 개념화함으로써 대상에 대한 판단과 인식을 가능하게 하는 조합 · 분석의 능력이다. 즉, 심성 내용으로서의 표상들을 산출하고 개념으로 가공하는 기능 체계라 할 수 있다. 지성자로 일컬어지는 개념화의 능력으로서 마음은 종종 지성 능력과 같은 것으로 보이기도 하여 자발성을 특성으로 삼는 결합의 능력으로 간주된다. 그러나 마음은 세 가지 근원적 원천으로서 소질 혹은 능력을 지니는데, 그것은 감관, 구상력(상상력), 통각이다. 마음은 다양을 어떤 방식으로 통관durchgehen하여 포착aufnehmen하고 결합verbinden한다. 주관적 연역에서 마음의 세 원천은 '직관에서의 각지라는 종합', '구상에서의 재생이라는 종합', '개념에서의 재인이라는 종합'의 과정과 연관된다(김혜숙, 2012: 166-167).

모든 것을 통일적 자아로서 '나'의 경험으로 모으게 하는 형식, 그것이 선험적 주체로서의 자아이다. 정신이나 물질이라는 규정조차도 그것이 대상에 대한 규정인 한, 이 조건에서 자유롭지 못하다. 나의 인식 활동은 주관성의 조건에 의해 가능한 것이지만, 이 활동 내용은 제3자적으로 접근될 수 있다(김혜숙, 2012: 184).

한편, 스피노자Baruch de Spinoza의 생각은 좀 다르다. 그의 중요한 형이상학적 가정은 오로지 하나의 실체만이 존재한다는 것이다. 그리고 그것은 두 가지 중요한 방식으로 생각될 수 있다. 그것은 의식적인 것이고 크기를 갖는다. 스피노자는 존재하는 하나의 세계, 즉 우리가 알 수 있고 생각할 수 있는 세계는 두 가지 본질적인 속성과 양태를 가진다고 생각했다. 그것은 바로 사고와 연장이다(프리스트, 1995: 217). 스피노자는 세계의 전체적인 체계, 즉 유일한 실체는 그 자신 스스로 설명된다고 생각했다. 유일한 세계 내의 실체가 가지는 존재는 그것의 본질을 이루는 부분이며, 그것은 그 자신의 존재 이유가 된다는 것이다.

스피노자는 인간을 이러한 형이상학적 구도 안에 설정함으로써 마음과 몸의 문제를 해결하고자 했다. 결국 우리는 유일한 실체의 한 부분이며 양상이다. 그런데 그러한 유일한 실체가 사고의 속성 안에 있으면 '신'으로 알려지고, 연장의 속성 안에 있으면 '자연'으로 알려지는 것이다. 마찬가지로 개별적인 인간은 심성적이거나 물리적인 것으로 인식되는 한에서 특정한 마음이나 육체로 생각되는 것이다. 마음과 몸은 하나이며 동일한 개체이다. 그것은 어떤 때는 사고의 속성에 따라 또는 연장의 속성에 따라 인식될 뿐이다. 이와같이, 스피노자는 인간의 몸과 마음이 연합된다고 말하면서 마음과 육체라는 것이 인간의 두 가지 속성이며 양태라는 것을 설명한 것이다(프리스트, 1995: 219).

또한 스피노자에게 신은 무한하고 정신적이며 전지전능하고, 모든 것이 그의 본성에 따라 필연적으로 도출된다는 전통적인 속성을 가진다. 사실, 스피노자는 세계에 대한 합리적이고 연역적인 이해의 논리적인 절차가 정확하게 세계 내 사건들의 인과적인 순서와 같은 질서를 가진다고 생각했다. 신이 무엇이든 할 수 있다면 신은 존재하는 모든 것이거나 전체로서의 존재 체계일 것이다. 일어나는 모든 것은 필연적으로 신의 본성에서 비롯되기 때문에, 스피노자는 인간의 본성 또한 불가피하게 신의 본성을 따를 수밖에 없다고 생각한 것이다. 그래서 스피노자는 "인간의 본성은 신의 속성이 가지는 특정한 양상에 의해 구성된다"고 말한다. 각각의 인간의 육체는 개별성을 가지지만, 그것은 사실 '신'이라고 알려지는 자연의 한 부분이라고 이해된다. 즉, 하나의 육체는 존재의 완전한 구조를 이루는 하나의 구성 요소인 것이다. 우리의 육체는 이러한 방식으로 결정되는데, 그것이 무엇인가 하는 문제는 신이 무엇인가 하는 것의 필연적인 귀결이기 때문이다(프리스트, 1995: 221).

스피노자는 또한 "인간의 마음은 신의 무한한 지성의 한 부분"이라고 한다. 우리 마음의 심성적 삶은 신의 두 가지 속성 중 하나의 양상, 즉 사고함이라는 것이다. 우리의 마음은 비록 개별성을 가지는 것이지만, 그것은 사실 '신'의 마음을 이루는 한 부분이라는 것이다. 그래서 인간의 마음은 존재하는 것의 완전한 체계를 이르는 하나의 구성 요소이며, 그것은 연장되는 한에서 '자연'으로 알려지는 신의 본성에 속한다는 것이다. 그래서 우리는 실체가 아니고 우리의 마음과 육체도 실체가 아니라는 것이다. 그것들은 단지 신이 가지는 두 가지 속성 중 하나의 양상이며 신만이 유일한 실체라는 것이다.

우리가 개별적인 인간에 관해 말하려고 한다면, 생각하는 개별자는 육체를 가지는 개인이며, 육체를 가지는 개별자는 사고하는 개인이라고 해야 할 것이다. 단, 이러한 설명은 우리가 개별자가 심성적이고 물리적인 속성을 가지며, 그것들은 실질적으로 신이나 자연의 부분이라는 것을 염두에 두는 한에서 그렇다고 할 수 있다. 인간의 마음이 어떤 것을 지각한다고 말하려면, 우리는 신이 무한하다는 것을 통해서가 아니라 신이 인간 마음의 본성을 통해 설명하는 한, 혹은 신이 인간 마음의 본질을 구성하는 한 이런저런 생각을 한다고 해야 할 것이다(프리스트, 1995: 222). 스피노자의 마음 이해는 수운의 "내 마음이 곧 네 마음이다吾心卽汝心"라는 『천부경』의 "근본 마음이 근본 태양과 같으니 우러러 밝아지면 사람 가운데에 하늘과 땅이 하나로 존재한다本心本太陽 昻明 人中 天地一"를 떠올리게 한다.

어떠한 입장들이었건, 사실상 아직까지 마음이 무엇인가에 대해서는 만족할 만한 설명을 제시하지 못하고 있다. 이는 그것이 일원론적인 설명이건 이원론적인 설명이건 간에 여전히 정신과 물질, 마음과 몸, 혹은 마음과 두뇌라는 이분법적 범주 안에서 마음을 다루고 있기 때문인 것으로 보인다.

한편, 최근 인지과학에서 경험이라는 것은 물리학이나 생물학적인 시각에서 다루어지는 경험이 아니라 인간의 일상적인 눈을 통해 보이는 경험, 즉 체험을 말한다. 이러한 체험을 마음과 세계가 만나는 것으로 표현하고 있는 것이다. 마음은 고전적인 이원론에서처럼 신체와 대립되는 존재도 아니고 완결된 체계로 고정되어 있는 것도 아니다. 마찬가지로 그것이 만나는 세계도 완성된 대상이 아니다. 세계와의 만남 속에서 차츰 그 모습을 드러내는 것이 바로 체화된 마음이다.

1980년대 후반부터 그 영향이 드러나기 시작한 체화적 · 사회문화적 접근에 의한 변혁이라고 할 수 있는 이 입장은 인간의 마음이 구체적 몸의 활동에 의해 물리적 · 사회적 환경에 적응하는 순간순간의 상호 작용 행위 활동에서 비로소 존재하게 되는, 즉 문화 · 역사 · 사회의 맥락에 의해 구성되고 결정되는 그러한 마음이며 인지임을 강조하는 접근이다(이정모, 2009: 314).

이러한 논의는 오래된 서구 사상의 이원론적 생각을 넘어서서 본질적인 물음, "내 몸은 나에게 과연 무엇인가?" 하는 물음과 관련하여 심신이원론과 환원주의적 일원론을 넘어서서 인지과학의 '제3의 흐름the third movement', '확장된 마음extended mind', '체화된 마음embodied mind' 등으로 불리며 진행되고 있다. '제3의 인지과학the third kind of cognitive science', '체화된 몸에 바탕한 인지과학embodied-embeddded cognitive science'이라고도 불리는 이 움직임의 요점은 마음이 뇌의 신경적 상태에 국한되는 것이 아니라, 뇌의 신경적 상태, 비신경적 신체, 환경 등의 전체 상에서 이루어지는 실시간적 활동activity으로 개념화되어야 한다는 것이다. 마음은 뇌 속에서 일어나는 신경적 상태나 과정이라고 하기보다는 신경적 기능 구조인 뇌, 뇌 이외의 몸, 그리고 환경의 3자가 괴리되지 않은 총합체nexus 상에서 이루어지는 행위 중심으로 재개념화되어야 한다는 것이다(이정모, 2007: 13-14).

따라서 몸을 떠난, 몸과 괴리된, 몸에 바탕하지 않은 마음이란 존재할 수 없는 것이며, 몸과 괴리된 마음의 내용이란 근거가 없다는 것이다. 또한 환경과는 독립적으로 따로 존재하는 마음이란 가능하지 않다는 것이다. 몸과 마음이 하나로 작동하는 체화된 마음이라는 단일체로서 환경 자극과 엮어져 들어간 과거 경험을 바탕으로, 지금 현 시점에서 다시 환경 자극과 몸이 역동적으로 다시 엮어져 들어가며 나올 때, 그때에 비로소 내 마음, 내 마음의 내용이, 활동으로서의 마음이 존재하는 것이다. 내 몸 따로, 내 마음 따로, 내 환경 따로 존재하는 것이 아니라는 주장이다(이정모, 2007: 15).

지금까지 동서양의 몸과 마음 이해를 일별해 보았다. 동서양의 차이점에 대해 김정일은 "세계가 '나'의 단순한 대상이 아니다. 세계에 대한 지식을 담기 위해서는 마음이 있어야 한다. 칸트의 체계에서도 마음은 시공時空의 형식 내에서 외부 대상을 인식한다. 그러므로 인식의 근본 요소는 시공 그리고 '나'이다. 서양의 전통적 인식 체계에서 '나'가 있고, 그리고 그것과 별개인 세계가 있다. 반면 동양 철학의 인식 체계에서는 시공에 놓여 있는 세상이 있고 그 속에 내가 포함되어 있다. '세계' 그리고 '나'의 형식이 아닌 것이다"[3](김정일, 2006: 274)라는 견해를 피력한

3 데카르트의 사상은 몸과 마음을 둘 다를 실체로 인정하는 존재론적 이원론이다. 한편, 홉스Thomas Hobbes의 유물론적 일원론은 마음의 욕구에 관해 설명의 실마리를 주지만, 마음은 더 신비로운 위치

다. 중국 철학 전반에 깔려 있는 심신론心身論은 이기론理氣論의 원리처럼 마음과 몸이 서로 떨어져 존재할 수 없음을 강조한다. 이理는 기氣 속에서 존재하며 기氣를 사역하고, 기氣가 있어야 그 속에 이理가 존재할 수 있으므로, 관계의 구조상 심心은 이理에, 신身은 기氣에 대조될 수 있다는 것이다.

한편, 정대현은 동서양의 차이점을, 동아시아 전통은 '정신과 육체'의 이분법보다는 '몸과 마음'의 유기적 관계, 또는 음양론의 사유에 더 익숙하기 때문에 인간 존재는 문화 현상에서 표면적으로 개별적으로만 보이지만 심층적으로 연대적이라고 본다. 그러한 개별성과 연대성의 전통을 구성한 한 핵심을 보여주는 명제가 『중용』의 '성기성물成己成物: 나의 이룸과 만물의 이룸은 맞물려 있다'이라는 것이다(정대현, 2011: 341).

또한, 한자경은 동양이나 서양이나 그 형이상학적 사유에서 경험적 이원성을 넘어선 절대를 생각하는 것은 마찬가지이지만, 동서 사유의 차이는 근본적으로 절대를 각각 중생의 내면의 빛으로 보는지 아닌지 하는 차이에서 비롯된다고 본다. 동양은 그 절대를 각 생명체 내면의 빛으로 누구나 이미 자각하고 활용하고 있는 마음으로 간주하는 데 반해, 서양은 그 절대를 경험적 자아의 확장 내지 경험적 비아의 극복을 통해 외적으로 성취될 목표로 설정한다는 점에서 서로 구분된다는 것이다(한자

에 있게 된다. 또한 버클리George Berkeley의 유심론적 이상주의도 마음에 실재성을 둠으로서 외부 세계가 문제로 남는다. 전체적으로 고전 심리철학에서 인식의 대상인 외부 세계는 마음과는 별개인 개별자들로 이루어져 있으며, 그들에 대한 확실성의 추구 방법으로 인과율이 무게를 갖게 된다(김정일, 2006: 277–278). 퍼스Charles Sanders Perce의 유기체론적 심리철학에서 그는 영혼을 마음에서 형이상학적 내용을 뽑아낸 것이라 보고 그 존재를 부정한다. 마음에 대한 연구는 과학적 탐구에서 비롯되어야 한다는 것이다. 그는 감성과 이성은 홀로 존재할 수 없으며 마음이란 감성과 이성과 의지 세 가지 성향이 복합적으로 엮여 있는 순수 물리적 현상에 심리성이 포함된 특별한 과정이라고 보는 것이다(김정일, 2006: 284). 퍼스와 듀이John Dewey는 이원론에 입각한 몸과 마음의 구분에 반대하고 단지 마음이란 물리적 현상의 최상위 단계에서 특이하게 일어나는 우리가 해석할 수 없는 현상으로만 보는 것이다(김정일, 2006: 286–287).

경, 2011: 571).

이상의 논의들에서 보았듯이, 서양의 마음 담론이 결국 나의 정체성을 찾아가는 탐색이었던 반면, 동양에서는 몸을 조종하는 중심으로서 마음을 파악하고, 마음은 곧 하늘과 통하는 원리로서 중요하게 여겼다. 이제, 동서양의 이러한 마음 담론이 동서 교섭의 맥락에서 어떻게 대종교大倧教 전통 안에서 구체화되는지 살펴보도록 하자.

3. 대종교 초기 인물들의 몸과 마음 이해: 홍암 나철과 백포 서일을 중심으로

이 절에서는, 독립운동과 교육운동이라는 실천적 사명을 행동으로 옮겨야 하는 절실한 상황에서 수전일치修戰一致의 원칙에 따라 행동하는 가운데 독립운동의 사상적 기반을 세웠던 대종교인들의 삶을 홍암 나철弘巖 羅喆과 백포 서일白圃 徐一을 중심으로 살펴보고, 이어 다음 절에서는 그러한 삶을 살도록 했던 대종교의 가르침이 담긴 주요 경전을 중심으로 몸과 마음을 살펴보도록 하겠다.

대종교인이었던 위당 정인보爲堂 鄭寅普, 1892-1950는 다음과 같이 말한 바 있다. "진실의 학은 동양과 서양의 말과 학설만을 표준으로 삼는 마음이 아닌 '실심實心'의 확립에 기초한다. 실심의 학이란 책에서 구하는 인식이 아니라 '나라와 백성의 문제를 내 마음 속의 일로 받아들여 서로 감통하게 하는' 인식(良知)이다. 실심은 자신의 상황과의 활동적 관계 속에서 인식하는 것이고 인식된 것을 다시 활동 속에서 확인하는 지행합일知行合一의 과정을 살아가는 마음이라고 했다. 또한 실심의 주체성은 사회적 상황과 관계하는 마음일 뿐만 아니라 '우주의 본체天之本體'와도 맞닿아 있는 '마음 본체心之本體'이다. 실심은 '마음의 우주적 심연天淵'까지 경험의 영역을 확장한다. 마음은 이 심층적 고요의 영역에서 발산해 나오는 우주의 생성 과정이 갖는 생의 활력을 생명 긍정의 인仁으로서 경험하고, 그것을 실현할 수 있게 된다. 이러한 형이상학적 경험의 주체가 사회적 상황을 변형해 가는 심적 토대가 된다. 지행합일의 주체는 우주적 본체와 그것의 발산의 구조 내에서 인식하고 행동한다"(이규성, 2008: 31-32; 정인보, 2004: 22-24 참조).

홍암 나철과 백포 서일의 삶이 그러했다. 국권을 상실해 가던 민족적 위기 상황 속에서 중광重光된 대종교는 일제에 대항하여 국권을 회복하고 자주독립을 획득하는 것을 최대의 과제요 가치로 삼았다. 1909년 홍암은 한민족의 뿌리 신앙인 단군 신앙을 제도 종교화하여 손상된 민족적 자존심을 회복시키고 한민족 성원들에게 천손으로서의 무한한 자긍심을 갖게 했다. 이러한 자긍심이 조국 광복이라는 대명제로 이어지면서, 대종교는 해외 독립운동의 주요한 구심점이 되었다. 나라를 잃고 노령과 만주 지역으로 이주해 갔던 민족 성원들에게 꾸준한 교육을 통해 민족의식과 자주 독립 의지를 고취시키면서 그들에게 희망을 주었다. 무장독립운동을 사실상 주도했던 대종교의 역사는 언제나 민족의 아픔과 운명을 함께했다.

대종교는 1909년 민족의 위기 상황에서 홍암 나철에 의해 중광된 민족종교이다. 홍암은 21세 때에 외무대신 김윤식金允植의 문하생이 되어 지도를 받았다. 홍암의 나이는 29세에 과거에 장원급제하여 기거주起居注, 권지부정자權知副正字를 지냈으나, 31세에 그 자리를 내어놓고 낙향한다. 당시 개화사상가이며 자강론자였던 김윤식의 문인이 된 홍암은 그로부터 개화사상과 자강의 논리에 대해 배웠을 것으로 짐작된다(박환, 1989: 691-694).

홍암은 1901년부터 1905년 을사보호조약이 체결된 직후까지 활발한 민간외교 활동을 전개한다. 홍암은 1909년 1월 15일 한성부 북부 재동에 있는 초옥에서 단군대황신위檀君大皇神位를 봉안하고 오기호, 강석화, 최동식, 유근, 정훈모, 이석, 김인식, 김춘식 등과 제천보본祭天報本의 대례를 봉행하고 「단군교포명서」를 선포했으며, 단군교를 중광하여 제1대 교주 도사교都司敎가 되었다(『大倧敎重光六十年史』, 1971: 8-80 참조). 홍암은 단군을 역사적 인물로서 한국 건국의 시조인 동시에 신교인 대종교의 교조이며 삼위일체의 현실로 나타난 신적 존재인 신앙의 대상으로 삼아, 민족의 얼만 살아 있다면 국권을 다시 찾을 수 있을 것이라는 믿음을 가지고, 일제 치하의 잃어버린 한반도의 역사와 정신문화를 회복하고자 했다(박광수, 2008: 103-104).

홍암은 만주 땅 청파호에 총본사를 두고 포교 활동에 주력하면서 5년간에 걸쳐 만주, 러시아, 중국 등지에 30만의 신도를 확보한다. 대종교의 급속한 팽창에 놀란 일제는 1915년 10월 1일 조선총독부령 제83호에 의거 「종교통제안」을 공포하고 대종교에 대한 탄압을 노골화했다. 그뿐만 아니라 교내외 활동을 못하게 하고 홍암의 수도행까지 방해를 하는 한편 구속을 하겠다고 위협을 해왔다(『大倧敎重光六十年史』, 1971: 180-186).

이와같이 교단이 폐교될 위기 상황 속에서 홍암은 김두봉, 엄주천, 안영중 등 일행 6명과 함께 황해도 구월산 삼성사三聖祠에 도착한다. 그는 일행과 함께 무너진 사당祠堂과 재실齋室 수리를 끝낸 뒤 경배식을 봉행했다. 목욕하고 새 옷으로 갈아입고 15일은 가경절이라 삼신三神께 제사를 드렸다(『大倧敎重光六十年史』, 1971: 186-191). 그리고 홍암은 1916년 8월 15일 황해도 구월산 삼성사에서 스스로 생을 마감했다. 그가 남긴 '순명삼조殉名三條'에서 그가 죽음을 택했던 이유를 명확히 알 수 있다. 순명삼조의 내용은 다음과 같다.

1. 나는 죄가 무겁고 덕이 없어서 능히 한배님의 큰 도를 빛내지 못하며 능히 한겨레의 망케 됨을 건지지 못하고 도리혀 오늘의 없우임을 받는지라 이에 한 오리 목숨을 끊음은 대종교를 위하여 죽는 것이다.
2. 내가 대종교를 받든지 여덟 해에 빌고 원하는 대로 한얼의 사랑과 도움을 여러 번 입어서 장차 뭇사람을 구원할 듯하더니 마침내 정성이 적어서 갸륵하신 은혜를 만에 하나도 갚지 못 할지라 이에 한 오리 목숨을 끊음은 한배님을 위하여 죽는 것이다.
3. 내가 이제 온 천하에 많은 동포가 가달길에서 떨어지는 이들의 죄를 대신으로 받을지라 이에 한 오리 목숨을 끊음은 천하를 위하여 죽는 것이다(『大倧教重光六十年史』, 1971: 186-191).

이 죽음은 일본의 대대적인 대종교 탄압에 직면하여 홍암 자신과 역사에 대해 최후의 저항을 실행한 셈이다. 원래 그의 생각에 의하면 조선 군주제에서 마지막 군주가 주권을 내놓았다면 그 주권은 조선의 '형제자매'에게 넘겨지는 것이지 타국에 이전되는 것이 아니다. 형제자매가 주권을 갖는 것은 '공리公理'이며 타국이 갖는 것은 '강권强權'의 '업신여김'이다. 세계 질서는 각국과 그 구성원의 주권을 경외하는 '정의'와 '인도人道'에 부합해야 한다고 그는 생각했다(이규성, 2012: 210).

노길명은 '순명삼조'를 비롯한 유서의 내용을 통해 분명하게 드러나는 것은 홍암의 죽음이 단순히 한 개인의 죽음이 아닌 순교와 순국이라고 본다. 또한 홍암이 순명하기 전에 구월산 삼성사에서 드렸던 제천의례는 한배검께 드리는 상례적인 천제가 아니라, 한배검께서 친히 강림하시어 세우신 나라를 천손 천민인 우리 후손들이 잘못하여 망하게 함으로써 한

배검께 지은 죄악을 갚기 위해 홍암이 자신의 목숨을 제물로 바친 종교 의식이었다고 보고 있다(노길명, 1996: 27). 이러한 생각은 홍암이 교통敎統을 넘겨준 무원 김교헌에게 보낸 유서를 통해, 이 겨레를 위해 죽으니 끝없는 영광이라 말하고 오직 힘써 세상을 복되게 하고 이 백성을 다행하게 만들라는 간곡한 부탁을 하는 내용에서도 잘 드러난다. 예관 신규식 또한 홍암의 순교를 육신제肉身祭로 표현하고 이로 인해 지리멸렬하던 민족전선이 비로소 통일된 정신적 구심점을 갖게 되었다고 말한다(김동환, 2011: 140-141).

일제 시기 민족운동의 정신적 배경으로 대종교를 일으킨 홍암 등의 지도층의 영향력은 실로 지대했다. 개인의 영달과 명예를 뒤로한 채 멸사봉공滅私奉公을 통한 살신성인의 길을 기꺼이 걸어갔던 그들의 활동과 사상 투쟁의 토대에는 단군이라는 정신적 배경이 굳게 자리하고 있었다.

대종교가 독립운동가들 사이에 대한제국을 멸망에 이르게 한 것이 중화 사대주의였다는 자각이 일어나면서 국조 단군을 강조하는 민족 주체성에 대한 자각이 급속도로 광범위하게 퍼졌다(이덕일, 2010: 307). 일제하 질곡의 시대 속에서 단군은 곧 이념이나 사상 그리고 계파를 초월한 민족 단합의 상징이 되었다. 1919년 4월 상하이上海에서 대한민국 임시정부가 수립될 당시 의정원 의원 29명 중에서 대종교 원로가 21명이었고, 의장에 선출된 이동녕과 정부조직에 임명된 13명의 각료 중에서 11명이 대종교 원로였다는 사실을 상기할 필요가 있다.

대종교의 지도자 중 군교일치軍敎一致의 정신을 실천궁행한 인물이 백포 서일이다. 1881년 함경도 경원군 안농면 금희동에서 태어난 서일은 10세에 김노규金魯奎 문하에서 한학을 수학하고 22세에 경성함일사범학교鏡城咸一師範學校를 졸업한 뒤 10년간 고향에서 계몽운동과 교육사업에 전념한다. 서굉일은 백포 서일이 대종교를 받아들이기 전까지 기초 사상 형성까지는 김노규와 경성함일사범학교에서 받은 교육이 중요하다고 생각한다(김동환 외, 2010: 316-317).

어린 시절 서일의 스승이었던 김노규는 북쪽 강역을 역사적으로 고찰한 『북여요선北輿要選』과 토속사상을 담은 『학음유고鶴陰遺稿』 등을 남긴 인물로 민족 의식이 누구보다도 강했던 선비였다.[4] 서일이 본격적인 다양한 학문과 접하게 된 시기는 경성함일사범학교 재학 시절과 1902년 사범학교를 졸업하고 10년간 지역사회에서 계몽운동과 교육사업에 헌신하던 때이다. 그가 어떤 분야를 어떻게 공부했는지에 대한 기록은 없으나, 이 시기에 동 · 서양 학문에 대한 체계적인 경험을 한 것이 확실한 듯하다(김동환 외, 2010: 324-325).

그 당시 함경도 지역은 1886년부터 자연 재해로 어려움이 닥칠 때마다 그것을 해결하기 위해 시베리아로 건너가서 연해주 지역에 한인촌을 건설했다. 많은 사람이 그 지역에 진출해서 재력을 쌓고 새로운 지식을 얻기도 하면서 그들은 전등이나 기차 등 근대적인 문화문명을 다른 지역보다 좀 더 일찍 접할 수 있었다. 이런 것들을 미국이나 일본을 통하지 않고 시베리아 횡단철도를 타고 더 멀리 모스크바, 베를린까지도 진출을 하면서 근대적인 지식을 얻었다. 그 지역에 하나의 역사 인식이 뿌리내려 있었을 거라고 생각한다(김동환 외, 2010: 317-318). 서일이 대종교에서 활동 중에 교세 확장에 크게 기여했다고 한다. 상당히 단기간에 대종교 신자들을 확보할 수 있었던 것은 서일이 함경도 출신이었기 때문이라는 것이다. 1910년대 초기 만주 지역으로 이주한 한인들의 출신지별

4 『북여요선』은 1책 43장으로 엮어진 필사본으로, 간도의 영유권 주장의 역사적 근거를 제시하고자 간도 지방과 연관된 우리 민족의 여러 활동 사실을 이 지방의 지리와 함께 약술하고 있다. 특히 간도 지역이 우리 민족의 옛터임을 강조하는 대륙적 강역 의식을 강하게 드러내고 있다. 이와같이 김노규의 『북여요선』은 간도의 영유권 문제에 대한 유력한 자료일 뿐 아니라, 당시 한말 격동기의 한국민이 인식하고 있는 간도에 대한 생각을 담고 있다는 점과, 고구려 · 발해 · 고려에 대한 당대 변방에 거주하던 지식인의 가치가 투영되어 있다는 측면에서 주목해야 할 자료이다(김동환 외, 2010: 323-324).

통계 자료를 보면 1910년 초는 함경북도 출신이 압도적으로 많았다. 함경북도 출신인 서일과 고향이 같다는 동향 심리가 작용하여 대종교 포교 활동에 큰 도움이 되었을 것이다. 또한 후에 북로군정서 군자금은 이들의 도움이 컸다(김동환 외, 2010: 334-335).

서일이 본격적인 항일 투쟁에 나선 것은 1911년 이후라 할 수 있다. 그는 만주로 건너온 대종교인들을 중심으로 1911년 본격적인 항일단체인 중광단重光團을 조직하여 31세의 나이로 단장에 추대된다. 서일은 중광단을 조직한 뒤 1918년 김좌진 장군을 영입하고, 이범석 · 김규식 등과 협의하여 북로군정서를 개편하여 무장 독립운동을 전개한다. 서일은 1912년 32세에 만주로 가서 동만주 왕청현汪淸縣에서 명동학교를 창설하여 교육사업에도 전념한다. 같은 해 10월에 대종교에 입교한다.[5] 그는 대종교를 신봉한 지 짧은 기간에 종교적 깨달음을 얻는 인물로서, 5년도 안 되어 대종교의 최고 교질敎秩인 사교司敎로 초승超昇되는 능력을 보인다. 그는 대종교 포교의 거점인 동도본사東道本司를 독립군 기지 안에 설치함으로써 군교일치의 의지를 확고히 보여주고 진중陣中에서도 수도실을 따로 마련하여 원도願禱와 수행, 그리고 대종교의 교리 연구를 게을리하지 않음은 물론, 전투의 와중에서도 대종교의 깨달음을 상징하는 단주檀珠를 항상 목에 걸고 다니는 수전병행修戰竝行의 삶으로도 일관했다(김동환, 2011: 145-146).[6]

5 서일의 대종교 입교 시기를 놓고 문제를 제기하는 사람들이 있다. "『대종교중광육십년사』는 서일의 대종교 입교 시기를 1912년 10월이라고 전하고 있다. 그러나 이렇게 볼 경우 서일이 계화桂和 · 채오蔡五 · 양현梁玄 등과 1911년 왕청현에서 조직한 중광단重光團과 시기가 엇갈리는 문제가 발생한다는 것이다. 서일이 실제 1912년에 만주로 망명했는가 하는 문제부터 되짚어봐야 할 문제이며 그가 만주로 망명한 것이 정치적인 목적일 것임은 물론이지만 이때 이미 대종교와 연관이 있었을 가능성은 상존하기 때문이다"(이덕일, 2010: 305).

6 서일이 수전병행의 행동철학을 실천으로 옮긴 이유를 이동언은 다음과 같이 설명한다. "서일이 일찍이 중광단을 조직하여 항일 투쟁의 선봉에 서게 된 것은 대종교의 투쟁 목표와도 밀접한 연관이 있다. 대종교의 독립운동은 일제에게 빼앗긴 주권을 되찾는다는 국권 회복의 차원을 넘어서 대종교의

1919년에는 홍암의 뒤를 이어받은 무원종사 김교헌이 서일에게 교통敎統을 전수하려고 하나 군사거의軍事擧義 준비 중이라 광복사업을 위해 교통 전수를 5년간 유보한다. 서일은 조성환, 이장녕, 김좌진, 이범석, 김규식 등과 협약하여 상하이에 있는 대한민국 임시정부와 연계하에 북로군정서를 설립하고, 총재에 서일, 총사령관에 김좌진, 참모장에 이장녕, 사단장에 김규식, 여단장에 최해, 연대장에 정훈, 연성대장에 이범석이 취임을 한다(『大倧教重光六十年史』: 372, 389-391).

대종교 교인이었던 이시영이 세운 서로군정서가 그의 사재로 운영된 반면에, 백포종사의 북로군정서는 대종교 40만 교도들의 성금으로 운영되었다. 북로군정서는 청산리대첩(1920)을 승리로 이끌었다.

그 당시 조국을 등지고 떠나 있던 한인들에게는 종교나 사상을 초월해서 그들의 공동 목표는 조국의 광복이었고 조국 광복은 절대 가치였다. 박은식은 『한국독립운동지혈사韓國獨立運動之血史』(1920)에서 중국과 노령露領 사이에 있는 각처의 동포들을 돌아보고는 다음과 같이 서술하고 있다. "그들은 오로지 쓰러져 가는 집에서 굶주림과 추위에 떨면서도 근심하는 빛이 전혀 없었고, 중얼거리는 것은 조국뿐이고 잠자리에서도 조국뿐이었다. 세속의 명예나 공리 따위는 일신을 더럽히는 물건처럼 여겼다. 오직 속에 가득히 끓는 피는 충의忠義와 의분에서 터져 나오는 것으로서, 죽은 후에라야 끝날 결심이었으니 어찌 의사義士라 하지 않으랴. 나는 그들을 깊이 존경하고 아낀다"(박성수, 1988: 54). 이러한 힘든 상황 속에서 천손으로서의 민족의 우월성과 자긍심을 고취하는 대종교는 해외 동포들에게 불길처럼 확산되어 갔고 대종교의 정신은 당시 독

이상 국가인 배달국토의 재건을 목표로 삼았다. 그러므로 서일의 독립운동 또한 단순히 대일항전을 통한 민족독립을 넘어서 대종교의 이상국가 건설과도 직결된다. 이러한 목표 완성을 위해서는 조국 광복을 위한 투철한 투쟁 정신과 더불어 종교적 완성을 위한 수행과 연구가 반드시 필요했다"(이동언, 2010: 292).

립군들의 사기와 정신 무장에 중요한 원천이 되었다.

이러한 상황에서 만주 지역을 보더라도, 대종교는 종교적 성격보다 이주 한인 사회를 상징하는 사회운동단체와 같아서 다른 종교인들과도 쉽게 교류하게 되었다고 한다. 천도교 · 기독교인이라 해도 대종교에 대해서는 거부감을 보이지 않았으며, 모두 백두산 아래 모인 배달족일 뿐이었다(김동환, 2011 : 168-169).

청산리 전투에서 참패를 당한 일본은 그 보복으로 경신 토벌을 감행하여 만주에 있는 대종교인들을 수없이 학살 고문했다. 백포종사 서일은 1921년 일본에 매수된 비적떼가 대한독립군단을 야습하여 대종교인들을 무차별 학살할 때 41세를 일기로 순교한다.

"마땅히 복되지 못할 때 복되면 이것은 도리어 재앙이요, 마땅히 오래 살지 말아야 할 때 오래 살면 이것은 도리어 욕됨이요, 마땅히 부귀하지 않을 때 부귀하면 이것은 도리어 부끄러움이다"(『대종교경전』, 2002 : 575). 이 글귀는 서일이 쓴 『회삼경』에 나오는 내용으로서 '마땅히 죽어야 할 때 죽어야 한다'는 의미를 담고 있다.

필자는 이들의 죽음에 주목한다. 그들은 죽어가면서 어떤 생각을 했을까? 한울님에게 자신을 희생 제물로 바치면서 민족과 후손들의 앞날을 빌고 또 빌지는 않았을까?

대종교가 만난 상황은 제국주의 식민 통치의 상황이었다. 이러한 상황에서 서일은 군사적 저항을 교육운동보다 더 시급한 대안으로 선택했다. 그는 죽음을 내면화하여 자율적으로 주관하고자 했다. 감각적 자아에 속박당하지 않는 서일의 절대적인 내적 자아는 대동을 지향하는 윤리적인 실천적 자아로 나아간다. 서일의 독아獨我, 위아爲我, 무아無我의 삼아론三我論은 자아의 관점에서 한얼님에 일치하고자 하는 노력을 의미하는 것이다. 그러한 관점은 외부의 역사적 상황이 주는 위협을 의식하지 않을 수 없었던 상황과 관련된다.

서일의 '독아'는 자기 존엄성(自尊)의 원리이다. 특권 없는 자존의 보편성에는 귀천의 계급이 없다. 자존은 평등의 원리이다. 자존이기 때문에 평등할 수 있다(自尊, 故能平等). '위아'는 자애自愛의 원리이다. 자애의 보편성에는 사리와 권세에 의한 억압이 없다. 자애는 자유를 원한다(自愛, 故能放任). '무아'는 사익으로 공익을 해치는 것(以私害公)에 대항하는 자기 겸손(自謙)의 원리이다. 자겸은 공적 원리를 적절한 행동 방침(中)으로 선택한다(自謙, 故能執)(『대종교경전』, 2002: 615).[7] 여기서 서일이 말하는 삼아론은 현실적 인간의 자연적 자기애를 긍정하고 그것을 일반화하여 모두에게 적용하는 실천 이성적 관점에서 본 것이다.

서일의 대종교는 심층적으로는 천도의 성性에 통하고, 수평적으로는 평등과 대동大同에 통한다. 그의 자아관은 모든 곳으로 확산된다. 조상과 후손이 등차가 있지만 그 모두가 나이다. 사회적 타인도 나이다. 모두가 나이다.

"세로로 보면 조상과 차등이 있는 내(等差我)가 있고, 가로로 보면 평등한 내(齊等我)가 있으며, 두루 보면 모두 공동한 내(共同我)가 있다. 무엇을 차등이라 하는가? 존귀하여 조상이고 낮아서 후손이나, 모두 나 아님이 없다(尊而祖宗, 卑而子孫, 莫非我也). 무엇을 평등이라 하는가? 귀하여 왕공이고 천하여 노예이나 모두가 나 아님이 없다(貴而王公, 賤而皂隷, 莫非我也). 무엇을 공동이라 하는가? 작게는 가정 국가이고 크게는 온누리가 나 아님이 없다(小而家邦, 大而世界, 莫非我也)"(『대종교경전』, 2002: 622-623).

7 獨我 主自尊 爲我 主自愛 毋我 主自謙 自尊故 能平等 自愛故 能放任 自謙故 能執中. 이 글은 『회삼경會三經』의 내용이다. 이 밖에 백포종사 서일의 사서로는 『삼일신고강의三一神誥講義』, 『진리도설眞理圖說』 등이 있다.

무한의 관점에서 본다는 것은 사물을 우주적 연대성의 관점에서 본다는 것이다. 계급으로 분열된 사회일지라도 근본에서는 모두가 나我와 연속되어 있다. 따라서 서일은 사람이 처세할 때 신분의 높낮이나 귀천貴賤으로 상대방을 능멸하거나 업신여기지 말라고 한다(『대종교경전』, 2002: 623). 상대적 차별주의와 침략주의는 무리의 관점 안에 있다는 것을 입증하고 있다. 그러나 절대적 원융의 이념에 접근하는 것은 마음의 태도의 전환일 뿐만 아니라 행동을 통해 구체적 실현의 가능성을 갖게 된다.

그러므로 서일은 "나의 본연의 참된 성(本然之眞)을 인식할 수 있는 것을 성에 통한다(性通)라고 하며, 나의 당연히 할 바(當然之極)를 행할 수 있는 것을 공효의 완성(功完)이라 한다. 그러나 인식하고도 실천하지 않으면, 진정한 지知가 아니며, 인식하지 못하고 실천하는 것은 진정한 행行이 아니다"(『대종교경전』, 2002: 624)라고 말한다.

홍암과 서일이 보여준 삶을 통해 알 수 있는 것은 몸과 마음이 모두 우주의 일부로서 서로 연속되어 있다고 보았다는 것이다. 그들에게 실천은 근본적으로는 '연대적 자아(共同我)'가 구현된 대동사회를 지향하는 행이다.

4. 대종교 경전에 나타난 몸과 마음 이해

대종교에는 여러 경전이 있는데, 특히 중요한 것은 『천부경』과 『삼일신고』이다.[8] 여기서는 『천부경』, 『삼일신고』, 『참전계경』을 중심으로 하

8 그 밖의 경전으로는 『팔리훈』, 『신사기』, 『회삼경』, 『신리대전』, 『삼법회통』, 『신단실기』 등이 있다.

고 『신리대전』과 『회삼경』을 참조하면서 살펴보도록 하겠다. 총 81자로 되어 있는 『천부경』은 질서와 무질서가 뒤섞여 전개되는 우주관을 담고 있다. 한편, 총 366자로 되어 있는 『삼일신고』는 신론, 인간론, 천국론 등의 내용들을 담고 있다. 따라서 흔히 『천부경』을 조화造化경', 『삼일신고』를 교화敎化경, 『참전계경』을 치화治化경이라고 한다.

천부경의 우주 생성의 원리에서 본 몸과 마음 이해

먼저, 『천부경』의 주요 내용을 살펴보자. 전병훈은 『정신철학통편』에서 천부경을 주해하기에 앞서 천부경은 동서고금을 통틀어 최고의 경전임을 밝히고 '선仙과 성聖을 겸하고, 천지와 더불어 인사人事를 밝히고, 몸을 닦고 세상을 구제하여 천지만물을 화육하는 것에 동참하고 돕는 지극한 진리를 담고 있다고 서술하고 있다(전병훈, 1980: 1-2).[9] 『천부경』은 읽는 사람의 의도나 사고의 폭, 그리고 지식 습득 여하에 따라 그 해석 내용이 저마다 달라질 수 있다. 필자는 기존의 해석본들을 참고하여 가급적 보편적인 방법으로 조심스럽게 해석해 보고자 한다.

이근철은 "『천부경』에는 첫째, 모든 것은 '일一'에서 시작하여 '일'로 돌아가되, 그 '일'은 시작도 끝도 없다는 것과 둘째, 모든 만물은 '천 · 지 · 인天 · 地 · 人'이라는 구성 요소에 의해 생성되고 발전해 나간다는 것과 셋째, 마음의 근본을 밝힌 사람 안에는 하늘과 땅이 모두 들어 있다는 내용이 담겨 있다"고 한다(이근철, 2008: 33).

천부경은 모두 81자로 되어 있다.[10] 첫 구절은 '일시무시일一始無始一"

9 1920년 전병훈에 의해 최초로 천부경 주해가 나왔다. 전병훈의 천부경 주해는 그 이후 천부경 연구에 많은 영향을 주었다(임채우, 2008: 64–65).

10 "一始無始一 析三極無盡本 天一一地一二人一三 一積十鉅 無匱化三 天二三地二三人二三 大三合六生七八九 運三四成環五七 一妙衍 萬往萬來 用變不動本 本心本太陽 昻明 人中 天地一 一終無終一." 천부경 주해는 차옥숭(2000: 144–147)과 전병훈, 『정신철학통편』(1980)의 천부경 주해를 참고했다.

인데, 대종교 교리에서 '일一'은 절대 개념으로서 상징적 의미를 지니며, 궁극적 실재를 가리킨다. 그것은 모든 것이 비롯되게 한 궁극적 근원이자, 모든 것이 되돌아가는 궁극적 자리이다. 전병훈에 의하면, '일一'은 '태극의 하나(太極之一)'이며, '근원적 신의 생동하는 능력(元神之動能力)'이다.[11] 모든 만물은 '일'로부터 시작하지만, 그것은 시작이 없는 '일'이다. 끝 구절인 '일종무종일一終無終一'도 마찬가지이다. 모든 것은 '일'로 끝나지만 그것은 끝이 없는 '일'이다. '일'은 처음이자 마지막이지만, 시작도 끝도 없는 '일', 소진되지 않는 근원적 생명으로서 '일'이다.

중간의 구절들은 만물의 생성 과정을 설명하고 있는데, 천 · 지 · 인 삼재의 융화를 바탕으로 '일즉삼一卽三 삼즉일三卽一의 원리가 인간 존재 속에 어떻게 구현되는지를 보여준다. 다시 말해, 우주 만물의 근본이 '일一'로 통하는 삼즉일의 이치, 그리고 소우주인 인간이 대우주와 합일되어 하늘의 이치가 인간 속에 징험徵驗됨을 보여주는 것이다.

최민자는 천부경을 세 부분으로 나누어 설명한다. 상경 〈천리〉는 천 · 지 · 인 혼원일기인 '하나(一)'에서 우주 만물이 나오는 일즉삼一卽三, 집일함삼執一含三의 이치를 드러내고, 중경 〈지전〉은 음양 양극 간의 역동적 상호작용으로 천지 운행이 이루어지고 음양오행이 만물을 낳는 과정이 끝없이 순환 반복되는 '일'의 이치와 기운의 조화 작용을 나타내며, 하경 〈인물〉은 우주 만물의 근본이 '일'로 통하는 삼즉일三卽一, 회삼귀일會三歸一의 이치와 소우주인 인간의 대우주와의 합일을 통해 하늘의 이치가 인간 속에 징험됨을 보여주고 있다고 설명한다(최민자, 2008: 47, 120).

11 전병훈은 천부경 주해에서 "천지는 허무 가운데에서 창조된 존재이다. 천지 이전에는 혼돈의 하나의 기氣일 뿐이다. 그것은 전적으로 비어 있어 조짐이 없는 상태이다. 그러므로 시작이 없다고 한다. 시작이 없는 것은 무극無極이다. 무극이고서 태극太極이다. 태극이 생동하여 양陽의 기운을 낳고, 고요하여 음陰의 기운을 낳아 천지가 비로소 성립된다(子丑의 때이다). 그러므로 일一은 시작이 없는 상태에서 시작한다(一始於無始). 일은 태극의 하나(太極之一)이며, 근원적 신(元神)의 생동하는 능력"이라고 본다(전병훈, 1980: 3; 윤창대, 2004: 122 참조).

중략하고, '일묘연 만왕만래 용변부동본一妙衍 萬往萬來 用變不動本'이라는 구절을 보면, '일一'로부터 묘하게 퍼져 만 번 가고 만 번 오더라도 그 쓰임은 변하지만 근본은 움직이지 않는다. 모든 만물이 궁극적 자리인 '일一'로부터 생성되어 오묘하게 퍼져나가 여러 가지 모습으로 생성되고 소멸되는 과정을 수없이 반복하면서 변화한다 하더라도, 그 작용은 변하지만 모든 삼라만상의 근원 자리인 '일一'은 변화도 움직임도 없다는 것이다.

전병훈의 주해를 보면, 이미 묘연妙衍을 성취하고 참 나를 발견하여 성선聖仙하면 신화神化하여 하늘과 하나로 합치되고 만겁을 왕래해도 나는 그대로 여여如如하여 종횡 상하 어디로 가나 두루 미치지 못할 데가 없고 우주가 수중에 있다는 것이다. 날마다 사용하는 사람의 일에 이르기까지 만 가지 기틀이 다함이 없이 무궁하지만. 모든 일이 변화가 오니 내가 그 변화를 도와서 이용할 수 있으려면 마음을 합당하게 바로 써서(用變) 개물성무開物成務하고 이것으로써 백성을 사랑하고 이롭게 사용하며 나라를 다스리고 세상을 구제할 수 있다면 그 어디를 가든 교화에 움직이지 않을 수 없고 모든 만 가지의 변화에 대응하더라도 근본 마음만은 동요되지 않는다. 이렇게 되면 무위의 정치가 이루어지고 지덕의 세상이 반드시 오게 될 것이니, 이렇게까지 되려면 겸성과 극철極哲이 되어야 능히 행할 수 있다(윤창대, 2004: 130-131).

다음으로, '본심본태양 앙명 인중 천지일本心本太陽 昻明 人中 天地一'이라는 구절은 근본 마음이 근본 태양과 같으니 우러러 밝아지면 사람 가운데에 하늘과 땅이 하나로 존재한다고 말한다.[12] 여기에 『천부경』의

12 전병훈은 사람의 본심은 곧 태극 건금乾金이며, 태양의 신기神氣가 두뇌 속에 응결되어 영명靈明하다는 것이라고 보았다. 상지上智인 겸성은 본래 스스로 이와 같으나 오직 배우는 사람들은 또한 욕심으로 인해 도에 들어가고 그 욕심을 제거하여 물욕의 두려움이 없게 되면 곧 심체가 밝아져서 본심으로 돌아가게 된다는 것이다(윤창대, 2004: 131; 임채우, 2008: 8). 임채우는 전병훈이 두뇌의 작용에

핵심이 있다. 본디 참한 마음으로 돌아와 태양과 같이 항상 마음을 밝게 유지하면 너와 나의 벽이 허물어지고 모든 만물이 일체가 되는, 즉 하늘과 땅과 인간이 하나가 되어 조화를 이룰 수 있음을 말하고 있다.

인간의 참 본성은 우주의 근본인 태양과도 같이 광명한 것이어서, 이렇게 환하게 마음을 밝히면 사람 가운데 천지가 하나고 녹아들어가 천 · 지 · 인 삼재의 융화를 체득하게 되는 것이다. 다시 말해서 마음의 근본은 우주의 근본과 하나로 통하는 것이어서 인간의 참 본성(神性, 自性, 一心, '참나')이 회복되면, 천 · 지 · 인 삼재의 융화가 구체적 현실태로 나타나는 것이다(최민자, 2008: 108).

모든 것을 포괄하고 천 · 지 · 인이 하나 되는 일심一心을 유동식은 최치원崔致遠, 857-?의 「난랑비서문鸞郎碑序文(國有玄妙之道 曰風流 說敎之源 備詳仙史 實乃包含三敎 接化群生: 『삼국사기』, 신라본기, 진흥왕)」(유동식, 1997: 55 재인용)을 인용하여 유 · 불 · 도 삼교를 포함한, 일체의 종교적 진리를 포함할 수 있는 자리에 있는 대도이면서, 사람을 사람 되게 하는 큰 '얼'인 풍류도, '일심一心', '한'을 설명한다. 그는 "원효는 이 '한'의 자리를 '일심지원一心之源'이라 했다. 그곳은 있고 없음을 초월한 자리요, 성聖과 속俗이 그대로 어우러져 있는 바다와 같은 세계이다. 그리고 하나의 주장이 독점할 수 없는 세계요, 모든 주장이 그대로 용납되는 고요한 바다이다. 그렇기 때문에 유 · 불 · 선이 다 그 안에 제자리를 가질 수 있다"(유동식, 1997: 353)고 말한다.

정리하면 『천부경』에서는 이 '일一'의 변화의 힘을 활용하여 작용하지만 그 본체는 부동한(用變不動本) 생명이며, 그것은 인간의 근본 마음으

대해 언급한 구절에 주목하여 사람의 본심을 태극太極과 건괘乾卦와 금기金氣로써 그 본질을 설명하고, 태양의 기운이 두뇌에 응결된 것으로 보는 것은 기존에 마음을 심장에 배속시켜 보던 한의학의 관점과도 다르고 중국의 도교와도 구별되는 특이한 관점이며, 이는 『삼일신고』의 「신훈神訓」에 등장하는 '강재미뇌降在爾腦'의 사상과도 통한다고 본다(임채우, 2008: 86–87).

로서(一心, 本心) 본래 태양처럼 앙명한(本心本太陽昻明) 것이다. 따라서 밝은 근본 마음을 회복하면 그 마음 안에 하늘과 땅이 즉 우주 만물이 하나가 된다는 것이다.

지금까지 우주 생성의 원리를 담고 있는 『천부경』의 내용을 몸과 마음을 중심으로 살펴보았다. 그럼 다음으로 『삼일신고』를 중심으로 살펴보도록 하겠다.

『삼일신고』를 중심으로 본 몸과 마음 이해

대종교에서 한얼님께서 직접 가르쳤다고 여기는 『삼일신고』의 신훈神訓에 보면 "신은 무상無上의 제일위第一位에 계시며 대덕大德하시고 대혜大慧하시고 대력大力하시어 하늘을 내시며 모든 누리를 주관하시며 만물을 창조하시되 티끌 하나 빠뜨림이 없이 밝고도 신령하시어 감히 이름지어 헤아릴 길이 없다. 그 음성과 모습에 접하고자 원해도 친히 나타내 보이지 않으시지만 저마다의 본성에서 한얼의 씨앗을 구하여라. 너희 머릿골에 내려와 계시느니라."[13]

여기에서 한얼님은 작용의 측면에서는 형태를 창조하는 형상화의 산출력을 발휘하고, 이것이 생명력으로서 각 형체적 사물에 내재한다. 이 형체적 사물에 내재하는 생명력이 물체에 밀착하여 응결되는 힘이 정기(精)이다.

『삼일신고』의 진리훈眞理訓에 보면 사람은 태어날 때 한얼님으로부터 세 참함(三眞)인 성품(性)과 목숨(命)과 정기(精)를 받는다. 성性은 영각靈覺의 이理를 구비하고 있어 이것에 통하면 상철上哲로서 만물에 두루

13 "神在無上一位 有大德大慧大力 生天 主無數世界 造甡甡物 纖塵無漏 昭昭靈靈 不敢名量 聲氣願禱 絕親見 自性求子 降在爾腦"(『삼일신고』, 『譯解倧經四部合編』, 2002: 17).

통해 막힘이 없다. 또 명命은 생존生存의 이理를 구비하고 있어 그것을 알면 중철中哲로서 모든 경우에 원만히 대처하여 미혹함이 없다. 정精은 운동運動의 이理를 갖추고 있어 그것을 보전하면 하철下哲로서 만 가지 일에 부딪쳐도 이지러짐이 없다.

그러나 육체가 이루어지면서 마음(心)과 김(氣)과 몸(身)의 세 가달(三妄)이 이루어진다. 성性은 선善 · 악惡의 상대적 속성을 포함하는 마음으로 드러나 착하면 복되고 악하면 화가 된다. 명命은 맑고 흐림의 가변성을 갖는 기氣로 나타나 맑으면 오래 살고 흐리면 일찍 죽는다. 정精은 후하고 박함의 차이를 갖는 신身으로 나타나 후하면 귀하고 박하면 천하게 된다. 참과 가달이 서로 맞서 세 길(三途), 즉 느낌(感)과 숨쉼(息)과 부딪침(觸)을 이룬다. 세 가달에 끌리어 함부로 살아가다 보면 인간은 태어남, 자람, 늙음, 병, 죽음의 괴로움에 떨어진다.

'진리'의 추구는 '본원'의 능력을 회복하는 것이다. 어진 이는 느낌을 그치며(止感), 숨쉼을 고르며(調息), 부딪침을 금(禁觸)하여 세 가달을 돌이켜 참된 본성을 통달하고 성통공완性通功完을 이루어 세 참함으로 한얼님에 돌아가는 것(三眞歸一, 三眞卽一)이다.[14]

치화경治化經인 『참전계경』은 재세이화在世理化, 홍익인간弘益人間을 구현하는 방법을 제시하고 있다.

『참전계경』은 보편적 사랑을 최고 가치로 주장한다. 기쁨을 추구하는 것은 사람의 한울 성품(天性)이 원래 타인을 사랑하여 베푸는 것을 기뻐한다는 것이다. 한울 성품을 가진이는 타인을 자기처럼 사랑하며, 긍휼

14 "人物 同受三眞 曰, 性 命 精 人 全之 物 偏之 眞性 無善惡 上哲 通 眞命 無淸濁 中哲 知 眞精 無厚薄 下哲保 返眞 一神 惟衆迷地 三妄着根 曰心氣身 心依性 有善惡 善福惡禍 氣依命 有淸濁 淸壽濁妖 身依精 有厚薄 厚貴薄賤 眞妄對作三途 曰, 感息觸 轉成十八境 感喜懼哀怒貪厭 息芬란寒熱震濕 觸聲色추味淫抵 衆善惡 淸濁 厚薄 相雜 從境途任走 墮生長肖病歿苦 哲止感 調息 禁觸一意化行 返妄卽眞 發大神機 性通功完 是"(『譯解倧經四部合編』, 2002: 27–33).

의 마음이, 자애의 마음(慈心)이 친소親疎도 없고 선악도 없이 즉시 발현된다는 것이다(『參佺戒經』, 『大倧教經典』, 2002: 210-211).

바른 마음이란 한울 마음을 바르게 하는 것이다(正心者 正天心也). 만일 한 마음(靈臺)이 우뚝 높이 서면 태양의 밝은 빛에 구름과 안개가 걷히고 큰 바다가 넘실거림에 티끌이 사라짐과 같이 된다. 한울 마음을 바로 세우려면 마음밭을 바로 고르게 갈아야 한다. 마음에 부끄러움이 없으면 몸이 세상에 곧게 서게 되고 마음이 바르지 못하면 모르는 사이에 번뇌가 생기고 몸에 정기가 흩트러지고 기운마저 쇠한다는 것이다. 불혹이란 사물에 미혹되지 않는 것인데, 마음이 바른 즉 밝아져서 그 밝음으로 사물을 비추니, 추하고 아름다움, 정밀함과 성김을 스스로 드러내니, 분별을 기다리지 않고서도 사물이 먼저 밝음에 알려지니 미혹함이 있을 수 없다는 것이다.

허령은 '마음 영혼'이다. 가리운 것 없이 맑고 영롱한 마음이 허령이다. 텅 빈(虛) 데서 생긴 이기理氣는 크게는 한울누리를 에워싸고 가늘게 작은 티끌에도 들어가나니 그 이치와 그 기운은 허하고 신령하다. 치지致知란 알지 못하는 것까지 지각하는 것이니, 끊임없이 바른 마음은 심신으로 알게 하고 영혼으로 깨달음을 관장하게 하여, 소리 들어옴에 정신이 통하고 사물이 다가옴에 깨달은 영혼이 되니 과거와 미래가 당시처럼 명료하다. 기쁨과 노여움, 좋고 싫음이 있으면 바른 마음을 갖기 어렵고 편안함과 즐거움을 구하고 가난과 천함을 싫어하면 바른 마음을 얻지 못한다. 바른 마음을 가지려면 감정과 욕심을 먼저 물리쳐야 한다. 맑은 마음은 바른 마음의 원천이다.[15] 보편적 사랑을 품은 고결한 감성인 자비

15 "心有九竅, 六感弄焉, 求天理而不可得也, 若一片靈臺, 巍然獨立, 太陽光明, 雲霧消滅之, 大海汪洋, 塵埃杜絕, 意 不受命於天心 從人慾而妄動卽 百體反命 終 不收功而風枝遂搖根矣 欲正天心 先耕意田于衡, 無所愧於心然後 乃直躬 立於世矣 不正心卽 隱微之間 惱滿交至 精散而氣衰 是故 哲人粹潤衆人傴僂 不惑者 不惑之於物也 心正卽明 物照於明 自顯其醜姸精粗 不待我別之而物先知於明

로운 마음, 영혼으로 깨달음으로 이어지는 맑은 마음 바른 마음은 한울 마음밭에서 가꾸어지는 것이다.

『삼일신고』「천궁훈天宮訓」은 대종교인들이 죽음을 어떻게 생각하고 죽은 후의 저 세상을 어떻게 생각하는가를 알 수 있는 좋은 자료이다. 『삼일신고』에서는 하늘나라를 다음과 같이 설명하고 있다. "한울은 한얼님의 나라이라 한울집이 있어 온갖 착함으로 섬돌을 하고 온갖 덕으로써 문을 삼았느니라. 한얼님이 계신 곳으로서 뭇 신령과 모든 밝은이들이 모시고 있어 지극히 복되고 가장 빛나는 곳이니, 오직 참된 본성을 통달하고 모든 공적을 다 닦은 이라야 나아가 길이 쾌락을 얻을지니라."[16]

한얼님이 계시는 천국은 지극히 복되고 빛나는 곳으로 뭇 신령과 밝은이들이 한얼님을 모시고 있다. 그곳에는 성통공완性通功完을 이룬 사람들이 가는 곳이다. 필자에게 관심을 끄는 것은 그곳의 온갖 착함으로 만들어져 있다는 섬돌과 온갖 덕으로(階萬善 門萬德) 되어 있다는 문이다. 지감止感 · 조식調息 · 금촉禁觸을 통해 성통공완에 이르러 천궁에 오르는 것은 마치 개인 구원의 차원에만 머무르는 것처럼 생각될 수 있다. 그러나 계만선 문만덕階萬善 門萬德이 갖는 상징적인 의미는 바로 저 세상이 아닌 이 세상에서의 실천을 의미한다. 내가 선을 행할 때마다 하나하나 오를 수 있고, 내가 덕을 쌓을 때마다 하나하나 열 수 있는 문이다.

또한 「천궁훈」의 주注에 보면 천궁은 윗글에서 설명한 한얼님이 계시는 천궁, 이 지상에서의 천궁, 그리고 인간 안에 있는 천궁을 서술하고 있다. 이 세 곳의 천궁은 결국 하나라고 설명하고 있다(『삼일신고』, 『譯

何惑焉 心不明卽 如隔重簾 簾外走的飛的 不知是獸是禽 惑遂生焉. 虛는 無物也 靈은 心靈也. 虛靈者 心無所蔽 犀色玲瓏 虛中生理氣 大周天界 細入微塵 其理氣也 且虛且靈. 致知者 知覺乎所不知也 正心而無間斷焉卽 心神掌知 心靈掌覺 聲入而神通 物來而靈悟 旣往將來 燎若當時"(『參佺戒經』, 『大倧敎經典』, 2002: 109–117).

16 "天神國 有天宮 階萬善 門萬德 一神攸居 群靈諸哲護侍 大吉祥 大光明處 惟性通功完者라야 朝하야 永得快樂이니라"(『삼일신고』, 『譯解倧經四部合編』, 2002: 20).

解倧經四部合編』, 2002: 83). 결국 이것은 한얼님이 계시는 저 세상만이 중요한 것이 아니라 바로 한얼님이 창조하시고 항상 같이하시는 이 세상, 그리고 한얼님을 모시고 있는 인간 모두의 중요성을 강조하고 있는 것이다.

따라서 대종교에서 개인 구원의 내용이 성통공완을 통한 삼진귀일三眞歸一, 즉 한얼님께 돌아가는 것이라면, 대종교에서 지향하는 사회적 구원의 내용은 홍익인간 이화세계이다. 널리 인간을 이롭게 하여 서로 돕고 상생하는 평화로운 복지사회를 이 땅에 이룩하는 것이다. 이 홍익정신 안에서 대종교인들의 몸과 마음은 우주적 본체와 맞닿아 있을 뿐만 아니라, 하늘과 땅이 우주 만물이 하나를 이루는 것이다.

5. 나오는 말

흔히 동질성 혹은 대화 가능성을 확인하고 연구하는 것은 비교 학문의 영역이라고 치부할 수 있다. 하지만 그것은 동서 교섭 연구의 한 영역이 될 수도 있다. 지금까지 우리나라의 동서 교섭에 관한 연구는 주로 근대 세계와 문헌에 의존해 있다. 그리고 주로 동양, 특히 한국에 서양 문명과 사상이 어떤 영향을 주었고, 그래서 동양이나 한국 사상은 그 서양 사상과의 교섭을 통해 어떤 새로운 것을 창조하거나 개선했는지를 묻는 데 집중해 왔다.

그런데 이런 학문적 연구와 규명은 과거를 향한 것이다. 동서 교섭의 연구 영역을 근대 이전 시기로 확장한다 하더라도 과거라는 점에서는 마찬가지이다. 과거 없는 미래는 없고, 과거에 대한 학문 연구는 미래를 위한 것이라고 하지만, 과거에 매몰된 연구는 오늘날의 급변하는 사회적 요구에 부응하지 못하는 학문을 위한 학문이 될지도 모른다.

이런 점에서 동서 교섭에 대한 연구는, 과거 교섭의 흔적을 규명하는 일뿐만 아니라, 서로의 사상과 문명 체계에서 유사성 혹은 대화 가능한 근접성을 발견하고, 거기로부터 새로운 교섭의 가능성, 더 나은 미래를 위한 교섭의 가능성을 타진하는 데까지 나아가야 할 것이다. 이러한 의미에서 지금까지 동서양의 몸과 마음 이해와 대종교의 몸과 마음 이해를 살펴보았다.

동서양을 차별짓는 인식 체계로서 서양은 '나'가 있고, 그리고 그것과 별개인 세계가 있다. 반면 동양 철학의 인식 체계에서는 시 · 공에 놓여진 세상이 있고 그 속에 내가 포함되어 있다. 또한 동아시아 전통은 '정신과 육체'의 이분법보다는 '몸과 마음'의 유기적 관계에서 파악하고 마음과 몸이 서로 떨어져 존재할 수 없음을 강조한다. 그러나 이러한 동서양을 구별짓는 몸과 마음 담론의 경계가 무너지고 있다.

데카르트 이후 서구 사상의 지배적인 입장으로 유지되어 왔던 이원론적 생각을 넘어서서 1980년대 후반부터 진행되고 있는 인지과학의 '제3의 흐름the third movement'의, 몸(뇌)과 마음, 그리고 환경의 3자가 괴리되지 않은 총합체nexus 상에서 이루어지는 행위 중심으로 재개념화되어야 한다는 주장에 주목할 필요가 있다. 몸에 바탕하지 않은 마음이란 존재할 수 없으며 또한 환경과는 독립적으로 따로 존재하는 마음이란 가능하지 않다는 것이다. 몸과 마음이 하나로 작동하는 체화된 마음이 환경자극과 역동적으로 다시 엮어져 들어가며 나올 때에 비로소 내 마음, 활동으로서의 마음이 존재한다는 것이다.

또 하나 주목하고 싶은 것은 '인간의 마음은 신의 무한한 지성의 한 부분'이라는 스피노자의 생각이다. 스피노자는 우리의 마음은 비록 개별성을 가지는 것이지만 그것은 사실 '신'의 마음을 이루는 한 부분이라고 한다. 마음과 몸은 하나이며 동일한 개체이다. 그것은 어떤 때는 사고의 속성에 따라 또는 연장의 속성에 따라 인식될 뿐이다.

스피노자는 신이 모든 사물의 '내재적 원인causa immanens'이라고 한다. 내재적 원인은 결과를 자신의 내부에 생산한다. 따라서, 신이 모든 사물의 내재적 원인이라 함은 모든 사물이 신 안에 있다는 것을 의미한다. 스피노자는 바로 이 '내재론'을 통해 '신 즉 자연', 즉 신과 자연의 완전한 동일성을 확립한다(박기순, 2006: 114-115). 스피노자의 생각은 서양의 이원론적인 세계관보다 동양의 일원론적인 세계관에 놓여 있다.

대종교 또한 마찬가지이다. 앞서 살펴본 대종교인들은 주체적 역사 의식으로 민족의 위기를 돌파하고자 밖으로는 자연발생적인 공화共和의 정신을 민족 간 공존 상생의 원리로 확대하고, 안으로는 한민족의 기원적 창건 정신을 세워 민족 해방의 문화적 기초로 삼고자 했다. 독립운동에 참여했던 일제하의 많은 지식인은 대종교와 직 · 간접으로 연관이 있었다. 대종교에서 삼진귀일, 홍익인간 이화세계를 내용으로 하는 '성통공완' 이란 영묘한 신성神性에 자각적으로 통하고 그 결과를 사회적 실천으로 표현하는 내외 합일의 노력에서 진정한 공효功效가 완성된다는 것이다. 대종교인들은 독립운동과 교육운동이라는 실천적 사명을 행동으로 옮겨야 하는 절실한 상황에 있었기 때문에 공효의 정신은 특히 중요한 것이었다. 그들은 수전일치修戰一致의 원칙에 따라 행동하는 가운데 독립운동의 사상적 기반을 세웠다.

대종교인들에게 '실심實心'은 자신의 상황과 활동적 관계 속에서 인식하는 것이고 인식된 것을 다시 활동 속에서 확인하는 지행합일의 과정을 살아가는 마음이다. 또한 실심의 주체성은 사회적 상황과 관계하는 마음일 뿐만 아니라 '우주의 본체(天之本體)'와도 맞닿아 있는 '마음의 본체(心之本體)', 허령한 마음, 한울 마음이다. 허령한 마음은 고요의 차원

(靜無)인 '마음의 우주적 심연天淵'까지 경험의 영역을 확장한다.

인간의 마음은 자신의 심층에 내재하는 그리고 심층에서 경험 가능한 본성(性)에 바탕하여 그것을 상황 속에서 구현하는 창조적 활동의 주체이다. 이와 같은 내적 수렴과 외적 활동의 종합적 구조는 바로 동아시아의 대승불교와 도교철학 및 송명이학이 추구했던 내외 합일의 세계관(內外合一之道)이었다. 대종교는 유·불·도의 주요 개념을 가지고 특유의 내외 합일의 세계관을 전개했다. 이러한 점에서 대종교의 몸과 마음 이해는 분명히 동양 전통에 서 있다. 대종교가 저 세상이 아닌 이 세상에 대동사회를 이루려는 점, 성통공완을 통한 삼진귀일三眞歸一 사상도 그러하다.

그러나 여기에서 주목하고 싶은 것은 대종교의 주요 경전인 『천부경』이 일원론적 세계관에 놓여 있다는 점이다. 그러나 『삼일신고』의 신론 등에서 보여주는 세계관은 일원론적 관점과 이원론적 관점이, 초월적이고 내재적인 세계관이 혼재함을 알 수 있다.

앞에서 살펴본 것처럼 사실 동양과 서양은 서로 현격히 다른 사고 체계나 사상 체계를 가지고 있다고 하지만, 또 다른 측면에서 보면 상당히 비슷하거나 대화 가능한 유사성, 때로는 동질성을 가지고 있다. 이런 유사성이 존재하는 이유는, 첫째 인류의 보편성 또는 동질성 때문일 것이지만, 둘째로는 육로나 뱃길을 통한 오래된 동서 교류와 교섭의 영향 때문이라고 보아야 할 것이다.

여기에서 한 가지 스피노자의 사상의 단면과 『천부경』의 내용에서 대화 가능한 유사성과 동질성을 찾아볼 수 있다.

스피노자에게서 물질은 어디에서나 동일하고 양태적樣態的 변용變容으로써만 구별되는 것이며, 실질적으로는 구별되지 않는다. 스피노자는 물을 예로 들어 설명한다. "물은 그것이 물로 있는 한 분할되고 또 그 부분은 상호간에 분리된다고 우리는 생각한다. 그러나 그것이 물체적 실체인 한 그렇지 않다. 물이 물체적 실체인 이상, 물은 분리도 분할도 되지 않는다. 더욱 물은 물로써 생성하며 또 소멸한다. 그러나 실체로서는 생성하는 일도 소멸하는 일도 없다. 이처럼 모든 것은 신 안에 있다. 그리고 생성하는 일체의 것은 신의 무한한 본성의 법칙에 의해서만이 생기며 또 신의 본질의 필연성에서 생긴다"(스피노자, 1973: 1부 정리 15 주석).

『천부경』에서 "근본 마음이 근본 태양과 같으니 우러러 밝아지면 사람 가운데에 하늘과 땅이 하나로 존재한다本心本太陽 昻明 人中 天地一"고 한다. 여기에서 영혼의 깨달음으로 이어지는 맑고 밝은 인간의 근본 마음은 하늘의 마음이다. 그 마음 바탕에서 천지인이 하나를 이룬다. 즉, 심성은 그 심층에서 우주적 생명 원리와 접속되어 있다. 삼라만상의 다양한 세계는 하나의 본체적 생명 원리의 표현이다.

스피노자의 『에티카*Ethica ordine geometrico demonstrata*』에 나오는 물의 비유는 『천부경』의 "'일一'로부터 묘하게 퍼져 만 번 가고 만 번 오더라도 그 쓰임은 변하지만 근본은 움직이지 않는다一妙衍 萬往萬來 用變不動本"라는 구절을 떠올리게 한다. 모든 만물이 궁극적 자리 인 '일一'로부터 생성되어 오묘하게 퍼져나가 여러 가지 모습으로 생성되고 소멸되는 과정을 수없이 반복하면서 변화한다 하더라도, 그 작용은 변하지만 모든 삼라만상의 근원 자리인 '일一'은 변화도 움직임도 없다는 것이다. 필자가 서구의 주류도 아닌 스피노자를 끌어온 이유는 여기에서 동서 교섭의 소통 가능성을 발견했기 때문이다.

물론 스피노자의 철학과 대종교의 사상을 쉽게 동질적으로 파악하는 것은 위험하다고 본다. 대종교는 민족주의적 관심에 지배된 측면이 있기에 자기 희생의 도덕을 강조하게 되었다. 그러나 스피노자는 근대적 자본주의를 배경으로 개체의 의의를 강조함으로써 개체의 자기애와 보편적 정의를 조화시키는 새로운 도덕을 창안한 것으로 알려져 있다. 따라서 대종교 도덕의 현대적 발전 가능성은 근대적 개체의 자각을 대종교가 수용하여 보편적 공리公理와 개체의 생명을, 대종교의 주요 사상인 뭇 생명을 두루 유익되게 하는 홍익인간弘益人間의 사상을, 생태론적 견지에서 결합시켜 새로운 방향으로 발전시키는 데 있다는 생각을 해본다.

끝으로 수직적 방향에서는 우주의 무한성으로 심화되면서 수평적으로는 인류 전체로 화해의 사랑과 평등관을 확장해 가는 개방성을 갖고 자기와 세계의 변형이라는 실천적 지평 안에서 진정한 그리고 분열 없는 통일적 생을 살았던 홍암과 서일에 대한 연구가 좀 더 깊이 지속적으로 이루어지기를 바란다.

참고 문헌

김동환, 「일제하 항일운동 배경으로서의 단군의 위상」, 『선도문화』 제10권, 2011.

김동환 · 이동언 · 서굉일 · 이덕일, 「[좌담] 백포 서일의 사상과 독립운동」, 『선도문화』 제8권, 2010. 5.

김정일, 「'마음'에 대한 동 · 서 철학 비교연구: 인과적 결정론의 문제성을 중심으로」, 『한국사상과 문화』 33집, 2006.

김혜숙, 『칸트: 경계의 철학, 철학의 경계』, 이화여자대학교출판부, 2012.

나정길, 「대종교와 천부경」, 『신종교연구』 제16집, 2007.

노길명, 「大倧敎의 祭天儀禮」, 『이성과 신앙』 11호, 1996.

대종교총본사, 『대종교요감』, 1971.

_____, 『大倧敎重光六十年史』, 1971.

______, 『壬吾十賢 殉敎實錄』, 1971.

______, 『譯解倧經四部合編』, 2002.

______, 『대종교경전』, 2002.

박광수, 「홍암弘巖 나철羅喆의 단군신앙운동 연구」, 『종교연구』 제53집, 2008.

박기순, 「스피노자의 역량의 존재론과 균형의 개념」 『철학사상』, 서울대학교 철학연구소, 2006.

朴成壽, 「義兵戰爭의 民族史的 意義」, 『國學硏究』 1집, 1988.

박영섭, 「대종교의 독립운동에 관한 연구」, 『史叢』 21 · 22합집, 1976.

박환, 「羅喆의 人物과 活動」, 『동아연구』 17집, 서강대동아연구소, 1989.

서굉일, 「서일의 생애와 민족운동에 관한 자료 검토」, 『선도문화』 제8권, 2010. 5.

손인철, 「한의학에서의 생명관」, 『마음 생명 종교: 2010년 원광대학교 춘계학술대회 자료집』, 원광대학교, 2010.

스피노자, 바루흐, 『에티카』, 강두식 · 김평옥 옮김, 서울: 박영사, 1973.

유권종 · 최상진, 「한국인의 내면에 형상화된 '마음'」, 『동양철학연구』 34집, 2003.

柳東植, 『風流徒와 한국의 종교사상』, 연세대학교출판부, 1997.

윤창대, 『정신철학통편: 전병훈 선생의 생애와 정신을 중심으로』, 우리출판사, 2004.

이규성, 「한국 근대 생生철학의 조류와 구조」, 『시대와 철학』 제19권, 2008.

______, 『한국현대철학사론』, 이화여자대학교출판부, 2012.

이근철, 「『천부경』의 '天 · 地 · 人'에 관한 연구」, 『선도문화』 제4권, 2008. 2.

이덕일, 「서일의 민족독립운동에 관한 몇 가지 문제」, 『선도문화』 제8권, 2010. 5.

이동언, 「서일의 대종교에서의 활동과 항일투쟁」, 『선도문화』 제8권, 2010. 5.

이정모, 「심리학의 개념적 기초의 재구성(II): 인지과학적 접근에서 본 '마음' 개념의 재구성과 심리학 외연의 확장」, 『한국심리학회지』, 26권 2호, 2007.

______, 「뇌-몸-환경의 상호작용으로서의 마음」, 『마음, 어떻게 움직이는가』, 운주사, 2009.

李炫熙, 「大倧敎의 民族史的 位置」, 『宗敎神學硏究』 2집, 1989.

임채우, 「전병훈의 천부경 주석이 갖는 선도수련의 의미」, 『선도문화』 제5권, 2008. 8.

정대현, 「몸과 마음으로 생각한다」, 『한국철학』 64집, 2000 가을.

______, 「철학, 정신을 말하다: 그 실체성, 가능성, 유기성」, 『범한철학』 62집, 2011 가을.

차옥숭, 『천도교 · 대종교: 한국인의 종교 경험』, 서광사, 2000.

최민자 주해, 『천부경』, 도서출판 모시는 사람들, 2008.

프리스트, 스티븐, 『마음의 이론』, 박찬수 외 옮김, 고려원, 1995.

한자경, 「'절대의 마음'에 대한 동서 사유의 비교: 유식과 여래장사상 그리고 칸트와 독일 관념론을 중심으로」, 『불교학연구』 30호, 2011.

몽테스키외의 중국관 비판*

송태현

1. 들어가는 말

인간은 끊임없이 교섭하면서 살아가는 존재이다. 자신이 속한 동시대 문명권뿐 아니라 인간은 과거 문명과도 교섭하며 또한 타문명권과도 교섭한다. 타문명과 교섭하는 가운데 자신의 문명의 장점을 파악하기도 하며, 자신의 문명의 단점을 극복한 새로운 문명을 창조하기도 한다. 고유한 문명이라고 생각하는 자신이 속한 공동체의 문명도 많은 경우에 타문명과의 교섭에 의해 생성되거나 타문명이 변용된 문명이다. 근대에 들어와 동서 문화 교섭에서 주도권을 쥔 진영은 서양이었다. 동을 대표하는 중국은 굳이 타문명권을 필요로 하지 않았다. 중화주의中華主義 세계관 속에서 중국은 자신이 세계의 중심이며 가장 위대한 문화를 지닌 민족으

* 이 글은 『세계문학비교연구』 통권 103호(2012년 9월)에 실린 논문을 수정 · 보완한 것이다.

로서 세계를 지배하고 있다고 믿었고 또한 다른 문명권의 위협 속에 있지 않다고 판단했기에 자족하고 있었다. 그런데 서양은 왜 동양을 필요로 했을까? 초창기 중국과의 교섭에서 두드러진 요소는 기독교 신앙이다. 특히 가톨릭 수도회인 예수회의 선교 열정으로 인해 유럽인은 16세기부터 중국을 비롯한 아시아로 적극 진출하게 된 것이다. 이 시기는 아직 동아시아에서 서구의 제국주의적 야욕이 본격적으로 표출되기 전이다. 예수회 신부들이 동서 문화 교섭의 중심 인물로서 가교의 역할을 감당했기에 학문과 사상을 중심으로 교섭이 진행되었고, 이 점에서 우월성과 독특성을 인정받은 중국 사상은 17~18세기 서양에 큰 영향을 미칠 수 있었다.

특히 이 시기에 유럽 사상가들은 자신의 전통을 중국 사상을 통해 비판적으로 성찰하는 기회를 가졌다. 르네상스 시기에 유럽이 중국으로부터 과학 기술 문명을 적극 받아들였다면, 17~18세기에는 중국의 사상, 특히 공자孔子 사상에 많은 영향을 받게 된다. 1687년 파리에서 출간된 『중국의 철학자, 공자*Confucius Sinarum Philosophus*』는 유럽에서 널리 읽혔고, 공자는 이 책에서 찬사로 가득 찬 평가를 받았으며 그 평가는 영향력이 매우 컸다(먼젤로, 2009: 401-482; 문젤로, 2009: 44, 148).[1] 독일의 중국학자 라이히바인Adolf Reichwein이 표현하듯이 공자는 "18세기 계몽주의 시대의 수호성인patron saint"이 되었다(Reichwein, 1925: 77). 계시에 토대를 둔 정통 기독교에 반대하는 18세기 프랑스 계몽주의자들은 유교가 초월적 계시가 없는 자연종교religion naturelle라는 점에 주목

1 『중국의 철학자, 공자』는 논어, 대학, 중용의 번역과 주석 그리고 방대한 분량의 '서론적 해설' 등으로 이루어진 작품으로서, 중국 선교에 참여했던 17명 혹은 그 이상의 유럽 예수회원과 몇 명의 중국인 공동 작업자를 포함한 집단의 공동 작업 산물이다. 이 협동적 노력에서 핵심적인 역할을 감당한 인물은 쿠플레Philippe Couplet이다. 쿠플레는 벨기에의 예수회 신부로서 강희제康熙帝 치세 시의 청대 중국에서 약 30년간 선교 활동을 펼쳤다.

하여 이를 위대한 철학으로 소개했다(문젤로, 2009: 148). 그리고 서구 학자들은 당대 서구에서 매우 중요한 이슈였던 종교적 관용의 문제에 직면하여 중국이야말로 종교적 관용이 살아 있는 나라라고 보았다. 또한 플라톤Platon 이래로 서구의 이상이었던 철인왕哲人王에 대한 모델을 중국에서 발견할 수 있다고 생각했다.

17~18세기는 유럽에서 '중국 애호sinophilie' 풍조가 역사상 가장 활발하게 일어났던 시기였다. 독일에서 라이프니츠Gottfried Wilhelm Leibniz와 볼프Christian Wolff가 '중국 애호'를 주도했다면, 프랑스에서는 볼테르François Marie Arouet Voltaire와 중농주의자重農主義者 케네François Quesnay가 중국 사상을 적극 수용하여 '중국 애호'의 흐름을 이어갔다. 그리고 계몽주의 사상의 상당 부분은 중국 사상과의 만남 속에서 형성된 것이었다. 볼프와 이후의 프랑스 계몽주의자들은 유교를 통해 이상적인 정부 형태를 만들 수 있다는 생각을 공유했고, 더 나아가 기독교 없이 도덕을 갖출 수 있다는 생각을 유교를 통해 굳히게 되었다. 볼테르 같은 계몽주의자들은 중국이 유교의 합리적인 가치에 따라 황제가 지배하는 개명 군주제의 본보기라고 주장했다(문젤로, 2009: 205). 케네는 『중국의 전제주의*Le despotisme de la Chine*』(1767)에서 "중국의 왕은 사회의 모든 계급에서 모집한 현명한 관리들에게 둘러싸여 있었다"고 소개한다(Gernet, 1982: 523에서 재인용). 중국의 과거 제도에 의한 관리 채용 사례는 프랑스에 영향을 주어 프랑스혁명 기간인 1791년에 공무원 채용시험을 실시하게 되었다(Gernet, 1982: 523).

중국의 문화철학자인 주겸지朱謙之는 계몽주의 시대인 18세기 프랑스의 두 가지 주요한 사상적 기원이 중국 사상과 그리스 사상이라고 주장한다. 프랑스 계몽주의 지식인들은 그리스적 전통과 중국적 전통이라는 양대 사상에 의지하여 당대 프랑스 사상 및 제도를 비판했다. 그런데 주겸지는 중국 사상이야말로 18세기 프랑스 정신문화의 모태이며 그 폭발력은 그리스 사상을 능가한다고 판단한다(주겸지, 2010: 210). 이 시기 프랑스에 '중국 애호'는 보편적인 현상으로 자리 잡았다. 흔히 프랑스의 18세기는 영국광英國狂의 세기라고 말할 만큼 이 시기에 영국이 미친 영향은 막대하다. 하지만 프랑스의 중국학자인 피노Virgile Pinot에 의하면, 당시 프랑스는 영국보다도 중국에 대해 더 큰 호감을 가졌고, 중국이 사상계에 미친 영향이 매우 컸으며, 프랑스에는 중국 붐이 일어나게 된다(Pinot, 1932: 9). 1769년에는 유럽 일부 지방보다도 중국이 더 잘 알려져 있었다고 한다.[2] 17세기부터 유럽에는 중국의 자기瓷器와 칠기漆器가 보급되어 필수품이 되다시피 했으며, 중국 비단과 염색, 자수품 등도 유럽에서 유행하게 되었다. 프랑스의 풍경화가인 와토Jean-Antoine Watteau, 1684-1721는 중국 화법의 영향을 받아 그림을 그렸으며, 18세기 영국에서 시작된 '영국식 정원'이 중국 정원園林의 영향을 받은 것임은 잘 알려져 있다(주겸지, 2010: 67-73; 베이징대학교 중국전통문화연구중심, 2007: 336-358).

프랑스에서 중국 사상이 널리 알려지고 '중국 애호' 풍조가 확산됨과 동시에 중국 사상에 대한 경계 및 부정적 평가도 출현한다. 18세기 프랑스의 대표적인 사상가 가운데 한 명인 몽테스키외Charles-Louis de Secondat Montesquieu, 1689-1755는 계몽주의 시대에 중국에 대해 부정적인 이미지를 구축하는 데 주된 역할을 감당한 사상가이다. 이러한 부정적인 이미지 구축과 직결된 책은 몽테스키외의 주저인 『법의 정신*De l'Esprit des lois*』(1748)으로서, 이 책에서 저자는 중국에 관한 주제를 72회나 다루고 있는데(Pereira, 2008: 10; Janvier, 2012: 6), 전체적인 맥락

2 이는 볼테르의 *Relations du banissement des Jésuites de la Chine*에서 다룬 내용을 라이히바인이 인용한 것이다(Reichwein, 1925: 78).

에서 판단할 때 그는 중국을 상당히 부정적으로 다루었다.[3] 그리고 이러한 관점으로 인해 몽테스키외는 당시까지 지배적이던 '중국 애호'의 분위기 속에서 '중국 공포sinophobie' 풍조를 도입한 대표적인 인물이 되었다.

콜로강Hugues Cologan이 지적하듯이 계몽주의 시대에는 하나의 중국이 아닌 여러 개의 중국이 존재했다. 최소한 두 개의 중국이 존재했는데, 하나는 긍정적인 중국이고 다른 하나는 부정적인 중국이다(Cologan, 연대 미상: 36). 사람들은 중국을 "이상향理想鄕"[4]으로 받아들이기도 하고 "독재로 인해 숨막히는 야만인의 땅"(홉슨, 2005: 255)으로 받아들이기도 했다. 18세기 프랑스에서 볼테르와 케네가 긍정적인 중국의 대변인이라면 몽테스키외는 디드로Denis Diderot와 함께 부정적인 중국의 대변인이다. 몽테스키외가 중국을 부정적으로 간주한 핵심적인 이유는 중국이 전제정이라고 파악했기 때문이다. 그는 중국을 황제에 의한 폭정이 늘 자행되었던 나라로, 중국인을 곤장이 아니고는 다스릴 수 없는 국민으로 규정했다(Montesquieu, 1961: 134).

이 글에서 우리는 우선 몽테스키외가 중국을 전제정이라고 판단한 실제적인 근거에 대해 고찰해 보고, 이어서 우리는 몽테스키외의 '중국 전제정'이라는 관념이 단순히 현실적인 사례 분석을 통해 형성된 것이 아니라 '환경결정론'이라는 그의 관점과 결부되어 있음을 지적하고자 한다. 연후에 우리는 몽테스키외의 '중국 전제정'이라는 판단이 과연 정당성이 있는 주장인지를 검토하고, 그의 주장 배후에 있는 서구 중심주의적 배경을 비판하고자 한다.

3 몽테스키외가 『법의 정신』에서 중국에 대해 긍정적으로 다룬 부분도 있다. 하지만 주된 맥락에서 그는 중국을 부정적으로 다루었다.

4 문젤로의 『동양과 서양의 위대한 만남 1500–1800』의 한 장chapter의 제목이 "계몽주의자들이 발견한 이상향, 중국"이다.

2. 중국과 전제정: 곤장에 의해 다스려지는 나라

몽테스키외가 중국을 부정적이라고 본 핵심적인 요소는 전제주의에 대한 그의 비판과 관련된다. 18세기 프랑스는 구체제ancien régime에 대한 불만이 누적된 시기였고, 절대군주제의 억압 속에서 정치와 종교, 그리고 사상의 자유를 추구하는 열망이 강렬하게 발산되었던 시기였다. 이 시기의 학자들은 당대의 프랑스를 비판하면서 그와는 다른 정치 체제 및 사회 제도를 찾아 나섰다. 계몽주의 시대 프랑스 지성인들이 영국이나 중국에 큰 관심을 기울인 것은 절대군주제 아래 신음하던 프랑스 사회를 비판하고 또한 적절한 대안을 제시하기 위해서였다.

몽테스키외도 당대의 프랑스 정치 및 사회 현실에 대한 비판 의식이 강렬했던 인물이다. 그는 젊은 시절에 출간한 『페르시아인의 편지*Lettres Persanes*』(1721)에서 프랑스를 비롯해 유럽을 여행하는 페르시아인들이 고국에 있는 다양한 부류의 지인들과 주고받는 편지 형식의 소설을 통해 프랑스의 사회, 정치, 교회를 비판한 바 있다. 그는 당대 프랑스에 풍미하던 정치적 전제주의, 교회의 불관용, 도덕적 타락 등을 문학적인 풍자를 통해 통렬하게 비판한 것이다.

또한 몽테스키외가 『로마인의 위대함과 그 쇠락의 원인에 관한 고찰*Considérations sur les causes de la grandeur des Romains et de leur décadence*』(1734)을 집필한 것도 그의 정치적 비판 의식의 소산이다. 강력한 중앙집권화 정책을 표방해 온 '태양왕Le Roi Soleil' 루이 14세의 군사 및 외교 정책의 이데올로기적 근간이 바로 제2의 로마제국 건설이며, 루이 14세 자신은 제2의 로마제국 황제로 등극하고자 했다. 로마제국과 마찬가지로 군사력을 통한 팽창주의를 지향해 왔으며, 신교도에게 (제한적이긴 하지만) 신앙의 자유와 시민권을 보장해 주었던 '낭트 칙령'을 철회함으로써 결과적으로 무자비한 박해를 초래하게 만든 루이 14세의 절대왕정을 비판한 몽테스키외는 프랑스 정치 체제를 평화적이고 개혁적인 체제로 변화시키고자 했다(안두환, 2006 : 320f).

몽테스키외의 가장 큰 관심사는 '정체政體, gouvernement'의 문제였다. 그는 정체를 크게 세 가지, 다시 말해 공화정, 왕정, 전제정으로 나누었다. 공화정이란 국민 전체 혹은 국민 일부가 주권을 갖는 정체이고, 왕정은 단 한 사람이 통치하지만 제정법에 의거하여 통치하는 정체를 말하며, 전제정은 통치자 자신의 의지나 자의恣意에 따라 모든 일을 처리하는 정체를 말한다(Montesquieu, 1961 : 11-12). 그는 공화정을 다시 둘로 나누는데, 국민 전체가 주권을 갖는 경우는 민주정, 주권이 국민의 일부에게 있는 경우는 귀족정이라 명명한다. 그는 공화정을 움직이는 원리는 덕성vertu이고, 왕정을 움직이는 원리는 명예honneur이며, 전제정을 움직이는 원리는 공포crainte라고 주장한다. 전제정은 공포가 모든 사람의 마음을 짓눌러 양심의 작은 조각까지도 소멸시키는 것이 필요한 정체이다(Montesquieu, 1961 : 31).[5]

몽테스키외는 이 세 가지 정체를 적합한 규모의 영토와 연결시키고 있다. 소국小國의 자연적 특성은 공화정에 통치되는 데 있고, 중간 규모의 국가는 왕에게 복종하는 데 있으며, 큰 제국은 전제 군주에 지배되는 데 있다고 판단한다. 대제국이 존립하려면 통치자에게 전제적 권위가 있어야 하고, 신속한 결정이 먼 거리를 보충할 수 있으며, 공포가 멀리 떨어진 총독이나 장관의 게으름을 저지해야 한다고 그는 주장한다(Mon-

5 공화정의 원리인 덕성이란 정치적인 덕성으로서 법과 조국에 대한 사랑이며 개인의 이익보다 공공의 이익을 우선시할 것을 요구하는 덕목이다. 왕정에서는 최소한의 덕성이 요구될 뿐이며, 오히려 야심과 명예가 이 정체의 원동력이다. 왕의 자의는 법에 의해 억제되고, 피통치자는 명예에 의해 공동선을 추구한다. 전제정에서 덕성은 전혀 필요하지 않고, 명예는 전제군주의 부조리한 행동에 저항하게 만들기에 오히려 위험하다. 전제군주는 모든 이들의 야심을 억누르기 위해 극도의 공포정치를 통해 다스려야 한다.

tesquieu, 1961: 133-134).

전제정은 다른 형태의 정체들이 '타락'한 결과로서 나타나기도 한다. 민주정에서 평등 의식이 지나치게 강조되면, 다시 말해 국민이 원로원, 집정관, 재판관으로부터 그 기능을 빼앗을 때 '만민의 전제정'에 이르러 결국 민주정이 멸망하고, 귀족정이 더 이상 법과 정의에 의해 지배되지 않을 때 귀족정은 세습정이 되고 곧 참주정으로 변화하게 된다. 왕정에서 명예의 원칙이 사라지면 복종이 굴종으로 바뀌고 왕정은 타락하여 전제정이 된다(Montesquieu, 1961: 119f). 그는 공화정과 왕정은 합법적인 국가이나, 전제정은 불법적인 정부 형태라고 간주했다. 전제정의 원리는 본성부터 부패되어 있어 끊임없이 부패해 가기에, 어떤 우연한 원인이 그 원리의 부패를 방해하지 않으면 그 내적인 악에 의해 전제정은 스스로 멸망하고 만다고 몽테스키외는 지적했다(Montesquieu, 1961: 123-124).

여기서 우리의 특별한 관심을 끄는 것은 몽테스키외가 중국을 전제국가로 분류한다는 점이다. 이는 그의 정체에 관한 논의의 맥락에서 어느 정도는 자연스러운 것이다. 왜냐하면 거대한 제국과 가장 잘 결부되는 정체가 바로 전제정이며, 당대의 중국은 유럽인의 관점에서 볼 때 거대한 제국이기 때문이다. 몽테스키외는 『법의 정신』에서 중국은 그 원리가 공포인 전제국가라고 명확히 규정한다(Montesquieu, 1961: 138).

그런데 예수회 신부들이 전해 온 바에 의하면 중국은 오히려 플라톤이 이상국가로 생각해 온 철인왕이 통치하는 국가에 가까운 나라이며, 이들의 보고에 의거하여 계몽주의자들은 중국을 모범적인 지배 체제로 여겼다. 중국 궁정에서 강희제康熙帝에게 수학, 화학, 식물학, 약학 같은 서양 과학을 가르쳤던 예수회 신부 부베Joachim Bouvet는 강희제를 다음과 같이 묘사했다. "그의 공정함과 정의로움에 대한 사랑, 신하들에 대한 아버지와 같은 자애심, 덕망에 대한 추구, 모든 합리적 지시, 조화롭게 감정을 조절하는 능력을 칭찬하자면 어떤 말로도 부족할 것이다"(먼젤로, 2009: 488). 프랑스의 루이 14세가 낭트 칙령을 폐지한 것과는 대조적으로 중국의 강희제는 가톨릭에 대한 관용령을 포고했으며, 이 소식은 가톨릭과 개신교가 타협점을 찾을 때 중국 신앙에 도움을 요청하는 것이 효과적일 수 있다고 판단한 라이프니츠Gottfried Wilhelm von Leibniz가 자신의 생각이 실증적으로 확인되었다고 판단한 계기가 되었다(Spence, 1998: 83). 라이프니츠는 윤리와 정치에서 중국인이 서구인을 능가하는 것으로 간주하고 있었다.

이 상황에서 몽테스키외는 모순을 느낀다. 자신이 구분한 세 가지 정체와 그 원리, 그리고 각각의 정체와 지리적 요소와의 결부 등에 관한 설명이 정합성이 있기 위해서는 중국은 당연히 전제정으로 분류되어야 한다. 그런데 많은 선교사의 보고에 의하면 중국의 정치 체제는 덕성과 명예가 존재하는 체제이다. 이러한 모순을 몽테스키외는 다음과 같이 표현한다. "우리의 선교사들은 광대한 제국인 중국에 대해, 그 원리 속에 공포와 명예와 덕성을 다 가지고 있는 훌륭한 정체라고 말했다. 그렇다면 내가 세 가지 정체의 원리를 설정한 것은 쓸데없는 구분을 한 결과가 된다"(Montesquieu, 1961: 134).

이러한 모순에 봉착한 몽테스키외가 취할 수 있는 방도는 두 가지이다. 하나는 선교사들의 보고를 존중하여 자신의 이론을 수정하는 것이다. 다른 하나는 선교사들의 보고를 부정하여 자신의 이론을 계속적으로 견지하는 것이다. 결국 그는 둘 가운데 후자를 선택했다. 몽테스키외는 중국에 관한 다양한 정보에서 자신의 이론에 맞는 정보를 선택적으로 수용한 것이다. 그는 중국의 정체에서 덕성과 명예를 부정하는 견해와 보고를 수용한다. 그는 "중국을 다스리는 것은 곤장이다C'est le bâton qui gouverne la Chine"라는 뒤 알드Jean-Baptiste du Halde의 말을 인용하며 다음과 같이 말한다. "곤장이 아니고서는 다스릴 수 없는 국민에게 이른바 명예라는 것이 과연 무엇인지 나는 잘 모른다. 게다가 우리의 교역 상인들이 전하는 바에 의하면, 선교사들이 말한 그 덕성과는 상당한 차이가 있다. 상인들은 중국 관리들의 약탈 행위에 관해 들려줄 따름이다" (Montesquieu, 1961: 134). 그는 중국의 전제정을 입증해 주는 또 다른 사례도 들고 있다. 황제는 자신의 비위에 맞지 않는, 개종한 왕족들에게 처벌을 가했다(Montesquieu, 1961: 134). 그리고 중국의 법은 천자天子에게 경의를 갖지 않는 자는 누구든 죽음으로 처벌받아야 한다고 정해져 있다. 그러나 그 법은 경의를 갖지 않는다는 것이 무엇을 의미하는지 정해 놓지 않았기 때문에 어떤 일이든 핑계삼아 죽이고 싶은 사람을 죽이고, 죽이고 싶은 가족을 죽일 수 있는 단점을 가지고 있다고 몽테스키외는 지적한다. 어떤 황족은 황제가 주필로 서명한 각서에 실수로 무엇인가를 써넣는 바람에 황제에 대해 경의를 가지고 있지 않은 자로 낙인찍혔다. 이로 인해 그의 가족은 전대미문의 무서운 박해를 받았다 (Montesquieu, 1961: 203). 몽테스키외는 명확성이 없는 법은 그 자체로 전제주의로 빠지기에 충분하다고 주장한다.

몽테스키외는 자신에게 주어진 정보를 공정하게 판단하기보다 자신의 논지에 유리한 정보들만 주로 고려했다. 그는 중국에 대해 긍정적으로 보고한 수많은 자료는 외면하는 경우가 많았다. 그리고 뒤 알드의 책에서도 주로 부정적인 것들을 참조했으며, 또한 중국에 대해 부정적인 평가를 한 여행가나 상인의 말을 더 신뢰했다. 이런 점에서 그의 공정성 문제가 제기될 수 있다. 이 문제에 대해서는 뒤에서(4절) 다시 구체적으로 다루기로 하겠다.

3. 풍토론과 중국 전제정

몽테스키외는 기후 및 자연적 환경을 토대로 일종의 기후결정론 혹은 환경결정론을 제시한다. 그는 『법의 정신』에서 문화적 특성과 사회 구성이 기후 및 지리적 위치와 밀접한 관련을 맺고 있음을 구체적으로 보여주고자 했다(Montesquieu, 1961: 239). 그는 인간의 정신적 특성과 정념이 기후 및 자연적 환경에 따라 뚜렷하게 다르기에 법도 인간의 정신적 특성과 정념에 따라 상대적이어야 한다고 주장했다. 몽테스키외는 추운 기후의 사람들은 강한 체력을 가지는 한편 섬세한 감각이나 쾌락에 대한 감수성은 거의 가지지 않는다고 주장한다. 반면에 따뜻한 지역에서는 쾌락에 대한 감수성이 더 크고, 무더운 지역에서는 극도에 달한다고 보았다. 그는 남쪽 지역 사람들은 연애에 탐닉하나 북쪽 지역 사람들은 정신적인 활동 속에서 쾌락을 발견한다고 주장한다. 그리고 그는 북방의 기후에 사는 사람은 상당한 덕성을 가지고, 성실과 정직으로 충만한 데 반해, 남쪽 지역은 도덕 자체로부터 멀어지는 것처럼 느낄 것이며, 또한 좀 더 활발한 정념이 범죄를 증가시킨다고 지적한다. 한편 따뜻한 지역은 양자 사이에 위치해 있어 다른 두 지역에 비해 기후가 뚜렷하지 않은 만큼 생활 양식에서나 악덕 혹은 덕성 등에서 명확한 특성을 지니지 않는다고 주장한다(Montesquieu, 1961: 242). 몽테스키외는 세계를 추운 지역, 따뜻한 지역, 더운 지역으로 구분한다. 그는 이 세 지역이 나름대로 장단점을 지니고 있는 것으로 묘사하긴 하지만 더운 지역에 대해 많은 경우에 부정적인 특성을 부여한다. 그는 남방에는 더운 기운으로 인해 호기심도, 고귀한 행동도, 관대한 감정도 없으며 매우 수동적인 성향을 지니기에 거기서는 게으름이 행복이라고 주장한다(Montesquieu, 1961: 242). 따라서 더운 지역에 사는 인도인은 용기가 없을 뿐 아니라,

휴식과 무無, néant가 인도인에게 만물의 토대이자 만물이 귀결되는 목표라고 말한다(Montesquieu, 1961 : 244).

그는 이러한 풍토론théorie du climat을 적용하여 동양의 민족이 감각기관의 취약성(외계에 대해 강렬한 인상을 받으므로), 육체의 게으름, 정신적 나태를 지니기에 한 번 일정한 인상을 받으면 다시는 그것을 바꿀 수 없게 된다고 판단한다. 바로 이러한 이유 때문에 동양에서는 법률과 습속, 그리고 생활 양식이 천 년 전이나 지금이나 변함이 없다고 몽테스키외는 주장한다(Montesquieu, 1961 : 244).

나아가 그는 풍토론에 입각하여 노예제의 '자연적' 기원설을 어느 정도 옹호한다. "더위가 신체를 약화시키고 용기를 잃게 만들기 때문에 사람이 형벌의 공포에 의하지 않고는 의무를 완수할 의욕이 생기지 않는 지역이 있다. 따라서 거기에는 노예제가 그다지 이성에 어긋나지 않는다. 그리고 거기에는 노예가 주인에 대해 태만한 것과 같이 주인도 군주정체에 대해 태만하므로, 시민적 노예제는 또한 정치적 노예제를 수반한다"(Montesquieu, 1961 : 259). 물론 몽테스키외는 사람은 누구나 평등하게 태어났기에 노예제가 어떤 지역에서는 자연의 이유에 근거를 두고 있다 하더라도 원칙적으로는 자연에 어긋나는 것이라고 주장한다. 그러나 동시에 그는 지역에 따른 기후상의 차이가 있고 또한 이 점을 감안해야 하기에 특정 지역에서는 자연적 노예가 정당하다는 것이다. 그는 북방 민족이 남방 민족보다 용감하기에 추운 지역 주민의 용기가 그들의 자유를 보존하게 한 데 반해, 더운 지역 주민은 나약하기에 그로 인해 노예가 되었다고 말한다. 그리고 그것이 자연적 원인에서 생기는 결과라고 말한다(Montesquieu, 1961 : 286).

그리고 그는 이러한 풍토론을 적용하여 아시아와 유럽을 비교하고 있다. "아시아에는 고유한 의미의 온대가 없다. 그리고 아시아에는 매우 추운 기후에 있는 지역이 매우 더운 기후에 있는 지역, 즉 터키, 페르시아, 인도, 중국, 한국, 일본에 접해 있다. 이에 반해 유럽에는 온대가 매우 넓다. (……) 남에서 북으로 감에 따라 거의 각국의 위도에 비례해서 날씨가 조금씩 추워지므로, 각국은 그 이웃나라와 거의 같아서 그 사이에 현저한 차이는 없고, 온대가 매우 넓게 펼쳐져 있다. 그 결과 아시아에서는 강한 국민이 약한 국민과 대립하게 된다. 즉, 호전적이고 용감하고 활동적인 국민이 유약하고 나태하고 소심한 국민과 직접적으로 접촉하게 되는 것이다. 따라서 한편은 정복당하고 다른 한편은 정복자가 되어야 한다. 그에 반해 유럽에는 강한 나라가 강한 나라와 대립하고 있다. 서로 인접한 나라들이 거의 같은 정도의 용기를 지니고 있다. 이것이야말로 아시아가 무력하고 유럽이 강력하며, 유럽이 자유롭고 아시아가 노예적인 주된 이유이다"(Montesquieu, 1961: 287-288). 위의 인용문에서 보듯이 몽테스키외의 세계지리 인식에는 오류가 있다. 그는 중국, 한국, 일본을 터키, 페르시아, 인도와 같은 기후대에 위치시켰다. 그는 예를 들어 한국의 중부 지방이 남프랑스보다 추운 지역이라는 사실을 몰랐다.

몽테스키외는 이러한 북방과 남방의 대비에 입각한 기후론이 역사적 사실과도 일치한다고 말한다. 아시아는 열세 번 정복되었는데, 그 가운데 열한 번이 북방 민족에 의해 정복되었고 남방 민족에 의해 정복된 것은 두 번밖에 없다고 주장한다. 한편 유럽에서는 그리스 및 페니키아 식민지 건설 이래 네 차례의 대변동밖에는 알려져 있지 않다고 말한다. 유럽은 온대 지역이 넓게 펼쳐져 있기에 어느 정도 힘이 균등하게 배분되어 있어 이민족이 침입하여 정복하기 쉽지 않았으나 아시아는 유럽보다 남쪽에 위치하기에 침입과 정복에 의한 대제국이 건설되기 용이했고, 따라서 아시아에서는 권력이 항상 전제적일 수밖에 없다고 주장한다. 유럽은 자연적 분할이 법의 지배와 국가의 유지가 양립할 수 있는 중간 크기의 나라를 만들고 있으며, 또한 거기에는 법의 지배가 매우 바람직해서 법이 없는 나라는 주위 나라에 비해 뒤처질 것이기에 이로 인해 자유의 정신을 만들고, 외국 세력이 이들 각 부분을 정복하고 복종하게 만드는 일을 어렵게 한다고 주장한다. 반대로 아시아에서는 예속의 정신이 지배하고 있으며, 아직도 그러한 정신이 떠나지 않고 있으며 자유로운 정신이 존재하지 않는다고 주장한다(Montesquieu, 1961: 291). 그리고 아프리카는 아시아의 남부와 비슷한 풍토에 있기에 아시아와 같은 노예제에 있다고 주장한다. 몽테스키외는 어떤 때는 추운 지역과 더운 지역으로 구분하고, 어떤 때는 좀 더 세분하여 추운 지역, 온화한 지역, 더운 지역으로 나누는데, 그 명확한 경계를 제시하지는 않는다. 그러나 일반적으로 그는 유럽과 아시아를 비교할 때 아시아를 유럽보다 남쪽에 위치한 것으로 설정하고, 남쪽을 유약, 나태, 소심, 예속과 연결하여 결국 용기와 자유가 있는 유럽과 대조를 시키는 점에서 유럽중심주의에 머물러 있다.

4. 몽테스키외의 '전제적 중국론' 및 풍토론 재검토

몽테스키외 당대에 프랑스와 유럽에는 중국에 관한 많은 정보가 알려져 있었으며, 적잖은 책이 출간되어 있었다. 그가 가장 많은 영향을 받은 중국 관련 서적은 뒤 알드의 『중국통사支那帝國全誌, *Description géographique, historique, chronologique, politique, et physique de l'empire de la Chine*』이다.[6] 이

6 이 책의 원제는 다음과 같다. *Description géographique, historique, chronologique, politique, et physique de l'empire de la Chine et de la Tartarie chinoise, enrichie des cartes générales et*

책은 중국에서 활동한 27명의 예수회 선교사가 보내온 서한문, 여행기, 보고서 등을 기본 자료로 삼아 뒤 알드가 편집한 네 권의 방대한 저술로서 1735년 파리에서 출판되었다. 이 책은 18세기에 중국에 관심을 가진 거의 모든 유럽인의 서가에 꽂혀 있었다고 할 정도로 많이 보급되어 있었다(로벨, 2007: 358). 사실 이 책은 일반적으로 중국에 대해 긍정적인 내용, 찬사로 특징지어지는 문헌으로 인정받고 있다. 하지만 몽테스키외는 많은 경우에 부정적인 맥락에서 인용하고 있다.

몽테스키외의 중국에 관한 또 다른 중요한 문헌정보는 앤슨George Anson 제독의 여행기이다. 1743년 중국을 방문한 앤슨 제독은 중국에 대해 매우 부정적인 이미지를 담은 여행기를 남겼다. 영국 해군 소속의 호전적인 앤슨 제독이 인도하는 함대는 불청객으로 중국 해안에 도착했음에도 불구하고 도선사를 협박하고 총독과의 면담을 강요하기도 했다(Spence, 1998: 52-53). 이 과정에서 온갖 어려움을 겪기도 한 앤슨은 중국과 중국인, 그리고 중국 문화에 대해 부정적인 편견을 형성했으며, 이러한 편견을 1748년 출간된 그의 『세계여행기*Voyage Round the World*』에 담았다. 그리고 이 여행기도 18세기에 널리 읽혔다. 몽테스키외는 『법의 정신』에서 중국 관리들의 약탈 행위에 대해 보고하는 서양의 교역 상인들의 주장을 전한 직후에 이런 행위에 대해 "위대한 앤슨 경을 증인으로 불러낼 수 있다"[7](Montesquieu, 1961: 134)고 말할 만큼 앤슨의 영향을 받았고 그를 높이 인정하고 있다.

코르디에Henri Cordier는 몽테스키외의 중국 관련 독서가 폭넓은 것이라고 판단한다. 몽테스키외는 당대에 유명했던 뒤 알드의 『중국통사』뿐

particulières de ces pays, de la carte générale et des cartes particulières du Thibet, & de la Corée; & ornée d'un grand nombre de figures & de vignettes gravées en tailledouce.

7 Charles-Louis de Secondat Montesquieu, 앞의 책, 134쪽.

아니라 중국의 고전 경서 번역서들을 읽었다고 한다(Cordier, 1910: 123). 그리고 몽테스키외는 『법의 정신』에서 『진기한 편지들*Les Lettres édifiantes et curieuses*』[8]과 『랑주의 일기*Journal de la résidence du sieur Lange*』[9]도 인용하고 있다. 그러나 『법의 정신』에서 몽테스키외가 주로 의지하는 중국 관련 서적은 뒤 알드의 『중국통사』이다. 볼테르나 라이프니츠에 비해 그가 인용하는 중국 문헌은 빈약하다. 그리고 그는 『법의 정신』에서 중국의 고전과 사상에 대해 특별한 언급을 하는 경우가 드물다.

중국을 전제정으로 본 몽테스키외 관점에서 가장 중요한 위상을 차지하는 표현이 뒤 알드의 책에서 인용한 "중국을 다스리는 것은 곤장"이라는 말이다. 실제로 유럽 선교사들은 중국의 사법 체계를 관찰한 후 곤장을 치는 관행에 대해 일반적으로 깊은 인상을 받았다(브룩 외, 2010: 292-313).[10] 스페인의 펠리페 2세의 특사로서 명나라를 방문하여 사법 체계를 관찰한 멘도자Juan Gonzales de Mendoza는 잘못을 저지르는 경우 신분에 구애받지 않고 곤장을 치는 관행이 있음을 강조했다. 중국 내의 반기독교운동으로 1년 동안 감옥에 수감되기도 했던 세메도Alvaro Semedo는 중국의 감옥이 유럽 감옥보다 "더 편하고 널찍하다"고 평가하는 동시에 그는 중국에서 곤장이 다양한 사회적 지위를 가진 사람들에게 광범위하게 사용되었음에 깊은 인상을 받았다. 주인은 하인을, 선생은 학생을 때렸고, 심지어 판관조차도 의무를 제대로 수행하지 못한 지방의 유력 인사들에게 매질을 명령했다. 그는 "사람을 때리기 위해 사용하는

8 『진기한 편지들』은 중국, 인도, 아메리카 등에서 활동한 예수회 선교사들이 보내온 편지를 엮어서 1702부터 1776에 걸쳐 34권으로 출간한 책으로서 유럽(특히 프랑스)이 비유럽 문화에 대해 개방적인 태도를 취하게 하는 데 크게 기여했다.

9 원제는 *Journal de la résidence du sieur Lange, agent de sa majesté impériale de la Grande Russie à la cour de la Chine.*

10 이하 내용에 대해서는 다음 문헌을 참조할 것: 티모시 브룩 외, 『능지처참: 중국의 잔혹성과 서구의 시선』, 박소현 옮김, 너머북스, 2010, 292-313쪽.

대나무로 만든 곤장 없이는 중국인을 다스릴 수 없다"라고 말해 뒤 알드 이전에 이미 곤장의 중요성에 대해 말한 바 있다. 중국의 정치 제도에 대해 상당히 높이 평가한 도미니코 수도회 소속 중국 선교사였던 나바레테 Domingo Navarrete는 중국 감옥에서 몇 달 보낸 뒤 중국의 감옥에 대해 세메도보다 훨씬 더 긍정적으로 평가하며 중국의 감옥은 유럽보다도 더 깨끗하고, 평화롭고, 더 잘 운영되고 있다고 말한다. 하지만 그도 곤장에 대해서는 심각한 것으로 묘사했다. 르콩트Louis Lecomte는 중국 정부를 (전제주의라기보다) 절대왕권으로 규정한 한 서한에서 보상과 처벌의 복합성을 예찬하면서 중국의 형벌은 범죄의 경중에 따라 엄격하게 적용되었음을 강조한다. 교정의 가장 일반적인 형태인 곤장이 평민뿐 아니라 고관, 심지어 잘못을 저지른 황족의 왕자들에게도 사용할 수 있다고 보고했다.

뒤 알드는 르콩트를 따라 형벌을 등급화한 중국의 사법 제도를 바람직하게 보았다. 그는 중국 사법 제도에서 곤장이 갖는 핵심적 중요성을 역설하면서 세메도의 주장을 반복하여 중국을 다스리는 것은 곤장이라고 주장한 것이다. 그런데 후일 몽테스키외에 의해 유명하게 된 뒤 알드의 이 언급은 사실은 뒤 알드가 지나가듯 한 말로서 몽테스키외는 마치 이것이 사법적 · 정치적 주요 쟁점에 대한 결정적 증언을 한 것처럼 부풀린 것이었다(브룩 외, 2010: 306). 뒤 알드는 『중국통사』에서 강희제가 관료들에게 공포한 선정善政이라는 유교적 이상에 위배되는 고문 사용을 금지하는 교시敎示도 소개하고 있다. 중국의 형벌과 그에 대한 서구인의 관점을 연구한 『능지처참: 중국의 잔혹성과 서구의 시선』의 저자들은 1754년 유럽에서 고문拷問을 금지한 최초의 군주 프리드리히 2세가 뒤 알드의 이 책에서 소개된 강희제의 선정을 읽고 영향을 받았을지 모른다는 추측을 하고 있다(브룩 외, 2010: 305). 이 계몽군주는 '중국 애호가'

로서, 볼테르와 볼프를 지지했던 인물이다. 그런데 몽테스키외는 곤장과 관련한 뒤 알드의 이 언급을 소개하면서도 강희제의 '선정'에 대해서는 침묵한다. 몽테스키외는 개종한 왕족들에게 행한 처벌에 관한 파르냉 Parennin 신부의 서한을 지적하며 황제의 폭정에 대해 고발한다. 이 신부는 기독교를 옹호한 만주족 왕자 몇 명이 곤장을 포함한 형벌을 받았다고 말한다. 그 자신이 귀족인 몽테스키외는 귀족이나 왕족이 곤장을 맞을 수 있다는 점을 심각하게 생각하여 이를 전제정의 증거로 삼으려 했다. 하지만 구체제의 세습 귀족제를 비판한 케네는 고관들조차 유죄 판결을 받으면 똑같이 처벌받는 중국의 곤장 제도가 오히려 계몽적이라고 생각했다(브룩 외, 2010 : 308).

과연 동양의 사법 제도는 서양보다 더 전제적이었는가? 심재우는 조선의 법률 및 형벌 제도를 연구한 저서에서 형벌이 사회 체제를 유지하기 위한 공권력의 권한이자 상징이었음은 전통 시대 동양과 서양 모두 마찬가지인데도, 마치 서양은 우수한 법제도와 인권 의식을 갖추고 있었고 동양은 그렇지 못했다고 이해하는 것은 19세기 서구 제국주의가 만들어 낸 편협한 인식에서 비롯된 것이라고 주장한다. 그는 오히려 전근대 동양의 형벌이 서양보다 좀 더 인간적이었다고 조심스럽게 평가한다(심재우, 2011 : 16-17).

동양의 전통 사회 형벌이 서양에 비해 훨씬 잔혹했고, 법이 체계적이지 못하거나 미개했다는 인식을 비판하면서 심재우는 '중세의 가혹한 형사법을 제거할 목적'으로 1532년에 독일에서 제정된 「카롤리나 형사법전」의 실례를 소개한다. 이전에 비해 완화된 것임에도 불구하고 여기에는 16세기 중국이나 한국에서는 상상하기 힘든 잔혹한 형벌이 독일에 존속하고 있었음을 발견할 수 있다. 사형 방법으로 수레로 찢어 죽이기, 솥에 넣어 끓여 죽이기, 꼬챙이로 쑤셔 죽이기, 불에 태워 죽이기, 물 속에 넣어 죽이기 등의 방법이 법전에 실려 있었다. 법전에 이와 함께 등장하는 손목 자르기, 손가락 자르기, 귀 베기, 코 베기, 혀 베기, 눈 도려내기는 오히려 가벼운 형벌에 속했다(심재우, 2011: 16-17). 일본의 법사학자 니이다 노보루仁井田陞는 중국의 전통 법률이 서구에 비해 결코 뒤떨어지지 않는다고 주장한다(심재우, 2011: 6).

잔혹한 형벌은 근대에 이르기까지 동서양 모두에 존재했다. 지동설을 입증한 갈릴레이Galileo Galiei, 1564-1642에 대해 천동설을 주장하던 로마교회는 갈릴레이를 로마의 이단 심문소에 세워, 화형을 받든지 지동설을 버리든지 선택하도록 강요했다. 스페인의 학자인 세르베토Miguel Serveto는 이단 혐의로 1553년 제네바에서 화형火刑당했다.

몽테스키외는 중국의 법은 천자에게 경의를 갖지 않는 자는 누구든 죽음으로 처벌받아야 한다고 정해져 있다고 주장하고서 이를 전제정의 주요 사례로 들고 있다. 그런데 단편적인 사례들을 가지고 전제정 여부를 판단하기는 힘들다. 유럽도 마찬가지일 수 있기 때문이다. 『고문실의 쾌락: 세계 고문 형벌의 발자취』의 저자는 18세기 초에 스페인에서 행해진 이단 고문 사례를 소개한다. "그러면 아가씨, 지금 보시는 세 가지 기구를 사용하는 법을 가르쳐 드리겠습니다. 먼저 큰 가마솥과 기름불은 이단자에게 사용하는 것인데, 죄인을 산 채로 가마솥 안에 넣고 난 다음 뚜껑을 덮어서 자물쇠로 잠그는 것입니다. 집행인은 아궁이 속에 작은 불씨를 넣어 점차 불을 세게 하면 인간의 육체는 재가 되고 맙니다. 두 번째 도구는 교황님과 주교님에 대해 험담하는 사람에게 사용하는 것입니다. 즉, 저 수레바퀴 안으로 죄인을 넣고 조그만 문짝에 자물쇠를 걸면 집행인은 그 가운데에 있는 사람이 죽을 때까지 수레바퀴를 빙글빙글 돌립니다"(스웨인, 2001: 229-230).

유럽에서 이단 심문과 '마녀 사냥'에 사용되었던 화형은 프랑스에서 대혁명 때까지 존속했다. 화형과 아울러 다양한 형태의 고문이 유럽에서 법적으로 폐지된 것은 프랑스대혁명 발발 이후이다. 중국이 서양보다 더 전제적이었는지는 단순하게 곤장이 광범위하게 사용되었다거나 곤장이 평민을 넘어 귀족에게도 미쳤는지의 문제를 넘어, 사법 제도 및 정부 운영에 대한 총체적인 맥락 속에서 판단해야 한다. 그런데 몽테스키외는 그러한 총체적인 비교 연구를 수행하기 전에 곤장을 비롯한 몇몇 사항을 가지고서 성급한 일반화를 시도했다. 우리가 보기에 그러한 일반화는 몽테스키외가 자신의 전통에서 물려받은 유산과 관계된다. 그 유산이란 다름 아닌 아리스토텔레스Aristoteles 이래 서구에서 전승되어 온 '아시아적 전제정'이라는 관념이다.

우리가 앞에서 다룬 몽테스키외의 이러한 환경결정론적 주장은 사실상 그의 독창적인 사유는 아니다. 몽테스키외의 주장과 유사한 주장을 이미 아리스토텔레스가 한 바 있다. 아리스토텔레스는 『정치학』에서 인간을 풍토와 관련시키며 전제 정치가 아시아로부터 유래하는 것으로 서술했다. "일반적으로 추운 나라에 사는 사람들은, 그리고 특히 유럽의 추운 지방에 사는 사람들은 기질이 용감하지만 기술이나 지능이 모자란다. 그렇기 때문에 그들은 비교적 자유로운 상태에 계속 남아 있지만, 정치적인 발전을 이룩하지 못하며 다른 사람들을 통치하는 능력도 없다. 아시아의 사람들은 기술과 지능을 갖추고 있지만 기개가 모자란다. 이 이유 때문에 그들은 계속하여 신하나 노예 노릇을 하는 것이다. 그리스 인종은 지리적 위치가 이들의 중간이며, 이 양측의 품성을 모두 구비하고 있다. 그리스인들은 기개와 함께 지능도 갖추고 있다. 이들 중의 한 품성 때문에 이들은 자유민으로 남아 있으며, 다른 품성으로 말미암아 최고도의 정치적 발전을 이룩할 수 있을 것이다"(아리스토텔레스, 1994: 280). 아리스토텔레스는 '야만인'인 아시아인이 그리스인보다 성격상 더 굴종적이기에 불평하지 않고 독재적인 통치를 용납한다고 주장한다(아리스토텔레스, 1994: 148).[11] 이러한 아리스토텔레스의 '아시아적 전제정'이라는 도식적 이해가 몽테스키외의 사상에서 부활했다. 그리스 철학자 아리스토텔레스가 이를 그리스중심주의적 시각에서 제시했다면 몽테스키외는 유럽중심주의적 시각으로 '확대'하여 제시한 것이다. 그리고 아리스토텔레스의 경우 '아시아'는 거의 페르시아로 대표되며 그는 중국을 알지 못했다. 몽테스키외는 이 고대 그리스 철학자의 '아시아 전제정' 관념을 중국으로까지 넓혀서 도식화한 것이다.

물론 '아시아적 전제정'이라는 헤로도투스Herodotus와 아리스토텔레스의 규정은 몽테스키외 이전 사상가들에게도 영향을 미쳤다. 근대에 와서 유럽 사상가들은 유럽 사회의 특수성을 확보하기 위해 그와는 대조되는 사회 구성 및 국가 구조를 상정해 왔다.[12] 16세기 초 이탈리아의 마키아벨리Niccolò Machiavelli는 오스만투르크제국을 유럽 왕정제의 안티테제로 제시했다. 그는 이 오스만제국 전체가 한 사람으로부터 지배되고 있으며, 다른 모든 사람은 그의 노예이고, 심지어는 행정관료들도 모두가 황제의 노예라고 주장하며 오스만제국의 전제적 관료제를 지적함으로써 이를 유럽과 구분하고자 시도했다. 프랑스 종교전쟁 시기(1562~1598)에 보댕Jean Bodin은 신하들의 신체와 재산을 존중해야 하는 유럽 국가의 왕정과 신하에 대한 지배에서 무제한적인 권력을 지니는 오스만제국의 전제주의적 권력을 대조시킨다. 그는 "아시아 및 아프리카 민족보다 더욱 자존심이 강하고 호전적인 유럽인은 헝가리의 침입 이래로 전

11 아리스토텔레스보다 한 세기 전의 인물인 그리스 역사가 헤로도투스는 '페르시아 전쟁'을 그리스의 자유와 페르시아 전제주의 간의 대결로 규정한 바 있다. 조셉 폰타나, 『거울에 비친 유럽』, 김원중 옮김, 새물결, 2005, 21쪽.

12 이하 논의에 대해서는 다음 문헌을 참조할 것: Perry Anderson, *Lineages of the Absolute State*, London, Verso, 1979, pp. 397–400.

제적인 왕정을 결코 용인하지 않았고 또 경험하지도 않았다"고 주장한다. 17세기 초 영국의 베이컨Francis Bacon은 오스만제국과 유럽의 차이를 세습 귀족의 유무에서 찾았다. 세습 귀족이 존재하지 않는 오스만제국은 전제정이라는 것이다. 17세기 후반 경에 오스만제국의 힘이 그 절정기를 지나게 되자 투르크 체제의 결점들은 아시아 모든 대제국의 속성으로 일반화되었다. 투르크, 페르시아, 무갈 등의 영토를 여행하고 인도 황제의 시의侍醫로도 활동한 바 있는 프랑스의 베르니에François Bernier는 인도의 무갈제국이 투르크족의 오스만제국보다 더 극단적인 전제정임을 강조했다. 두 제국의 공통점은 사적 토지 소유를 부인否認하는 데 있으며, 그는 이 두 제국을 루이 14세 치하의 활기찬 프랑스 농촌과 대조했다. 동방에 대한 베르니에의 이러한 언급은 후일 몽테스키외의 투르크 국가에 대한 언급에서 되풀이된다. 그는 『법의 정신』에서 투르크 국가 체제는 황제가 모든 토지의 소유자이며 모든 신하가 상속인임을 분명히 하는 전제정이라고 비판한다.

유럽의 식민지 팽창이 전 지구적으로 확대됨에 따라 근대에 오스만제국과의 만남에서 비롯된 정치적 개념은 사용 범위가 확대되어 중국과 그 변방에까지 이르게 되었다. 몽테스키외에 의해 본격적으로 정착된 '아시아적 예속'과 그에 대비되는 '유럽의 자유' 개념은 이후 헤겔Georg W. H. Hegel과 마르크스Karl Marx에 이르기까지 되풀이된다.

몽테스키외에게 더 심각한 문제점은 그가 인종차별주의자라는 점이다. 그는 아메리카에서의 흑인 노예제를 정당화한다. "유럽 민족은 아메리카 민족을 멸절시켜 버렸으므로 그 광대한 토지를 개척하기 위해 아프리카 민족을 노예로 삼을 필요가 있었다. 사탕수수가 노예들에 의해 재배되지 않는다면 설탕 값은 지나치게 비싸질 것이다"(Montesquieu, 1961: 258). 유럽인들이 섭취하는 설탕의 가격을 안정시키기 위해 아프리카 민족의 노예제가 허용되어야 한다는 주장을 한 것만으로도 심각한 결함을 안고 있지만, 사실 몽테스키외에게는 훨씬 더 심각한 문제가 있다. 그는 흑인을 아예 인간으로 생각하지 않은 것이다. 이에 대한 몽테스키외의 말을 직접 들어보자. "문제가 되고 있는 것은 흑인들이다. 그들의 코는 몹시 납작해서 그들을 동정한다는 것은 거의 불가능할 정도이다. 매우 현명한 존재인 신이 영혼을, 특히 선량한 영혼을 새까만 신체 속에 깃들이게 했다고는 도저히 생각할 수 없다"(Montesquieu, 1961: 258). 그리고 그는 "인류의 본질을 구성하는 것이 피부색이라고 생각하는 것은 매우 자연스럽다"(Montesquieu, 1961: 258-259)라고 말한다. 납작한 코와 검은 피부 이외에 흑인이 인간이 아닌 증거는 또 있다. "흑인에게 양식(良識, sens commun)이 없다는 증거는 그들이 문명국에서 대단히 귀중히 여기는 금 목걸이보다 유리 목걸이를 중히 여긴다는 점이다. 이런 자들을 인간이라고 상상하는 것은 불가능하다"(Montesquieu, 1961: 258-259).

문젤로David E. Mungello에 의하면 중국에 대한 유럽인의 태도 변화는 그들이 중국인들의 피부색을 판단하는 데도 반영되었다.[13] 중국인을 찬미하는 유럽인들이 중국인의 피부를 흰색으로 언급한 반면, 중국인을 저평가한 사람들은 그들의 피부를 덜 하얗다거나 황색으로 묘사한다. 16~17세기 유럽인들의 작품 속에는 중국인을 흰색으로 묘사하는 일이 우세했다. 그러나 18세기에 접어들면서 유럽인은 중국인을 백인이 아니거나 황색으로 묘사하는 경우가 늘어났다. 인류를 피부색(흑, 홍, 백, 황)으로 구별하는 것은 18세기까지는 없었던 일이다. 유럽인들이 지구상에 거주하는 인류를 네댓 가지 종류로 구별한 것은 탐험을 통해 확대

13 이하 설명에 대해서는 다음 문헌을 참조할 것. 데이비드 E. 문젤로, 『동양과 서양의 위대한 만남 1500-1800』, 김성규 옮김, 휴머니스트, 2009, 211-213쪽.

한 세계 지리에 대한 지식의 결과일 뿐만 아니라, 17세기와 18세기를 통해 더욱 노골적이 된 다른 민족에 대한 유럽인의 군사적이고 경제적인 패권이 가져온 결과였다. 중국의 문화를 낮게 평가한 계몽주의자 몽테스키외는 중국인을 황색으로 설명했다.

5. 나오는 말

몽테스키외의 중국에 대한 지식과 정보는 책을 통해서만 형성된 것이 아니다. 그는 당대 학자들이 접할 수 있었던 중국에 관한 일반적인 정보를 얻었을 뿐 아니라 중국인과 중국에서 선교사로 활동했던 프랑스인을 직접 만나 견문을 넓힐 수 있었다. 1713년, 24세이던 몽테스키외는 파리에서 머물고 있을 때 황성黃姓, Hoange 혹은 Arcadio Huang, 1679-1716이라는 중국인 학자가 그 도시에 살고 있다는 말을 들었다.[14] 황성은 당시 프랑스 궁정 안에 있던 왕립 도서관에서 17세기부터 프랑스 선교사들이 중국에서 가져온 중국 도서들을 번역하고 중불사전中法字典을 편찬하는 작업을 시작하고 있었다. 몽테스키외는 모두 여덟 차례에 걸쳐 황성을

14 황성과 몽테스키외의 관계에 대해서는 다음 문헌을 참조할 것. Jonathan D. Spence, 앞의 책. pp. 88–91; Jacques Pereir, *Montesquieu et la Chine*, Paris: L'Harmattan, 2008, pp. 23–24; Marie–Hélène Janvier, 앞의 글, pp. 3–4. 황성은 푸젠성福建省의 한 가톨릭 신자 집안에서 태어났다. 아들이 태어나면 신에게 바치겠다는 부모의 서원에 따라 아르카디오란 세례명을 받은 이 아들은 파리 외방 선교회 수도사에 의해 양육되었다가 1702년 아르튀스 드 리온Artus de Lionne 주교와 함께 유럽으로 떠났다. 프랑스 왕립 도서관에 근무하던 그는 프랑스어에도 능통하게 되어 마리 클로드 레니에라는 여자에게 청혼하여 1713년 결혼했다. 당시 유럽인과 비유럽인 사이에 결혼이 매우 희귀한 터여서 이들의 결혼은 유일한 예외로 알려져 있다. 그들은 딸을 낳았지만 출산 며칠 후 아내는 세상을 떠났고, 좌절과 빚에 시달리던 황성도 1년 반 후 사망했으며 그의 딸도 몇 달 뒤 죽었다. 당대 프랑스는 중국에 대해 우호적이었기에 황성도 매우 큰 환대를 받았다. 프랑스의 동양학자인 조제프 드 기뉴Joseph de Guignes, 1721-1800는 그의 저서 *Histoire générale des Huns, des Mongoles, des Turcs et des autres Tartares occidentaux*에서 황성의 생애를 간략히 다루고 있다.

만나 대화를 나누었다. 그들은 중국의 종교, 사회 관습, 중국어, 과거 제도, 중국 정부와 통치 체제, 중국 역사 및 과학 등 다방면에 걸쳐 대화를 나누었다. 몽테스키외가 중국 정부 혹은 통치 체제를 전제정과 연결시킨 것은 부분적으로는 황성과의 대화를 통해 형성된 것 같다. 몽테스키외는 황성과 중국 정부의 본질에 대해 논의하며 이런 결론에 도달했다. "중국에서 황제의 권위는 무한이다. 황제는 지식인들의 수장이기 때문에 종교적 권력과 세속적 권력을 한 손에 장악하고 있다. 따라서 백성들의 재산과 생명은 통치자의 처분에 달려 있고, 폭군의 온갖 변덕과 일시적 기분에 그대로 노출되어 있다"(Spence, 1998: 90).

1729년 로마를 방문하던 시기에 몽테스키외는 중국 선교사였던 푸케 Jean-François Foucquet 신부를 만나기도 했다.[15] 당시 몽테스키외는 정체政體에 관한 대작大作을 계획하고 있었다. 로마에 도착한 지 2주 후 몽테스키외는 "나는 2월 1일인 오늘 푸케 씨를 만나 매우 의미심장한 대화를 나누었다"라고 기록하고 있다. 예수회 신부로서 1699년부터 1721년까지 중국에서 선교사로 활동했던 푸케는 신학적인 입장 차이와 동료들 간의 갈등으로 인해 중국을 떠나야 했던 터라 예수회와 중국에 대해 어느 정도 부정적인 견해를 간직하고 있었다. 푸케와 대화를 나누면서 몽테스키외는 중국에 대해 더욱더 회의적인 입장을 견지하게 된 것 같다(Janvier, 2012: 4).[16]

몽테스키외가 중국인이나 중국 선교사 출신 신부를 직접 만나거나 혹은 중국에 대한 독서를 통해 중국이 전제정이라고 판단하는 것은 존중해

15 푸케와의 만남에 대해서는 다음 문헌을 참조할 것. Arnold H Rowbotham, "China in the Esprit des Lois: Montesquieu and Mgr. Foucquet", *Comparative Literature*, Vol. 2, No. 4, Autumn, 1950, pp. 354–355; Jacques Pereira, 앞의 책, 21쪽.

16 Marie-Hélène Janvier, 앞의 글, 4쪽. 푸케는 중국 사상과 제도의 풍부함과 중요성에 대해서도 설명해 주었던 터라 몽테스키외는 어느 정도는 중립적인 입장을 취한 것으로 로버텀Arnold H. Rowbotham은 판단한다.

주어야 한다. 여기서 우리가 지적하고 싶은 바는 중국에 대한 정보를 얻기 전에 그가 이미 지니고 있던 아시아관, 다시 말해 헤로도투스와 아리스토텔레스 이래로 유럽에서 전승되어 온 '아시아적 전제정'이라는 도식이 너무 강하게 작용하여 결국 몽테스키외는 그 틀 속에 사로잡혀 빠져나오지 않은 것이 아닌가 하는 점이다.

누구나 자신의 편견이나 선이해의 포로가 되기 쉽다. 몽테스키외는 '중국 전제정' 이론을 구축하기 위해 당대 예수회 선교사들의 다양한 보고서 및 그들의 보고서에 토대를 둔 서적 가운데 중국에 우호적인 내용들에 대해서는 애써 외면했다. 그는 『법의 정신』에서 동양과 서양의 문화 교섭에서 가장 중요한 역할을 담당한 마테오 리치Matteo Ricci의 책도 인용하지 않았고, 『중국의 철학자, 공자』를 비롯한 중국의 깊이 있는 고전 등을 다룬 서적도 인용하지 않았다. 그리고 18세기 계몽주의를 수호하는 '수호 성인'으로 인정받았던 공자의 사상에 대해서도 거의 언급이 없다. 『법의 정신』에서 그가 중국에 대해 주로 인용한 서적은 뒤 알드의 『중국통사』인데, 사실 이 책은 중국에 대해 상당히 우호적인 서적임에도 불구하고 그는 이 가운데 주로 중국에 대해 부정적인 내용을 취했다.

'아시아의 예속' 및 '유럽의 자유'라는 몽테스키외의 관념은 이미 『페르시아인의 편지』에 나타나 있다. 유럽에 체류 중이던 한 페르시아인(Rhédi)의 편지를 빌려 몽테스키외는 다음과 같이 말한다. "유럽에 와서 제 호기심을 가장 자극했던 것 중 하나가 공화국의 역사와 기원입니다. 대부분의 아시아인들은 이런 정체gouvernement가 어떤 것인지 전혀 모를 뿐 아니라, 지상에 전제정 외에 다른 정체가 있을 수 있다는 점을 상상조차 못합니다"(Montesquieu, 1949: 327). 같은 편지에서 레디는 이렇게 말한다. "자유는 유럽인의 천성에 어울리고 예속은 아시아인의 천성에 어울리는 것 같습니다"(Montesquieu, 1949: 1598).[17]

『페르시아인의 편지』를 통해 간접적으로 프랑스 정치 현실을 비판한다 하더라도 여기에는 아시아에 대한 경멸적인 태도가 내재되어 있다. 『페르시아인의 편지』는 그의 뇌리에 "아시아의 야만성을 유럽이 되풀이해서는 안 된다"라는 생각이 있기에 가능한 풍자 형식의 작품이 아닐까? 몽테스키외가 루이 14세 이후의 프랑스 절대군주제를 우회적으로 비판하기 위해 『법의 정신』에서 중국의 전제정을 지적하고 이를 비판했다는 점은 인정할 수 있다. 그렇다 하더라도 중국을 그 원리가 공포인 전제국가, 자유의 유럽과는 대조적인 예속이 지배하는 나라라고 몽테스키외가 간주한 사실은 부인할 수 없다. 그의 편견이 헤겔Georg Wilhelm Friedrich Hegel 등의 학자를 통해 그대로 전달되었으며,[18] 결국 몽테스키외 이후로 '아시아적 전제정' 관념이 서구에서 더욱더 고착화되었다면 이에 대해 그는 큰 책임을 피할 수 없다. 특히 '아시아의 예속' 및 '유럽의 자유' 관념이 풍토론과 긴밀하게 연결되어 있는 한, 그리고 풍토가 변하지 않는 한 아시아는 '풍토적인 저주'에 빠져 있는 셈이 된다.

우리는 몽테스키외가 유럽중심주의에 사로잡혀 중국을 공정하게 보지 않은 점을 비판하는 것이지, 그가 중국에 대해 부정적이었기에 그를 비판하는 것은 아니다. 중국을 비롯한 아시아를 부정적으로 판단하는 것은 자유이지만, 실제 이상으로 부정적인 이미지를 구축하는 것은 '자유로운 유럽, 예속적인 아시아'라는 도식을 형성하기 위한 유럽중심주의의 소산이라는 점에서 비판의 여지가 있다. 이뿐 아니라 유럽 이외의 지역에 대

17 이 문장은 1758년까지의 판본들에서는 실려 있다가 이후 판본에서는 생략된 내용이다.

18 헤겔의 '동양적 전제주의'에 대해 연구한 송두율에 의하면 중국에 대한 헤겔의 모든 평가에서 핵심적 요지는 몽테스키외의 '전제정'에 관한 견해를 단순하게 반복한 데 불과하다. 송두율, 『계몽과 해방: 헤겔과 마르크스와 베버의 동양세계관』, 한길사, 1988, 66쪽. 헤겔에 의하면, 동양인에게는 오직 한 사람만이 자유로울 뿐이며, 그 한 사람은 전제자이다. 그리고 헤겔은 중국인에게는 노예제와 자유 사이의 차이가 크지 않는데, 그 이유는 모두가 황제 앞에서 똑같이 낮기 때문이라고 말한다. 같은 책, 62-64쪽.

해 부정적인 이미지를 구축하는 것은 결국 우월한 유럽이 '전제적인' 아시아 지역을 정복하는 제국주의적 침략을 정당화하는 논리로 작용하게 된 점에서도 비판의 소지가 있다.

참고 문헌

로벨, 줄리아, 『장성, 중국사를 말하다: 문명과 야만으로 본 중국사 3천년』, 김병화 옮김, 웅진지식하우스, 2007.

먼젤로, 데이비드 E., 『진기한 나라, 중국』, 이향만 외 옮김, 나남, 2009.

문젤로, 데이비드 E., 『동양과 서양의 위대한 만남 1500-1800』, 김성규 옮김, 휴머니스트, 2009.

베이징대학교 중국전통문화연구중심, 『중국문명대시야 4』, 장연 외 옮김, 김영사, 2007.

브룩, 티모시 외, 『능지처참: 중국의 잔혹성과 서구의 시선』, 박소현 옮김, 너머북스, 2010.

송두율, 『계몽과 해방: 헤겔과 마르크스와 베버의 동양세계관』, 한길사, 1988.

스웨인, 존, 『고문실의 쾌락: 세계 고문 형벌의 발자취』, 조석현 옮김, 자작, 2001.

심재우, 『네 죄를 고하여라: 법률과 형벌로 읽는 조선』, 산처럼, 2011.

아리스토텔레스, 「정치학」, 『정치학/시학』, 나종일 · 천병희 옮김, 삼성출판사, 1994.

안두환, 「몽테스키외의 『법의 정신』」, 『법철학연구』 제9권 제2호, 2006.

주겸지朱謙之, 『중국이 만든 유럽의 근대』, 전홍석 옮김, 청계, 2010.

폰타나, 조셉, 『거울에 비친 유럽』, 김원중 옮김, 새물결, 2005.

홉슨, 존 M., 『서구 문명은 동양에서 시작되었다』, 정경옥 옮김, 에코리브르, 2005.

Anderson, Perry, *Lineages of the Absolute State*, London : Verso, 1979.

Cologan, Hugues, "Quelques lumières sur la Chine: la Chine des lumières," p. 36. www.afec-en-ligne.org/IMG/pdf/3-Cologan.pdf

Gernet, Jacques, *A History of Chinese Civilization*, Cambridge : Cambridge University Press, 1982.

Janvier, Marie-Hélène, "Montesquieu et la Chine : un scepticisme marqué, 1721-1748," 2012.4, p. 6. http://www.celat.ulaval.ca/wp-content/uploads/ 2012/06/Article_CELAT_MHJANVIER_Montesquieu-et-la-Chine_un-scepticisme-marqueOK.pdf

Montesquieu, Charles-Louis de Secondat, *Lettres persanes in Œuvres complètes I*, Paris : Gallimard, 1949.

______, *De l'Esprit des lois. Tome I*, Paris : Garniers Frères, 1961.

______, *De l'Esprit des lois. Tome II*, Paris : Garniers Frères, 1961.

Pereira, Jacques, *Montesquieu et la Chine*, Paris : L'Harmattan, 2008.

Pinot, Virgile, *La Chine et la formation de l'esprit philosophique en France (1640-1740)*, Paris : Librairie orientaliste Paul Geuthner, 1932.

Reichwein, Adolf, *China And Europe — Intellectual And Artistic Contacts In The Eighteenth Century*, New York : Alfred A. Knopf, 1925.

Rowbotham, Arnold H., "China in the Esprit des Lois : Montesquieu and Mgr. Foucquet," *Comparative Literature*, Vol. 2, No. 4, Autumn, 1950.

Spence, Jonathan D., *The Chan's Great Continent. China in Western Minds*, New York : W.W. Norton & Company, 1998.

전복되는 방주:
아베 고보와 쥘 쉬페르비엘의 노아의 방주 소설*

이선윤

1. 들어가는 말

생의 근원이자 폭력적 힘에 의해 세계를 착란시키고 죽음으로 이끌기도 하는 물의 세계를 삶 속으로 연결하기 위한 인간의 모색은 배라는 도구를 만들어 냈다. 배는 물이라는 경계 지역을 넘어서기 위한 이동 공간이면서 그 자체가 생활 공간으로 기능하기도 한다.

아베 고보安部公房, 1924-1993의 소설 텍스트에는 배라는 폐쇄 공간이 자주 등장하는데, 이러한 배의 표상은 노아의 방주 이야기와 밀접하게 관련되어 있다. 홍수와 같은 폭력적인 물로부터 탈출하기 위한 보호 시스템의 하나로 노아의 방주가 그려져 있는 것이다.

구약성서 창세기 6장에서 9장의 내용에 해당되는 노아의 방주 이야기

* 이 글은 『일본언어문화』, 제19집(2011년 9월)에 실린 「安部公房の小説テクストにおける〈ノアの方舟〉モチーフの分析ー水と空間表象に見る政治性」을 수정 · 보완한 것이다.

가 일본에 소개된 것은 메이지明治 시대로 거슬러 올라간다. 조난과 표류 끝에 미국 상선에 의해 구조받아 미국으로 건너가 시민권을 획득한 조셉 히코Joseph Heco는 최초의 일본 공사가 된 해리스Townsend Harris의 통역관으로 1859년에 일본에 돌아온다. 그는 1864년에 『해외신문』이라는 일본 최초의 민간 신문을 발행하는데 이 신문에 창세기를 「세계 개벽의 개략」이라는 제목으로 번역, 연재했다. 공간된 첫 일본어역 성서이기도 한 이 글을 출발로 노아의 방주 이야기 부분은 창세기의 일부로서 읽혀졌고, 이어서 독립된 이야기로 출간되게 된다. 그후 노아의 방주 이야기는 성서에 바탕을 둔 독자적 소설, 동화로 번역, 소개되었다.

성서라는 수식어가 붙지 않으며 『노아의 방주』라는 제목으로 출간된 대표적인 것은 쥘 쉬페르비엘Jules Supervielle, 1884-1960의 단편소설집 『노아의 방주』로 호리구치 다이가쿠堀口大學에 의한 번역(1939) 이후 많은 독자를 확보했다. 번역 소비 단계를 거친 노아의 방주 이야기는 1945년 일본의 패전 후 아베 고보에 의해 소설의 모티브로 사용되면서 창작적 요소가 크게 가미되었고, 1980년대에 이르기까지 일본의 지정학적 특수성을 배경으로 지속적으로 변주되었다.

쉬페르비엘의 단편소설 「노아의 방주」와 아베 고보의 텍스트는 모티브뿐만 아니라 그 표현 기법에서도 연관성이 발견되는데, 동시대 평에서는 그 형식적 유사성을 지적하는 데에 그쳤다고 할 수 있다. 이 글에서는 아베 고보가 그린 노아라는 인물상과 방주적 공간의 새로운 조형을 성서상의 방주와 쉬페르비엘의 방주와 비교하여 살펴보고 신노아의 방주로 변주되어 있는 양상을 분석하고자 한다. 또한 이러한 과정을 통해 성립된 신新노아의 방주가 현대 일본 사회에서 어떻게 다시 등장하는지를 장편소설 『방주 사쿠라마루』를 통해 살펴보고자 한다.

2. 성서와 아베 고보의 노아의 방주 모티브

아베 고보의 단편소설 「홍수洪水」(1950)에는 범람하는 물에 대한 공포에 대항하는 배타적 성역聖域으로서 노아의 방주가 등장한다. 이 소설에서는 인간의 신체가 액화되고 그 액체가 운동을 시작하는 현장을 한 철학자가 목격하게 되며, 다음날 그는 세계를 향해 대홍수의 도래를 예언한다.

노동자 계급을 중심으로 한 인간들의 집단적 액화에 의한 혼란이 세계를 뒤엎고, 홍수담洪水談의 고전적 원형 중 하나인 노아의 방주 이야기의 변주가 시작된다. 노아는 여기에서 성서적 노아상과는 달리 "낙천적이고 교활한" 인물로 설정되어 있는데, 이런 혼란 속에서 유일하게 홀로 태연하며, 이 사태를 즐기고 있다. 노아는 지난번 대홍수의 경험이 있었기 때문에 당황하지도 허둥대지도 않고 방주 제작에 전념했다. "인류의 미래가 자신의 일가의 손에 달려 있다고 생각하니, 오히려 종교적인 희열마저도 느낄 수 있었다." 노아는 이 인류 절멸의 위기에서 자신만은 살아남을 수 있다고 확신하며, 선별적 구원에 대해 아무런 의문도 품지 않으며, 오히려 다음과 같이 적극적으로 타인을 구원에서 배제하고자 하는 모습을 보인다.

> 그가 살고 있는 곳 근처까지 홍수가 닥쳐왔을 때, 노아는 가족과 가축을 데리고 방주에 승선했다. 그러자 곧 액체 인간이 배를 기어오르려 하는 것이었다. 노아는 큰 소리로 화를 냈다. "이봐, 이게 누구 배인 줄 알고 그러나? 난 노아야, 그리고 이건 노아의 방주라구. 착각하지 말고, 자 , 어서 빨리 나가 주게!"(安部公房, 1997 : 498)

여기서 노아라는 인물은 구약성서의 창세기에 기록된 대로 신의 심판에서 예외적으로 구원받은 자로서 자신을 인식하고 있다. 이 단편 텍스트는 '인류의 절멸'과 '홍수'라는 모티브를 비교적 단순한 줄거리로 전개시켜 가는데 구약성서의 노아의 방주 이야기와는 다른 결말을 제시하고 있다. 그것은 홍수가 된 액체 인간들에 의한 노아의 방주의 습격이다. 즉, 노아가 '선택받은 자'로서 살아남아 새로운 세계의 시조가 된다는 스토리는 여기서 파탄된다.

자신의 특권을 과시하는(인용 부분) 노아의 말에도 불구하고, "하지만 이제 더 이상 인간이 아닌 액체에게 노아의 언어는 통하지 않았고, 배는 액체로 가득 채워졌으며 생물은 절멸했다." 이렇게 하여 제2의 홍수는 막을 내리게 된다. 액체의 파괴력은 방주를 무력화하고 방주에 탄 노아의 가족과 동물들의 자손으로 이어질 새로운 창세는 구원에서 배제된 액체 인간들이 형성하는 거대한 파도에 의해 저지된다.

이렇듯 성서적 노아의 방주 이야기와 아베 고보의 「홍수」에 그려진 노아의 방주 사이에는 큰 차이점이 있다. 창세기의 노아의 방주에서 홍수는 타락한 인간을 벌하기 위해 신이 내리는 심판이지만, 아베 고보의 단편소설 「홍수」에서는 인간인 노동자 계급 스스로가 액화하고 홍수를 일으키는 것으로 그려져 있다. 또한 창세기에서는 방주가 신의 의지를 구현하는 매체 및 성역이었던 것에 비해, 아베 고보의 「홍수」에서의 방주의 정당성은 처음부터 문제시되지 않았고, 그 신성성/불가침성도 외부로부터의 침입에 의해 깨어져 버린다.

액체화한 인간이 노아의 방주에 침입한다는 것은 방주가 외부의 위기 상태로부터 격리된 공간으로서 제대로 기능하고 있지 않다는 것이 된다. 이러한 방주라는 공간에 대해 성서에 기록된 노아의 방주 전설에는 "문을 닫았다"는 표현이 명기되어 있다. 노아의 방주 전설의 홍수가 타락한 세상의 인간들에 대한 신의 심판이었다는 것을 생각할 때 방주의 문을 닫는 이러한 행위는 어떤 의미를 가지는 것일까.

노아의 방주 전설이 등장하는 구약성서의 『창세기』는 기원전 400년경 예루살렘에서 유대인의 기본 신조로 삼아야 할 가르침으로서 공포된 캐논(正典)의 일부로, 한 저자에 의한 저술이 아니라 몇 가지의 자료에 의해 구성되어 있다.

노아의 방주 전설을 기록하고 있는 자료에는 사제祭司 문서와 야훼스트 문서가 있다. 야훼스트 문서는 사제 문서의 기술 이후에 기록된 것으로, 집필자가 사제 문서를 바탕으로 재창작한 것이라고도 말해진다.

사제 문서에서는 노아 자신이 방주의 문을 닫는다. 하느님은 대홍수에서 피난하라는 지령을 내리지만, 성역으로서 방주라는 폐쇄 공간을 완성시키는 행위자는 노아이다. 이와는 달리 야훼스트 문서에서 방주의 문을 닫는 것은 신이다. 이는 사제 문서에는 없는 기술로서, 이러한 부분이 사제 문서가 그려내는 엄격한 신에 비해 자상한 면모를 나타낸다는 와다 미키오和田幹男 등에 의한 해석도 있으나 법을 제정할 뿐 아니라 성역을 스스로 완성시키는 집행자로서의 신상神像을 나타내고 있다고도 볼 수 있을 것이다.

야훼스트 자료에 따라서 문을 닫는 행위를 신의 영역으로 보는 경우, 아베 고보의 「홍수」에 나타나는 신은 홍수 때 노아와 그의 동행자들을 돌보지 않았다는 것이 된다. 오히려 노아는 홍수를 일으킨 신의 분노를 사 인류 전체와 함께 물 속에 빠지도록 심판받는 것이다. 「홍수」에서 신의 존재에 대해 숙지하지 못했던 노아가 신으로부터 분노를 사게 된 것은 당연한 귀결이었을 것이다.

또한 사제 문서에 근거하여, 문을 닫는 행위를 신의 심판으로부터 도망치기 위한 피난처shelter를 확보하려는 노아의 자발적 행위로 보는 경우, 「홍수」의 노아는 상황을 이해하는 능력이 결여되어 있을 뿐 아니라 자신의 실수로 인해 성역의 방어막을 미완성인 채로 방치한 것이 된다. 「홍수」에서 노아의 방주의 실패는 결국 노아 자신의 잘못된 현실 인식과 그에 의거한 행동에 기인하는 것이다.

애초에 노아의 방주 이야기는 성서가 쓰여지기 이전 메소포타미아 지방의 전승에 유래한다. 이 이야기는 국왕에 의한 국가 지배의 정당성과 권위를 높이기 위해, 신에게 선택받은 자 노아라는 아이콘이 갖는 이미지를 이용한 것이다. 메소포타미아 문명에서 왕은 신의 대리인으로, 같은 고대 오리엔트 문명인 이집트의 현인신 파라오와는 대조적인 존재였다. '눈에는 눈, 이에는 이'라는 조문으로 알려진 『함무라비 법전』에는 왕 함무라비Hammurabi가 신 샤마슈Shamash로부터 왕권의 상징인 목걸이와 지팡이를 받는 그림이 그려져 있다.

이 전설에 근거한 성서 기록은 아우구스티누스Aurelius Augustinus 등 중세의 종교철학자로부터 현대 기독교 원리주의자들에 이르기까지 주목받아 왔다. 아베 고보는 소설 「홍수」에서 이 노아의 방주 전설 모티브를 반전시켜, 종교적 권위를 빌려 정치적 · 윤리적 정통성을 확보하고자 하는 노아라는 아이콘을 다시 심판의 무대에 세우고 있다. 성서 이야기처럼 노아가 구원을 받고 새로운 세상의 시조가 되는 것이 아니라, 방주는 홍수에 휩쓸리고 노아의 시도는 실패로 끝을 맺는다.

3. 쥘 쉬페르비엘의 「노아의 방주」와의 비교

이 절에서는 동시대에 쓰여진 「노아의 방주」와의 비교라는 측면에서 방주의 표상을 검토하고자 한다. 1950년에 발표된 「홍수」는 우루과이 출신 프랑스어 작가 쥘 쉬페르비엘의 「노아의 방주」와 깊은 연관성을 보인다. 상징적 · 범신론적 색채를 보이는 쉬페르비엘의 시와 단편은 일본에는 1930년대부터 호리구치 다이가쿠의 번역으로 시집과 단편집이 소개되기 시작했고, 현대에 이르기까지 수종의 번역본이 지속적으로 출간되었다. 쥘 쉬페르비엘의 「노아의 방주」는 기본적으로 성서적 노아의 방주의 설정을 따르나, 도입부에서 환상성이 돋보이는 창작적 요소를 보여준다.

아베와 쉬페르비엘의 연관성은 당시 동시대 평에서도 지적되었다. 혼다 슈고本多秋五는 「변모의 작가 아베 고보」라는 글에서 아베의 창작 스타일의 변모 과정에 대해 언급했다. 혼다는 「홍수」에 계급 의식이 드러나 있다고 지적하고, 이지마 고이치飯島耕一와 하니야 유타카埴谷雄高를 인용하며 다음과 같이 서술한다.

> 이지마 고이치는 이 시기의 아베 고보에 대해 "……아베 고보의 단편이라기보다는 콩트라고 하는 편이 좋을 것 같은데, 그의 콩트집이 몇 편 나왔을 당시에 쥘 쉬페르비엘의 「바닷가의 소녀」, 「노아의 방주」 등에 심취해 있던 나는, 아베 고보를 읽을 때마다 쉬페르비엘의 콩트를 함께 떠올렸다"고 적고 있다. 쉬페르비엘이 아베 고보에게 미친 영향에 대해서는 먼저 인용한 하니야 유타카도 언급한 바 있다. 이 남미 우루과이 출신의 시인이 쓴 콩트를 모은 호리구치 다이가쿠 번역의 『노아의 방주』는 분명히 전전戦前에 출판되었다고 생각되는데, 전후에도 1946년 9월에 개정판이 출판되었다. 그것을 읽어보면 하니야 유타카나 이지마 고이치의 말이 정말 수긍이 간다(本多秋五, 1966: 471).

혼다는 이지마와 하니야의 견해를 소개하고, 아베 고보와 쉬페르비엘의 관련성에 대해 언급했을 뿐 다른 구체적인 관계성에 관해서는 아무 말도 하지 않았다.

그러나 이지마와 하니야의 원문에서는 그 관계의 질에 대한 주목할 만한 내용이 있다. 하니야는 "……그는 릴케Rainer Maria Rilke를 거쳐 사르트르Jean Paul Sartre와 카프카Franz Kafka나 쉬페르비엘의 발상법에 자극을 받으면 받을수록, 선과 면이 일어나서 충돌하고, 또 상호 침투해 가는 운동으로 모든 이미지를 이해했다. 공간의 조형적 표현이 그의 소설의 방법론이 되었다. 큐비즘cubisme에서 추상 예술에 이르는 회화의 방법론이 그의 소설에 도입되고, 몬드리안Pieter C. Mondriaan에게서 레제Fernand Leger에 이르는 소박한 타블로tableau(그림)는 모두 그의 이미지를 정리하는 데 도움이 되었다"[1]고 말한다.

아베가 쉬페르비엘에게 받은 영향은 텍스트 공간의 조형적 표현이라는 방법론이라는 하니야의 지적은 유의미한 것이다. 쥘 쉬페르비엘의 「노아의 홍수」는 다음과 같이 시작한다.

> 대홍수가 다가오기 전의 일이다. 한 소녀가 숙제를 마치고 잉크를 말리려고 흡습지를 손에 쥐어든 순간, 축축하게 젖어 있는 것을 보았다. 이 종이가 종이를 뱉어내다니! 언제나 갈증이 나는 듯이 바싹 말라 있었는데. 이 소녀는 (다른 누구보다 우수한 학생이었는데), 흡습지가 뭔가 이상한 병에 걸린 게 아닐까 하고 생각했다. 소녀는 가난했기 때문에 새 흡습지를 살 수가 없어서 그 장밋빛 종이를 햇빛에 대고 말리기 시작했다……. (중략) 선생님도 그 학생을 뭐라고 위로해 줄까 고민을 하던 순간, 그는 바로 자신의 눈앞에서 그 소녀가 완전히 눈물로 바뀌어 사라져 버리는 것을 보고 있을 수밖에

1 埴谷雄高, 「安部公房の『壁』」, 『人間』, 1951年 4月号.

없었다(쉬페르비엘, 2006: 4, 번역 필자).

대홍수의 전조를 눈물로 변신하는 소녀의 모습으로 그려낸 쉬페르비엘의 표현은 분명 아베 고보의 「홍수」에 나타나는 대홍수의 예고에 관한 에피소드를 연상시킨다. 어느 날 갑자기 일상의 논리를 뒤집어 버리는 불가사의한 현상에 직면하게 되는 당혹감이 결코 개인적 차원의 문제가 아니라 세계의 구조적 문제와 연결되어 있는 이상 사태로서 판명되는 이야기의 전개는, 아베 고보의 초기 단편 소설에서 빈번히 나타나는 텍스트 조형술의 골격과 닮아 있다(통하는 부분이 있다). 하니야가 지적한 "선과 면이 일어나서"가 의미하는 것은 피카소의 「아코디언 연주자」(1911)처럼 눈앞에 보이는 자명한 자연으로서의 현실이 해체되고 물체의 운동이 환기되는 장면이며, 아베 고보는 이런 장면을 조형하고 있다고 할 수 있을 것이다. 이러한 문학적 방법은 습관적 · 고정적 형태를 변형시키는 아베 문학의 방법론과 긴밀하게 연결되어 있다.

하지만 아베 고보와 쉬페르비엘의 「노아의 방주」는 모티브 및 표현에서 많은 공통점이 있음에도 불구하고 또 하나의 중요한 요소인 방향성이 상당히 어긋나 있다. 쉬페르비엘의 「노아의 방주」에서는 방주가 긴 항해를 마친 후에 전서구傳書鳩가 올리브 잎을 가지고 돌아오고, 노아는 "무지개가 있는 곳으로 배를 전진시키고" 드디어 어느날 새벽에 무지개가 아라라테 산을 환하게 비추었다. "평소에는 사람들이 접근하기 어려운 험한 산 전체가 햇살에 싸여" 돌의 쉰 목소리로 산은 방주와 동물들을 향해 "이쪽이다, 나를 보라. 나는 선의善意의 산이다!"라고 외친다. 그리고 방주는 그곳에 정박하고 노아는 배에 탔던 이들을 내리게 한다. 여기에서는 공포화했던 자연이 선의의 자연으로 돌아와 승선자들은 새로운 세계를 향해 발을 내딛을 수 있다.

이에 반해 아베의 「홍수」의 노아와 방주는 물로 가득한 혼돈의 세계 속으로 사라진다. 또한 대홍수 후에 빛을 비추기 시작한 것은 선의의 자연이 아니라, 액체화한 노동자 계급의 심장 근처에서 결정結晶을 맺은 새로운 물질이다. 아베의 다른 소설 텍스트에서 그려진 노아의 몰락은 「홍수」뿐 아니라 「벽 ― S · 카르마씨의 범죄」, 「노아의 방주」에서도 그려지며 폐광을 무대로 하는 장편소설 『방주 사쿠라마루』(1984)로도 이어지는 모티브이다.

한편, 혼다 슈고가 인용하고 있는 이지마 고이치도 「아베 고보 ― 혹은 무죄의 문학」에서 아베와 쉬페르비엘에 대해 중요한 지적을 했다.

이지마는 "아베 고보는 코뮤니스트가 된 쉬페르비엘이라고 볼 수 있는 측면이 있다"고 하면서 아베가 "쉬페르비엘적인 확대경을 지상에, 그것도 점령하 일본의 현실의 불합리에 대해, 그 이상한 현실의 베일을 벗기려 한다"고 지적한다.

쉬페르비엘은 당시 아방가르드 운동의 한 흐름인 초현실주의에 접근해 갔지만 일정 거리를 두고 있었고, 문체는 우주적 · 범신론적 특징을 보이며 앙가주망에 대해서는 비판적이었다. 이에 반해 아베 고보는 전후 아방가르드 예술운동에 참가하며 공산당원으로서 문학운동을 중심으로 한 정치 활동에도 적극적으로 참가했고, 예술 표현상의 변혁과 현실의 변혁을 통일시키려 시도했다. 아베의 「홍수」에서 천체망원경을 지상으로 향하게 한 철학자의 행위가 동시기 아베 자신의 일종의 문학적 매니페스트manifest였다는 것을 생각할 때, 이지마 고이치에 의한 상기의 평가는 적절한 것이었다고 생각된다.

아베 고보의 「홍수」와 쉬페르비엘의 「노아의 방주」는 양측 다 모두에서 인간의 액화 부분이 그려진다는 공통점을 가지나, 노아의 방주가 놓인 공간적 · 정치적 배치나 그것이 나아가는 방향은 전혀 상반된 양상을 보인다. 두 텍스트의 비교에서 중요한 것은 변신, 방주, 홍수 등의 모티브의 영향 관계만이 아니라, 텍스트 속에 나타나는 구체적 표상의 차이이다.

인간의 몸이 액체화한다는 참신하면서도 인상적인 도입부와 방주의 관련 양상은, 전술했듯이 두 작가의 예술이라는 것과 역사적 현실과의 거리를 상징적으로 제시하고 있다고도 볼 수 있을 것이다. 쉬페르비엘이 그린 눈물로 변한 여자아이는 사라져 버리지만 아베의 액화 인간들은 방주를 전복시킨다. 또한 쉬페르비엘의 방주는 고난으로 가득한 물의 세계로부터 탈출하여 "아라라테 산 위에 무사히 멈추고 갈채를" 받게 된다. 그리고 이 방주는 물의 위협을 극복한 성스러운 유물이라는 칭호를 부여받는 공간이 된다. 반면 아베의 방주는 무수한 인간이 액화된 물 속으로 빨려 들어가고 결국에는 노아와 함께 그 사이로 모습을 감추게 된다. 방주는 물의 위협에서 벗어나지 못하고, 성스러운 공간으로서 정립되는 것은 실패로 돌아간다.

4. 노아의 방주 표상의 장소적 전환과 현대적 재구축

쉬페르비엘의 「노아의 방주」는 기존 노아의 방주 이야기의 틀을 온존시키는 형태로 독특한 시적 단편소설로 완성되었다. 그에 반해 아베가 노아의 방주 이야기의 변주를 시도한 소설 텍스트는 구성 요소 및 설정에서 그 전개에 이르기까지 대부분이 재구축되어 있다. 여기서 노아의 방주의 장소적 전환 문제에 언급할 필요성이 있다. 그 중에서도 홍수 속의 배라는 표상을 물이 없는 공간 속에 치환하고 기존의 노아의 방주 이야기와는 대조적인 무대에서 전개되는 소설 텍스트인 「노아의 방주」

(1952), 『방주 사쿠라마루』(1984)에 대해 언급해 보겠다.

아베의 「노아의 방주」에 등장하는 노아의 마을은 "완전히 외부와 차단"되어 있고, "마을의 외곽에는 높은 성벽이 있으며, 노아 선생의 아들인 햄, 셈, 야벳 등이 각각 사람들을 거느리고 요소요소를 감시"하고 있었다. 노아의 폭정으로 가족을 잃은 화자 '나'는 유프라테스 강을 건너서 폐쇄된 마을로부터 탈출한다. 그는 성벽 밖에서 "여러 나라를 떠돌아다닌 끝에 드디어 합리적인 사고 방식을 습득"하게 된다. 십여 년의 세월이 흐른 후 마을에 돌아온 그의 눈에 비친 마을의 모습은 십 년의 세월에 변형된 자신 이상으로 변해 있었다.

> 폐허가 되어 이제 아무도 살지 않는 듯이 보이는 마을에서 풀이 우거진 길을 멍하니 걸어가다 보니, 어느 순간 시야가 트이면서 눈앞에 서 있는 기묘한 건물을 발견하게 되었습니다. 사색의 돌이라고 불리는, 이전에 노아 선생이 여호와에게 제사를 드리거나 그의 일족이 모여 연회를 열 때 쓰인 평평한 돌이 놓여 있는 약간 높은 언덕 기슭에, 낡은 나막신처럼 보이는 커다란 건물이 우뚝 솟아 있는 것입니다. 내가 마을에 살았을 때에는 없었던 것입니다(安部公房, 1997: 169).

더 다가가 보니 그것은 하나의 배인 것이 판명된다. '나'는 "높이가 삼십 미터 가까이 되고 길이도 백 미터 이상은 될 듯한, 마치 포경선처럼 보이는", 유프라테스 강을 막기라도 하려는 듯한 거대한 배를 보고는 아연실색했다 .

그 배는 건설 도중에 방치되어 버려진 채로 수년이 경과한 것이었다. 그리고 '나'는 언덕 위 사색의 돌에 멍하니 앉아 있는 한 노인이 노아임을 알아차리게 된다. 마을 촌장이자 교장, 경찰서장, 재판관이자 사제장,

거기에 포도원장이기도 한 인물인 노아. 그의 험담을 하다 들키면 곧 재판에 회부되어 벌금형이나 사형에 처해지고, 교리문답을 틀려도 재판에 회부되었다. 또한 노아는 마을 사람들에게 건강검진을 강요해 병이 없는 이에게도 반드시 병명을 붙여 수상한 환약을 조제해 주고 치료비를 받았다. 그는 사법, 행정, 종교적 권위, 자본력이 일체화된 권력의 정점으로 군림하고 있었던 것이다

"당신의 가족만이 구원을 받을 뿐, 다른 이들에게는 세상의 파멸이 아닙니까?"라고 묻는 '나'에게 노아는 "저 우매한 자들도 모두 같은 질문을 했었지. 어차피 죽을 몸이 아닌가. 우주 조화를 위해 죽는데 무슨 불평이 있어? 나는 방주 안에 그들의 생활을 증빙할 갖가지 자료를 넣어둘 방도 만들어 줬지. 그들의 존재는 그걸로 실재보다 더 훌륭하게 후세에 전해질 게 아닌가"라며 반론한다. 노아에게 마을이 쇠락한 원인은 무지한 촌민들의 탓이며, 그들은 무책임하게도 건조 중이던 방주를 버리고 마을 밖으로 떠나 버렸다는 것이다.

마을이 황폐화된 원인은 노아의 폭력 정치였다. 권력은 노아에게 집중되었고 노아의 방주는 기득권층만을 위한 보호막으로서 건조가 추진되었다. 방주 탑승을 금지당한 이들의 고난의 과거는 선내의 자료실에 전시된 자료를 통해서만 후세에 전해질 것이었다. 하지만 마을의 백성들은 홍수에 의해 사라지는 것이 아니라 메말라 버린 마을을 스스로 떠난다.

이 텍스트의 노아는 아베 고보의 다른 텍스트 속의 노아상과 유사한데, 방주의 위치는 확연한 차이를 보인다. 황폐한 바위투성이의 마을에 놓인 방주, 물이 범람하던 방주의 외부 세계는 물이 부재하는 세계로 환치되어 있는 것이다.

또한 스스로 방주를 만든 성서의 노아와 달리 「노아의 방주」의 노아는 자신의 구원를 위해 배의 건조 작업에 마을 사람들의 노동력을 강제적으

로 동원한다. 결국 노아는 구원에 의해 새시대를 맞이하고 새로운 법을 정착시키려는 작업에 실패한다. 일본의 전시 강제 동원을 연상시키기도 하는 착취적 구도는 마을 사람들의 반발을 불러일으키며 노아는 텅 빈 미완성의 방주와 함께 건조한 폐촌에 남겨진다. 이 결말에는 민중의 노동력과 주체성이라는 팩터factor가 의도적으로 도입되어 있는 것으로 보인다.

「노아의 방주」의 황폐한 마을처럼 물과 무연한 장소에 건조되는 또 하나의 방주가 폐광을 무대로 한 장편소설 『방주 사쿠라마루』에 등장한다. 1979년 소련의 아프간 침공 및 중국-베트남 전쟁으로 냉전의 구도가 복잡화하고 핵전쟁의 위기가 고조되는 상황 속에서 노아의 방주는 '배'라고 불리는 핵피난처로 변주되어 다시 한 번 그려진다.

아베 고보의 텍스트에 명확한 방주의 표상이 회귀한 1980년은 일본에서 '예수의 방주' 사건이 매스컴에 대대적으로 보도된 해이기도 하다. 1970년대 말, 성서공부모임을 모태로 한 '예수의 방주'라는 종교집단의 주재자 센고쿠 다케요시에게 가정에서 적응하지 못하는 젊은 여성들이 모여들었다. 이들은 가족을 버리고 센고쿠와 초기 기독교식의 공동 생활을 시작하는데, 가족들의 추적에서 벗어나기 위해 전국을 떠돈다. 1979년 12월에 「센고쿠 예수여, 내 딸을 돌려달라」[2]는 제목으로 자신의 딸이 유괴되어 감금되어 있다는 수기가 발표되면서 많은 매스컴이 '센고쿠 할렘' 등의 자극적 표현을 사용한 보도를 내보냈고, '예수의 방주'는 사교집단으로 전국적인 지탄을 받게 된다. 결국 전국에 지명 수배된 센고쿠가 불기소처분을 받음으로써 이 사건은 진정 국면에 접어든다. 세리자와 슌스케芹沢俊介는 요시모토 다카아키吉本隆明가 말한 '대환상對幻

2 阿倍きよ子, 「手記」, 『婦人公論』, 1980年 1月号.

想'이 붕괴된 현대 여성들이 여성으로서의 성과 딸로서의 자신에 죽음을 선고하고 신을 중심으로 한 새로운 친자 관계를 추구한 사건[3]으로 이를 해석했다.

그 시기의 방주 표상 중 주목할 만한 또 한 가지는 데라야마 슈지寺山修司의 『방주여 안녕』이다. 데라야마는 가르시아 마르케스Gabriel Garcia Marquez의 『백년 동안의 고독』을 희곡으로 각색하여 1981년에 직접 연출, 상연하고 다음해에 영화화했다. 영화의 첫 장면은 바다가 보이는 모래 언덕에서 시작한다. 바싹 말라 갈라진 길 위로 노인과 소년이 짐을 가득 실은 손수레를 끌고 간다. 긴 둑길을 경계로 왼편은 파도가 치는 해안이고 오른편은 물이 조금 있는 모래밭이다. 두 사람은 모래밭에 구덩이를 파고는 수레에 싣고 온 시계를 묻어버린다. 다노쿠라 미노루田之倉稔는 『방주여 안녕』의 무대인 「백년촌」의 시대적 설정은 "시간이 무시간의 토포스topos를 침식해 오는 부분을 볼 때, 근대의 여명기인 메이지明治 초기로 추정된다"고 언급했다. 이는 다양한 시간성이 단일한 시간으로 통일된 근대를 의미한다. 『방주여 안녕』에 방주라는 단어가 제목에 사용된 것도 텍스트가 시간으로서의 장소와 그 이동이라는 문제를 주목하고 있기 때문인 것으로 보인다.

아베 고보는 마르케스에 대해 "얼핏 무대는 시골이나 작은 마을이지만 그것을 포착하는 방식은 분명 도시의 문학"이라고 언급한 바 있다. 그는 "왜 도시인가 하면 그 마을들이 이미 지역이 아니라 시대로서의 과제가 되어 버렸기 때문"이며, "공동체의 붕괴 과정에서 일어나는 인간관계의 변질과 반작용"이 마르케스의 중심적 주제[4]라고 했다. 이는 데라야마의 『방주여 안녕』에 그려진 시간성에 대한 물음에 관련되어 있다.

3 芹沢俊介, 『「イエスの方舟」論』, 春秋社, 1985, 70-71쪽.

4 安部公房, 「地球儀に住むガルシア・マルケス」, 『全集027』, 122-128쪽.

하나의 카테고리가 폭력적으로 붕괴하고 기존의 가치나 인간의 관계성도 변질되어 버리는 시대의 전환기를 표류하는 것으로서 동시대의 방주 표상은 공유되었을 것이다.

아베 고보는 전후 일본 사회라는 이러한 시대적 맥락 속에서 『방주 사쿠라마루』를 집필했다. 주인공인 '나'는 노아를 동경하여 언제 일어날지 모르는 홍수에 대비한 방주의 건조를 진행 중이다. 그는 어느 날 백화점 옥상 "보물판매전"에서 '유프케챠'라는 곤충을 보게 된다. 폐쇄생태계를 구현하는 듯 보이는 이 곤충은 자신의 분변을 먹이로 원형을 그리며 회전하여 '시계벌레'라는 별명을 가졌다. '나'는 이 곤충에 자신의 모습을 투영하고 특별한 의미를 부여하며, 이 곤충과 관계되는 사람이야말로 방주의 승선 자격이 있는 자라고 생각하게 된다. 그가 폐쇄생태계의 곤충에 집착을 보이는 것은 자신이 스스로를 '신노아'로 생각하고 폐쇄적 핵 피난처인 일명 '배'의 출항 준비를 하고 있다는 사실과 관련되어 있는 것으로 보인다.

여기서 신의 존재는 등장하지 않으나, 인류의 종말을 고하는 심판이 홍수가 아니라 핵전쟁이라는 사실에서 볼 때 핵전쟁을 일으킬 수 있는 강대국의 국가 권력이 바로 신과 같은 존재가 될 수도 있다. 그런데 이 심판에서 구원받을 '신노아'='나'는 신앙심 깊은 자가 아니며, 이 텍스트의 구도에서 신의 위치에 해당되는 국가에 대해서도, 또한 아버지에 대해서도 깊은 반감을 품고 있는 인물이다. 그의 콤플렉스인 비만한 신체의 유전자의 근원이며 어머니를 폭력에 의해 임신시킨 "생물학적 아버지"를 그는 혐오하고 있다. 스스로 '신노아'로서 나선 '나'는 방주에 승선할 선원들을 '고르는' 중이다. '나'의 이러한 권리—핵전쟁의 위기로부터 자신은 구원받으며, 이때 자신과 함께 구원받을 이들을 고를 권리—에는 어떤 정당한 근거도 없다. 그가 폐광터를 발견한 우연적 상황이 있었을 뿐이며, 아베 고보의 물음은 바로 이 정당성이 부재하는 폭력으로 향한다. 일견 망상적으로 보이던 '나'의 승객 선발에 관한 권리는 텍스트의 후반에서 폭력적 집단의 침입과 함께 그들에게 이양된다. 그리고 그곳에는 폭력의 얼굴이 어른거린다.

일본의 패전 후 중국 내부의 혼란 속에 일본군 포로들이 석방되어 돌아오고, 대륙의 공산혁명이라는 상황과 이를 견제하는 미국, 그리고 한국전쟁에 이르는 상황 속에서 전후 일본 사회는 전쟁범죄자, 특히 그 수뇌부를 법적으로 철저히 심판하지 못했다. 아베 고보가 배의 표상을 수차례에 걸친 변주를 통해 그려내면서 노아의 방주라는 이야기를 반복적으로 재구축한 것은, 노아의 방주 모티브가 내포하는 폭력성과 권력의 문제를 그가 시대의 일그러진 구도 속에서도 감지하고 있었기 때문일 것이다.

곤충 장사꾼은 승선을 권유하는 '나'에게 자신은 "타인을 밀치고서까지 살아남을 만한 인물이 못 된다며 거절한다. 그가 승선자로 선택된 것은 전술한 시계벌레＝'유프케챠'에 관련된 인물이기 때문인데 그 곤충은 증언들에 의해 가짜임이 드러난다. "우리들은, 살아남아서 증언하는 자는 진정한 증인이 아니다. 우리들은 부정하기 때문에, 혹은 행운 덕택에 밑바닥으로 떨어지지 않은 자들인 것이다." 이는 아우슈비츠를 체험한 레비Primo Michele Levi가 『물 속에 가라앉은 자와 구원받은 자』에서 남긴 말이다. 아감벤Giorgio Agamben이 지적하듯 증언에서 가장 본질적인 부분 중의 한 가지는 결락이다.

인간의 신체를 관리하고 그 생살권을 쥔 권력을 성립시키는 것도 그것을 흔들 수 있는 것도 증언하는 이의 존재이다. 그러나 증언의 난점은 많은 경우 타인의 대리에 의한 것이고 법률은 정의의 구현을 목적으로 한다고 하기보다는 판결 자체를 목적으로 한다는 사실이다. 또한 법률이 심판할 수 없는 회색 지대에서 사라져 가는 소리를 어떻게 듣고, 배제를 행하지 않는 포괄을 가능하게 할 것인가의 문제가 남는다. 자발적인 회색 지대이자 선택받은 방주이기도 한 이중의 알레고리를 갖는 『방주 사쿠라마루』의 '배'를 탈출함으로써 살아남아 증인이 되려 하는 '나'에게 가능한 증언은 무수의 결락 위에 성립할 뿐이다.

심판에서 구원받기 위해 선택받은 자로서의 길을 택한 '나'는, 핵피난처를 만들고 그 폐쇄 공간에 스스로 들어간다. 그러나 우익 노인들을 중심으로 한 단체 '빗자루단'의 일원들이 침입자로서 '배'에 들어와 이곳을 점령하고 그들은 비윤리적 범죄 행위 — 성폭행을 목적으로 한 여자 중학생들의 납치 — 를 시도한다. 타인의 생살권을 쥔 것을 즐기는 타인들의 모습을 목격한 '나'는 선택받은 자의 위치를 버리고, 스스로 심판을 내리는 존재로 변모한다. 그는 갱내에 다이나마이트를 설치하여 '배' 안의 인물들이 외부 세계에서 핵전쟁이 발발했다고 착각하게 만든다. 그는 가짜 심판을 내리는 주체가 된 후 최종적으로 혼란에 빠진 '배'에서 탈출한다.'나'는 거짓 노아이기도 거짓 신이기도 하며, 그의 자의적인 입장은 현대적 심판의 주체로서 군림하는 국가 권력의 자의적 판단과 닮아 있다.

『방주 사쿠라마루』는 20세기의 일본이 직면했던 심판의 문제, 특히 전쟁 범죄의 문제를 이야기의 중요 에피소드로 설정하고 있다. 군가를 부르는 단체가 조직적인 차원에서 계획적으로 여성의 신체를 유린하려 한다는 설정에는, 20세기 후반 한국 할머니들의 증언에 의해 일본에서도 공론화되기 시작한 위안부 문제가 선취되어 있다.

『방주 사쿠라마루』의 '나'는 노아 혹은 신의 자리를 동경하지만 노아를 구원한 신의 정당성에 대해서는 의문을 품지 않았다. '나'는 사회적으로 소외되어 있으며, 국가 권력에 대한 반감은 품고 있으나 이의를 제기하지는 않는 삶에 안주해 온 인물이다. 방주에서 탈출한 직후 '나'가 바라본 거리의 풍경은 전체가 "생생하게 죽어 있었다." 그는 "누가 살아남을 수 있을 것인지, 누가 살아남을 것인지" 이제 "생각을 멈추기로" 한다.

5. 나오는 말

19세기 말 창세기 번역 기사의 신문 연재를 통해 일본에서 읽혀지기 일본어판 노아의 방주 이야기는, 20세기에 들어와 쉬페르비엘 소설의 번역본이 소개되면서 새로운 방향에서 주목을 받게 되었고, 이어서 등장한 아베 고보의 소설을 시작으로 성서적 이야기 틀을 벗어난 다양한 일본어의 변주를 거듭하고 있다. 오에 겐자부로大江健三郎의 『홍수는 나의 혼에 다다르고』(1973)도 방주적 비유를 다루고 있는 소설로 일본의 과격파 사회주의 운동조직의 이야기를 그리고 있다.

이 연구는 '노아의 방주'의 표상이 성서나 신화적인 문제만이 아니라 현대적 상황을 비추는 것이라는 것을 아베 고보의 일본어 소설 텍스트 분석과 쉬페르비엘의 소설 및 성서와의 비교를 통해 밝히고자 했다. 현대에도 위기 상황에서의 탈출이라는 명목으로 폐쇄적이며 방주적인 상황이 설정된다. 기존의 법도 이미 존재하지 않는 그런 장소에서는 그 위기 상황이 새로운 법을 설정하고 그 과정에서 약자가 배제되며 새로운 주권자가 출현한다. 노아의 방주라는 모티브는 주체가 성립하여 새로운 법이 제정되는 전환기의 표상이다. 노아가 신과 계약을 맺고, 새로운 주권자로서 등장하는 것에는 정통성의 문제가 대두된다. 또 그 과정에는 홍수라는 폭력과 희생양이라는 피의 폭력이 수반된다. 만주에서 패전을 경험하고 일본으로 건너오는 인양선 내에서의 극한 상황을 목격한 아베 고보는 패전 후 일본 공산당원으로서의 활동을 통해 정치적 방향성을 구체화시켜 가는 과정에서 노아의 방주라는 모티브를 사용한 소설 텍스트를 집필하기 시작했다. 후기 장편소설인 『방주 사쿠라마루』에는 피폭국으로서의 경험과 군국주의에 대한 비판, 그리고 세기말적 감성을 배경으로 현대 일본의 방주, 핵피난처가 등장한다. 아직 국가의 외부도 내부도 아닌 공간에서 자의적인 주권자로서 성립할 수 없는 무기력성이 이 텍스트에 상징적으로 그려져 있다. 귀속도 명명도 없는 장소를 살아가는 타자가 주체로서 서기 위한 어려움은 9 · 11 이후에 비상 사태가 상시화하고 법을 제정하는 주권의 정통성이 문제시되고 있는 현대에 많은 부분을 시사하고 있다. 그리고 이것이 아베 고보에 의해 전복되어 현대적으로 재구축된 방주의 공간일 것이다.

참고 문헌

* 아베 고보 관련 일차 문헌은 『安部公房全集』, 新潮社, 1997-2009.

* 일본어 텍스트의 한국어 번역은 필자.

アガンベン, ジョルジョ, 『ホモサケル ― 主権権力と剥き出しの生』, 桑和巳 · 上村忠男 訳, 以文社, 2003.

_____, 『アウシュビッツの残りもの ― アルシーヴと証人』, 上村忠男 · 廣石正和 訳, 月曜社, 2007.

飯島耕一, 「安部公房 ― あるいは無罪の文学」, 『悪魔祓いの芸術論』, 弘文堂, 1959.

コーン, ノーマン, 『ノアの大洪水 ― 西洋思想の中の創世記の記』, 浜林正夫 訳, 大月書店, 1997.

シュペルヴィエル,『ノアの洪水』, 三野博司 訳, 論創社, 2006.

芹沢俊介,『「イエスの方舟」論』, 春秋社, 1985.

寺山修司,『さらば方舟』, 新書館, 1984.

本多秋五,『物語戦後文学史』, 新潮社, 1966.

| 찾아보기 |

| 저자 소개 |

강소영: 이화여대 대학원에서 국어학을 전공하고 『명사구보문 구성의 문법화』로 박사학위를 받았다. 주요 논문으로는 「해외거주 한국 화교의 한국어 사용 현황 연구」, 「이중언어 사용자의 코드 스위칭의 유형과 원인분석」 등이 있다. 현재 이화여대 한국문화연구원 HK연구교수로 서구 개념의 수용사, 소수자 언어 연구를 하고 있다.

박경: 이화여자대학교와 동 대학원에서 한국사를 전공하고 「조선 전기 收養·侍養의 실태와 立後法의 정착」으로 박사학위를 받았다. 주요 저서와 논문으로는 『조선 전기의 입양과 가족제도』, 「16세기 유교적 친족질서 정착 과정에서의 冢婦權 논의」, 「조선전기 친속 容隱 규정의 수용과 그 의미」, 「自賣文記를 통해 본 조선후기 하층민 가족의 가족질서」 등이 있다. 현재 이화여대 한국문화연구원 HK연구교수로 사회사, 여성사 연구를 하고 있다.

김경미: 이화여대 대학원에서 고전문학을 전공하고 「조선후기 소설론 연구」로 박사학위를 받았다. 저서로 『소설의 매혹』, 『19세기 소설사의 새로운 모색』, 『家와 여성』, 『조선의 여성들』(공저), 역서로 『금오신화』, 『17세기 여성생활사 자료집』(공역), 『18세기 여성생활사 자료집』(공역), 『건축, 그 바깥에서』(공역) 등이 있다. 현재 이화여대 이화인문과학원 HK교수로 동아시아 근대 인문 지식 형성의 문제를 젠더, 탈식민적 관점에서 연구하고 있다.

오영주: 서울대학교 불문과를 졸업, 프랑스 파리7대학교 '텍스트와 이미지의 역사와 기호학과'에서 「플로베르, 정치와 사랑의 감상주의 비판」으로 박사학위를 받았다. 저서로 『마담 보바리: 현대문학의 전범』, 『프랑스, 하나 그리고 여럿』(공저), 역서로 『사랑의 범죄』가 있으며, 그 외 「19세기 계몽담론과 문학의 자율성」과 「〈소돔 120일〉의 경제적 상상력」 등 18~19세기의 프랑스 근대 문학에 대한 다수의 논문을 발표했다. 현재 이화여대 이화인문과학원 HK 연구교수로 근대/탈근대 담론과 문화번역 연구를 하고 있다.

김진희: 이화여대 대학원에서 현대 문학을 전공하고 「생명파 시의 현대성 연구」로 박사학위를 받았다. 저서로 『근대문학의 장場과 시인의 선택』, 『기억의 수사학』, 『시에 관한 각서』, 『불우한, 불후의 노래』, 『행복한 시인의 사회』(공저), 『시대를 건너는 시의 힘』(공저) 등이 있다. 현재 이화여대 한국문화연구원 HK교수이자 문학평론가로 1930년대 식민지 문화를 중심으로 근대문학과 젠더 관련 연구를 하고 있다.

김연수: 이화여자대학교와 동 대학원에서 독문학을 전공하고, 독일 쾰른대학교에서 우베 욘존의 역사소설 연구로 박사학위를 받았다. 저서로 『*Modalität als Kategorie des modernen Erzählens. Uwe Johnsons Jahrestage im Diskursfeld zwischen Fiktion und Historie*』가 있고, 역서로 엘프리데 옐리네크의 『내쫓긴 아이들』, 하인리히 뵐의 『카타리나 블룸의 잃어버린 명예』가 있다. 현재 이화여대 이화인문과학원 HK교수로 재직 중이다.

정선경: 이화여자대학교 중어중문학과를 졸업하고 연세대학교에서 「『太平廣記』 神仙故事의 時空間性 硏究」로 문학박사학위를 받았다. 중국 소설과 문화, 동아시아 서사와 문학적 상상력, 한중문학 등에 관심을 가지고 연구하고 있다. 저서로 『神仙的時空』(중국 베이징), 『중국문학의 주제 탐구』(공저), 『중국고전의 이해』(공저), 『중국 고전소설 및 희곡 연구자료 총집』(공저) 등이 있으며, 현재 이화여대 이화인문과학원 HK교수로 재직 중이다.

차옥숭: 독일 프랑크푸르트대학교에서 종교학으로 철학박사학위를 받았다. 저서로 『한국인의 종교 경험-巫敎』, 『한국인의 종교 경험-천도교, 대종교』, 『한국인의 종교 경험-증산교, 원불교』, 『한국 생명사상의 뿌리』(공저)가 있고, 역서로 위르겐 몰트만의 『오늘날의 신학이란 무엇인가?』 등이 있다. 한일장신대 교수를 역임했으며, 현재 이화여대 이화인문과학원 HK연구교수로 이주, 생태, 종교 관련 연구를 하고 있다.

송태현: 한국외국어대학교와 동 대학원에서 프랑스문학을 전공하고 「질베르 뒤랑의 문예비평관 연구」로 박사학위를 받았다. 저서로는 『상상력의 위대한 모험가들』, 『판타지』 등이 있다. 현재 이화여대 이화인문과학원 HK교수로 동서문화교섭 연구를 하고 있다.

이선윤: 이화여자대학교에서 철학을, 고려대학교에서 일본 근현대문학을 전공하고 도쿄대학교에서 「물의 표상과 폭력비판: 아베 고보의 과학적 인식과 문학」으로 박사학위를 받았다. 역서로는 『내 어머니의 연대기』, 『에로경성조감도-공간편』 등이 있다. 현재 이화여대 이화인문과학원 HK연구교수로 일본어문학과 문화, 번역 연구를 하고 있다.